U0604362

国家社科基金一般项目“华夏文明传播的观念基础、理论体系与当代实践研究”（19BXW056）阶段性成果；
福建省专业学位研究生导师团队“华夏文明传播研究团队”建设成果；
福建省首届网络教学名师培育计划建设成果；
福建省高校人文社科研究基地・中华文化传播研究中心建设成果；
福建省课程思政“华夏传播概论”建设成果；
厦门大学一流本科课程“华夏传播概论”建设成果；
厦门大学研究生课程“中国传播理论研究”课程思政建设成果；
美育与通识教育一流课程“华夏文明传播”建设成果；
研究生教育精品课程“史论精解・传播（华夏传播史论）”建设成果；
习近平新时代中国特色社会主义思想融入“华夏传播概论”课程教学的实践方法研究的阶段性成果。

Study on
Chinese culture and
Communication

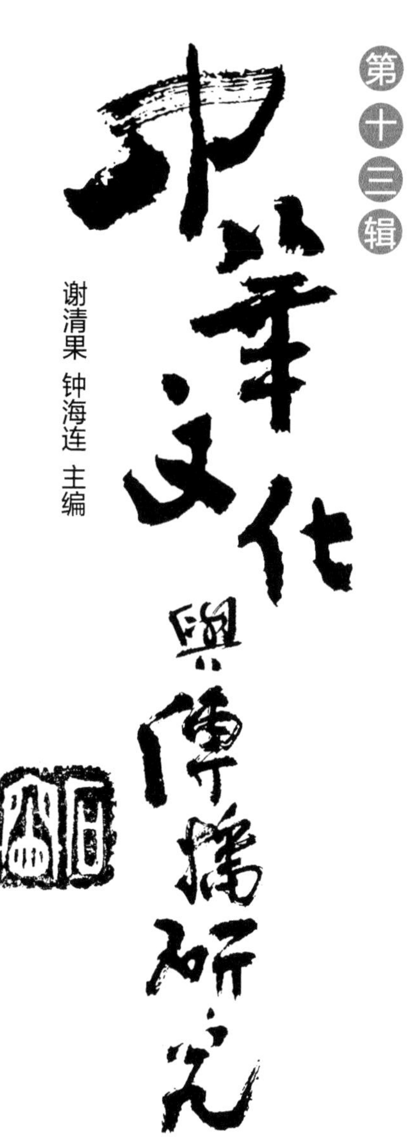

谢清果 钟海连 主编

九州出版社 JIUZHOUPRESS | 全国百佳图书出版单位

图书在版编目（CIP）数据

中华文化与传播研究. 第十三辑 / 谢清果，钟海连主编. -- 北京 : 九州出版社，2023.8
ISBN 978-7-5225-2072-8

Ⅰ. ①中… Ⅱ. ①谢… ②钟… Ⅲ. ①中华文化－文化传播－研究 Ⅳ. ①G125

中国国家版本馆CIP数据核字(2023)第155175号

中华文化与传播研究·第十三辑

作　　者	谢清果　钟海连　主编
责任编辑	郝军启
出版发行	九州出版社
地　　址	北京市西城区阜外大街甲 35 号（100037）
发行电话	(010)68992190/3/5/6
网　　址	www.jiuzhoupress.com
印　　刷	北京九州迅驰传媒文化有限公司
开　　本	720 毫米 ×1020 毫米　16 开
印　　张	14
字　　数	296 千字
版　　次	2023 年 9 月第 1 版
印　　次	2023 年 9 月第 1 次印刷
书　　号	ISBN 978-7-5225-2072-8
定　　价	68.00 元

中华文化与传播研究

主办单位：

厦门大学传播研究所

中盐金坛盐化有限责任公司

福建省高校人文社会科学研究基地·中华文化传播研究中心

协办单位：

华夏传播研究会

华夏文化促进会

国际中华传播学会（美国）

中国传媒大学媒体创意研究中心

福建省传播学会

厦门大学国学研究院

四川大学老子研究院

厦门大学道学与传统文化研究中心

厦门筼筜书院

大连外国语大学中华文化海外传播研究中心

中国新闻史学会新闻传播思想史专业委员会

中国新闻史学会台湾与东南亚华文新闻传播史研究委员会

中国传媒大学健康中国与中医药传播研究中心

张　昆（华中科技大学新闻与信息传播学院）
邵培仁（浙江大学传播研究所）
林升栋（中国人民大学新闻学院）
罗　萍（厦门大学新闻传播学院）
岳　森（厦门大学新闻传播学院）
居延安（美国康涅狄格州州立大学传播学系）
单　波（武汉大学新闻与传播学院）
[新加坡]卓南生（北京大学新闻学研究会）
宫承波（中国传媒大学电视与新闻学院）
赵月枝（加拿大西门菲莎大学传播学院）
赵振祥（厦门理工学院）
赵晶晶（浙江大学传媒与国际文化学院）
胡翼青（南京大学传播学院）
郝　雨（上海大学影视学院）
贾文山（中国人民大学新闻学院、查普曼大学）
郭肖华（厦门理工学院数字创意学院）
阎立峰（厦门大学新闻传播学院）
黄　旦（复旦大学新闻学院）
黄合水（厦门大学新闻传播学院）
黄鸣奋（厦门大学电影学院）
黄星民（厦门大学新闻传播学院）
曾　峰（华侨大学新闻传播学院）
程曼丽（北京大学新闻与传播学院）
董天策（重庆大学新闻学院）
谢宗贵（福建师范大学传播学院）
戴元光（上海政法学院文学院）

卷首语

传播的境界：由传而通，由通而化

西方传播学理论进入我国的初期，关于英文单词 communication 如何翻译、它对应的中文词汇是什么，学界曾有过不同的见解，有的主张译成“（思想）交通”（郑北渭），有的主张译成“通讯”（张隆栋），而香港中文大学教授余也鲁先生主张将 communication 译为“传”或“传通”。如果跳出单纯的名词翻译这一技术问题，基于中国文化语境下来理解 communication 的中文语义，无疑“传通”是最恰当的。“传通”一词具有传受双向互动和传受互动之结果的内涵，它表达了中国文化对于信息、知识、思想、情感甚至信仰的传播，期望在传受互动中达到“通”与“化”的结果和境界。而由传而通、由通而化，是中国文化提倡以“文明交流交融”破解“文明冲突论”的传播智慧。

但现实中，文明传播经常遭遇“传而不通”或“通而不化”的困境，其原因何在？问题如何解决？历史上哲学家庄子曾对此做了深刻的分析，对于我们在新时代“文明交流互鉴”语境下如何做好文明传播极具启发价值。

其一，言外之意不可传。《庄子·天运》（以下只注篇名）言：“世之所贵道者书也，书不过语，语有贵也。语之所贵者意也，意有所随。意之所随者，不可言传也，而世因贵言传书。……故视而可见者，形与色也；听而可闻者，名与声也。悲夫，世人以形色名声为足以得彼之情！夫形色名声果不足以得彼之情，则知者不言，言者不知，而世岂识之哉？”这段话提出和讨论了文明传播中一个非常重要的问题：作为传播媒介的语言文字，存在可传与无法传的难题。《天运》以书册为例指出，道是无形而不可见不可闻的，但书册和组成书册的文字则是有形且可视可见的，可视可见的媒介无法传播无形之道的完整实情。就语言文字本身来说，其目的在于表达意义，然语言文字的表层意义之外还有言外之意，这是语言文字无法承载和传播的部分。面对这个传播难题，《庄子》提出采用“知者不言，言者不知”的态度，把想象的权力还给受者；或者采取“得鱼而忘荃，得兔而忘蹄，得意而忘言”的办法（《外物》），超越媒介本身的局限，心领意会即可。

其二，辩论遮蔽意义。“道隐于小成，言隐于荣华，故有儒墨之是非，以是其所非而非其所是。”（《齐物论》）。《庄子》认为，人类文明是道的“物化”，不同的人分别有不同的认识，从而形成一己之成见（小成），并为此争论不休，如儒墨之间的是非之争。文明的传播固然离不开言与辩，然言与辩均是一己之见的争论，在真伪、是非之争辩中，言者和辩者均无法完整、准确地表达其想说的意义，导致道（意义）在言辩中被遮蔽了。人类的种种知识和传播手段，都有其局限性，如固执成见，则无法体认道（意义）的存在。《知北游》讲述了“知”（知识的化身）北游求道劳而无功的故事，提出了解决辩论遮蔽意义的方法是“辩不若默，闻不若塞”（《知北游》），即放弃是非之辩，转由心悟，这是破解辩论遮蔽意义困境的有效方法。

其三，成心构成障碍。在《庄子》看来，影响受者接受传者观点的最大障碍是传受双方的“成心”。因为人人都有一己之成心，若以一己之成心为标准选择传或受的内容，则此标准便失去了“标准”的权威性，进而引发传播活动正常程序的中断，走入传播的变异状态——是非之争，从而使有序的传播变得失序。失序的传播甚至会产生反面的效果——引起受者极大的怀疑。“夫随其成心而师之，谁独且无师乎？”“未成乎心而有是非，是今日适越而昔至也。是以无有为有。无有为有，虽有神禹，且不能知，吾独且奈何哉！”（《齐物论》）对于因传受双方的成心造成的传播障碍，《齐物论》提出的解决办法是“莫若以明”。这里的明，指的是心的虚静、灵明状态。如果说“成心”是一曲之私心，容易在是非、彼此的对立争执中障碍传播的效果，那么，明则是虚静、无偶（无对立）的完整、全面之心灵状态，就像平静的水面，可以清楚地照见须眉，成为工匠的衡量工具，甚至成为天地万物之境。“万物无足以铙心者，故静也。水静则明烛须眉，平中准，大匠取法焉。水静犹明，而况精神！圣人之心静乎！天地之鉴也；万物之镜也。”（《天道》）“莫若以明”可以超越传受双方因是非、彼此对立造成的障碍，站在不滞两端的“环中”位置，还事物以真实的本来面目，且传受双方均可适然自得，从而进入传播的“通”途。“通也者，得也。适得而几矣。”（《齐物论》）

其四，知识产生阻隔。在《庄子》的语境中，知指知识体系。而知又分为大知、小知，指掌握知识的多少。“大知闲闲，小知间间”（《齐物论》），大知者自以为是，高谈阔论，气势凌人，拒绝接受他人的意见；小知者则条分缕析，与人纠缠于细枝末节，言不达意者甚至啰啰嗦嗦，这就是所谓“大言炎炎，小言詹詹”（《齐物论》）。“小知不及大知”（《逍遥游》），两者虽有高下之分，但不管大知小知，都是引发是非争执的工具，故《人间世》说“知也者，争之器”。从这个意义上讲，大知、小知皆为“世俗之知”（《胠箧》），而此小知多指礼仪法度、孝悌仁义、礼乐形名等知识（参见《天道》《天运》）。而只有与天道相合的“知”才是“真知”，真知是知天之所为的知，而且是不需要任何条件支撑的知（《大宗师》），只有具备真人修养境界的人才能拥有真知。在《庄子》看来，只有走出大知、小知之争，具备真知，才能实现文明传播与道相合的最佳效果，“是知能登假于道者也若此”（《大宗师》）。而真知，则是心经过“坐忘”世俗的大知小知之后，突破传受之间大知小知之阻隔（集虚）、传者与受者全面心心相应的理想传播状态——“无听之以耳而听之心，无听之以心而听之以气”（《人间世》）。气，空灵虚静，包容万物，传受双方若能达到此种境界和状态，此时人的耳目甚至心知已经构不成间隔文明传播效果的障碍，传播可达到“化”的境界。“夫徇耳目内通而外于心知，鬼神将来舍，而况人乎？是万物之化也”(《人间世》)。

在通过传播实现“文明交流交融”的过程中，有必要借鉴《庄子》提出的“得意忘言”“辩不若默”“莫若以明”“听之以气”的传播智慧，破解言外之意不可传、辩论遮蔽意义、成心构成障碍、知识产生阻碍的文明传播困境，达成由传而通、由通而化的结果与境界，在不同文明交流互鉴中促进人类文明发展。

钟海连（中盐金坛盐化有限公司副总经理、
厦门大学哲学系兼职教授）

目 录

贤文化与组织传播研究（主持人：周丽英）

盐文化传播研究（主持人：郑明阳）

文化建设与中华文化传播

主持人语

党的二十大报告指出："我们必须坚定历史自信、文化自信，坚持古为今用、推陈出新，把马克思主义思想精髓同中华优秀传统文化精华贯通起来、同人民群众日用而不觉的共同价值观念融通起来，不断赋予科学理论鲜明的中国特色，不断夯实马克思主义中国化时代化的历史基础和群众基础，让马克思主义在中国牢牢扎根。"[①] 全面提升中华优秀传统文化的影响力传播力，应该以马克思主义为指导，特别是用习近平新时代中国特色社会主义思想引领中国特色社会主义文化建设，坚守中华文化立场，立足当代中国现实，全面把握"两个结合"，充分利用各种资源、方式，创新有效路径，发掘、传承、弘扬中华优秀传统文化，增强文化自信，聚民心、育新人、兴文化、展形象，激发全民族文化创新创造活力，增强实现中华民族伟大复兴的精神力量。

本专栏有两篇论文，聚焦探讨关于文化建设与中华文化传播主题。第一篇从"两个结合"的理论创新角度，梳理了中国共产党百年来坚持把马克思主义基本原理同中国具体实际、同中华优秀传统文化相结合理论创新的历史进程，分析了其中蕴含的客观与主观、守正与创新、共性与个性的辩证关系，特别指出了习近平新时代中国特色社会主义思想对

① 《高举中国特色社会主义伟大旗帜 为全面建设社会主义现代化国家而团结奋斗——在中国共产党第二十次全国代表大会上的报告》，北京：人民出版社，2022 年，第 18 页。

“两个结合”的重大突破及其现实指导意义。第二篇从法文化视角，阐明了新时代德法共治观的时代意蕴及其对中国传统法文化的创造性转化的重要意义。该文还指出新时代德法共治观是习近平法治思想的重要内容，中国传统法文化创造性转化应该坚持德法共治观，推进良法善治、德法共治不断发展。

（上海电力大学马克思主义学院教授 高晓波）

中国共产党百年坚持“两个结合”的理论创新

——历史进程、辩证关系和重大意义

高晓波　苏跃林*

（上海电力大学马克思主义学院，上海，201306；

华中师范大学马克思主义学院，湖北武汉，430079）

摘　要：中国共产党成立百年来始终坚持“两个结合”理论创新。在马克思主义中国化过程中，马克思主义基本原理同中国具体实际相结合、同中华优秀传统文化相结合，运用辩证唯物主义和历史唯物主义基本方法，坚持守正与创新、客观与主观、共性与个性的辩证统一。实践永远在路上，理论创新也永无止境。在实现中华民族伟大复兴，全面建设社会主义现代化国家新征程中，中国共产党过去、今天及未来坚持“两个结合”理论创新初心未变。它将彰显马克思主义的生机活力，诠释中华优秀传统文化的现代性，论证历史与人民的正确选择，不断发展21世纪的马克思主义、中国马克思主义，开辟马克思主义中国化时代化新境界。

关键词：中国共产党；“两个结合”；马克思主义中国化；理论创新

基金项目：1. 马克思主义中国化与能源电力发展协同创新研究中心课题“马克思主义与能源伦理重大理论问题研究”（项目号 H2022–289）；2. 华中师范大学研究生科研创新基金项目“湘鄂西革命根据地中国共产党经济工作史料的收集、整理与研究”（项目号 22HMY009）。

习近平同志在“七一”重要讲话中，明确提出了坚持把马克思主义基本原理同中国具体实际相结合、同中华优秀传统文化相结合（以下简称“两个结合”），深入推进马克思主义中国化的重要论断。中国共产党创建以来，团结带来中国人民和中华民族为实现

---

*　作者简介：高晓波（1979— ），甘肃正宁县人，上海电力大学马克思主义学院教授，博士生导师，马克思主义中国化与能源电力发展协同创新研究中心副主任，主要从事中共党史、中国近现代史基本问题研究；苏跃林（1997— ），海南省昌江黎族自治县人，华中师范大学马克思主义学院博士研究生，研究方向是中国共产党经济工作史。

中华民族复兴之伟业，始终坚定理想信念，在艰难曲折的奋斗征程中坚持“两个结合”，推进马克思主义中国化的理论创新，先后形成了《关于若干历史问题的决议》《关于建国以来党的若干历史问题的决议》《中共中央关于党的百年奋斗重大成就和历史经验的决议》，更创造了毛泽东思想、中国特色社会主义理论体系、习近平新时代中国特色社会主义思想在内的中国化马克思主义理论成果。考察中国共产党百年坚持马克思主义中国化“两个结合”理论创新的历史进程，分析其中的辩证关系，有利于深刻总结新征程中继续以“两个结合”推进马克思主义中国化时代化的重大意义。

一、中国共产党百年坚持“两个结合”理论创新的历史进程

习近平总书记指出，创新是引领发展的第一动力，注重的是解决发展动力问题。[①]百年来中国共产党领导全国各族人民坚持一切从实际出发，实事求是，攻坚克难，在坚持“两个结合”过程中探索并认识中国革命、建设和改革的客观规律，实现马克思主义中国化的多次伟大飞跃，取得一系列理论创新成果，形成一套具有中国特色、中国风格和中国气派的马克思主义。

（一）毛泽东思想：“两个结合”的初步探索

中国共产党的诞生给予马克思主义中国化的组织主体和理论引领。中国共产党人及其他先进知识分子为寻求新的救国方案，学习马克思主义基本原理的同时，有意识地关注它同中国具体实际的区别及同中华优秀传统文化的适应程度。

毛泽东同志从分析中国社会各阶级中清醒地认识到中国最基本的国情，即以农立国。农民是中国人的绝大多数，又是受帝国主义和封建主义严重压迫的对象，因此农民问题乃国民革命的中心问题[②]。为扎根乡土，领导和动员农民发起革命，毛泽东同志领导起义部队建立井冈山革命根据地。党在农村创建多块革命根据地，使红色星火在中国大地熊熊燃起。然而，教条地理解和运用马克思主义基本原理，脱离中国具体实际，给革命造成严重损失。遵义会议后，中国共产党在反思“左”倾路线中，开启独立自主认识和解决中国具体实际问题的新阶段。

在1945年党的六届六中全会上，毛泽东同志第一次明确提出马克思主义中国化这个时代命题，并强调“要有目的地去研究马克思列宁主义的理论，要使马克思列宁主义的理论和中国革命的实际运动结合起来”[③]。1942年始，全党为统一思想，引导广大党员干部认识中国具体实际，以及运用马克思主义的世界观和方法论分析中国革命的具体问题的方法，掀起了一场以马克思主义教育为主要内容的整风运动。

---

① 习近平：《习近平谈治国理政》（第二卷），北京：人民出版社，2017年，第198页。

② 《毛泽东文集》（第一卷），北京：人民出版社，1993年，第37页。

③ 《毛泽东选集》（第三卷），北京：人民出版社，1991年，第801页。

六届七中全会发布了《关于若干历史问题的决议》，总结了三年来整风运动的各项成果，明确提出毛泽东思想是马克思主义中国化“一个结合”的伟大成果和第一次伟大飞跃，这为党的七大确立毛泽东同志在全党的核心地位奠定思想基础。在毛泽东思想的正确指导下，全党建成坚强有力可靠的马克思主义政党和一系列革命与建设理论，开辟了一条夺取新民主主义革命胜利的正确革命道路。

新中国成立后，毛泽东同志根据当时中国国情及探索社会主义建设道路的实际需要，形成关于社会主义革命和建设的一系列理论。面对中华优秀传统文化，党中央虽未明确提出马克思主义基本原理要与之结合，但关于“一个结合”的论述中已经蕴含了这一重要论断。党中央曾指出:“要使得马克思列宁主义这一革命科学更进一步地和中国革命实践、中国历史、中国文化深相结合起来。”[①]毛泽东同志提出，马克思主义须通过一定的民族形式才能实现同中国具体特点的结合[②];新民主主义的文化是民族的[③];要剔除中华传统文化的封建性糟粕,吸收其民主性的精华[④];建立中华民族的新文化[⑤]。由于建设社会主义可供借鉴的经验不足，马克思主义与中国社会主义建设实践相结合的过程也是曲折的。

在新民主主义革命时期与社会主义革命和建设时期，中国共产党初步探索“两个结合”，实现马克思主义中国化第一次伟大的理论飞跃，创立了具有中国风格、中国气派、中国形式的毛泽东思想，科学回答“什么是新民主主义革命和社会主义革命、怎样进行新民主主义革命和社会主义革命”的问题，使中华民族“站起来”。

（二）中国特色社会主义理论体系:“两个结合”的稳步推进

实事求是地评价是“一个重要的理论问题，是个是否坚持历史唯物主义的问题”。[⑥]把马克思列宁主义、毛泽东思想教条化，违背了历史唯物主义的基本原理，不符合实现“两个结合”的要求。为深刻反思新中国成立二十多年来的社会主义建设教训，全党掀起了关于真理标准问题的大讨论，从而打破了教条主义的沉重枷锁，为重新确立党的解放思想实事求是的思想路线奠定了基础，党的十一届三中全会指出了实践是检验真理的唯一标准，再次确立了实事求是思想路线，做出党和国家的工作重心转向经济建设及实行改革开放伟大决策。1981 年党的十一届六中全会召开，做出了第二个历史决议——《关于建国以来党的若干历史问题的决议》，高度科学总结了新中国成立后的重大历史问题，实事求是地评价了毛泽东及毛泽东思想，开启改革开放和社会主义现代化建设的伟大征程。

以邓小平同志、江泽民同志、胡锦涛同志为主要代表的中国共产党，在改革开放和

① 《建党以来重要文献选编（1921—1949）》第 20 册，北京：中央文献出版社，2011 年，第 318—319 页。
② 《毛泽东选集》(第 2 卷)，北京：人民出版社，1991 年，第 534 页。
③ 《毛泽东选集》(第 2 卷)，北京：人民出版社，1991 年，第 706 页。
④ 《毛泽东选集》(第 2 卷)，北京：人民出版社，1991 年，第 707 页。
⑤ 《毛泽东选集》(第 2 卷)，北京：人民出版社，1991 年，第 633 页。
⑥ 《邓小平文选》(第 2 卷)，北京：人民出版社，1994 年，第 38 页。

社会主义现代化建设的实践中，坚持马克思列宁主义、毛泽东思想的指导地位，在稳步推进“两个结合”中提出“建设有中国特色的社会主义”“社会主义初级阶段”“人民日益增长的物质文化需要同落后的社会生产之间的矛盾”“建立社会主义市场经济体制”“‘三步走’战略”“全面建设小康社会”等重大理论。同时，党对中华优秀传统文化有更加清晰的认识，提出“坚持中国特色社会主义文化发展道路”的重要论断。江泽民同志认为：中国化的马克思主义是包含马克思列宁主义基本原理，中华民族优秀思想、中国共产党人的实践经验在内的理论体系。[①] 胡锦涛同志强调：“必须继承和发扬中华优秀文化传统，大力弘扬中华文化，建设中华民族共有精神家园。”[②] 弘扬中华优秀传统文化、增强中华文化国际影响力、中华文化源远流长又博大精深、加强文化建设等词句越来越多出现在党的重要文件决议中，表明马克思主义基本原理同中华优秀传统文化的结合得到加强。

经过稳步推进“两个结合”的理论创新，中国共产党创立了包含邓小平理论、“三个代表”重要思想、科学发展观在内的，中国风格、中国气派、中国形式的中国特色社会主义理论体系，深刻回答了“什么是社会主义、怎样建设社会主义”“建设一个什么样的党，怎样建设党”“实现什么样的发展、怎样实现发展、为谁发展、如何评价发展”等基本问题，实现了马克思主义中国化的第二次伟大的理论飞跃，促使中华民族从“站起来”向“富起来”的历史性转变。

（三）习近平新时代中国特色社会主义思想：“两个结合”的突破发展

中国特色社会主义进入新时代，以习近平同志为核心的党中央结合世界百年未有之大变局，始终坚持社会主义现代化建设方向不动摇，进一步把马克思主义与中国实际结合起来，提出了坚持“五位一体”总体布局、“四个全面”战略布局，及“以人民为中心的发展思想”“人类命运共同体”等一系列重要的理论，从而推进了马克思主义基本原理同中国具体实际的结合。

习近平总书记十分重视中华优秀传统文化，认为要学习、尊重、传承、弘扬、发展、创造中华文明最根本的是文化自信，因为“文化是一个国家、一个民族的灵魂。文化兴国运兴，文化强民族强。没有高度的文化自信，没有文化的繁荣兴盛，就没有中华民族伟大复兴。”[③] 弘扬中华文明与中华优秀传统文化以及坚持文化自信成为党诸多会议的重要议题和决策。习近平同志肯定：“坚持把马克思主义基本原理同中国具体实际相结合、同中华优秀传统文化相结合，不断推动马克思主义中国化时代化，推进中华优秀传统文化

① 《江泽民文选》（第3卷），北京：人民出版社，2006年，第270页。

② 《胡锦涛文选》（第3卷），北京：人民出版社，2016年，第565页。

③ 习近平：《决胜全面建成小康社会 夺取新时代中国特色社会主义伟大胜利——在中国共产党第十九次全国代表大会上的报告》，《人民日报》2017年10月28日，第1版。

创造性转化、创造性发展。”① 由此，推进马克思主义基本原理同中华优秀传统文化的结合成为党和国家实现中华民族伟大复兴的基本要求，成为马克思主义中国化不可或缺的一部分。

2021年11月，党的十九届六中全会做出了第三个历史决议——《中共中央关于党的百年奋斗重大成就和历史经验的决议》，会议认为习近平新时代中国特色社会主义思想是坚持推进“两个结合”的伟大理论成果，并将以“两个结合”开辟马克思主义中国化时代化新境界视为在实践基础上的理论创新目标。中国式现代化是其中一个独创性成果。它汲取人类文明发展的有益经验，具有各国现代化的共同特征，扎根于中华优秀传统文化，具有基于自己国情的中国特色。习近平同志强调：“中国式现代化，深深植根于中华优秀传统文化，体现科学社会主义的先进本质，借鉴吸收一切人类优秀文明成果，代表人类文明进步的发展方向，展现了不同于西方现代化模式的新图景，是一种全新的人类文明形态。”②

习近平新时代中国特色社会主义思想的创立表明了党坚持“两个结合”取得突破进展。它“是当代中国马克思主义、二十一世纪马克思主义，是中华文化和中国精神的时代精华，实现了马克思主义中国化新的飞跃”③，同时实现中华民族由“富起来”到“强起来”的伟大转变。这一思想系统地回答了中国之问、世界之问、人民之问和时代之问。“四问”的本质都是“实践之问”④，即在推进“两个结合”中使马克思主义同步于时代发展，不断进行理论创新，以创造更具有中国风格、中国气派、中国形式的中国化马克思主义。

二、中国共产党百年坚持“两个结合”理论创新的辩证关系

中国共产党百年坚持“两个结合”理论创新是历代中国共产党人依据中国国情和民族特色，通过理论学习、实践探索、经验总结，运用唯物辩证法原理而把握到马克思主义中国化辩证关系的结果。总结这些辩证关系对于在新征程中衔接历史、现实和未来，深入推进“两个结合”至关重要。

（一）客观与主观的辩证关系

马克思主义在中国传播与中国人民被动或主动认识和学习马克思主义，并使之不断中国化是客观与主观即客观规律和主观能动双向互动的过程。马克思主义认为，人类社

---

① 习近平：《把中国文明历史研究引向深入 推动增强历史自觉坚定文化自信》，《人民日报》，2022年5月29日，第1版。

② 习近平：《正确理解和大力推进中国式现代化》，《人民日报》2023年2月8日，第1版。

③ 《中共中央关于党的百年奋斗重大成就和历史经验的决议》，北京：人民出版社，2021年，第26页。

④ 《“中国之问、世界之问、人民之问、时代之问”的具体内涵是什么？》，《学习时报》2022年4月25日，第4版。

会历史就是人在实践中不断认识世界和改造世界的历史。党坚持“两个结合”正是如此。韩庆祥将这一过程概括为马克思主义在中国落地、扎根的“中国化”和开花、结果的“化中国”。[①] 首先，马克思主义来到中国“播种落地”既是一种其真理性光辉向外闪烁的客观历史发展必然，又是先进中国人主动地学习、翻译和传播马克思主义经典著作的结果。其次，马克思主义在中国“生根发芽”说明其基本原理须正在或部分实现中国即适应中国具体实际和中华优秀传统文化这一客观条件，又是作为先进中国人代表的中国共产党人主动推进“两个结合”的结果。最后，马克思主义在中国“开花结果”说明其基本原理正在或大部分适应中国的客观条件，又是先进中国共产党人在主动推进中国化“两个结合”中不断形成与之相应的规律性认识，不断创造更多中国化的马克思主义，并用之指导中国实践的结果。换言之，“两个结合”是一代又一代中国共产党人“运用历史唯物主义，系统、具体、历史地分析中国社会运动及其发展规律，在认识世界和改造世界过程中不断把握规律、积极运用规律”[②]，改造中国社会的途径。因此，百年来党坚持“两个结合”使理论与实践、合乎规律性与合乎目的性、客观规律与主体选择互为依托，做到客观与主观的辩证统一。

（二）守正与创新的辩证关系

中国共产党以“两个结合”促进马克思主义中国化既是对马克思主义基本原理和中华优秀传统文化的守正，也是对它们的创新。一方面，对马克思主义基本原理的守正主要守马克思主义基本原理的立场、观点和方法的正，守科学社会主义及其基本原则的正，守共产主义远大理想的正。[③] 习近平总书记强调：“背离或放弃马克思主义，我们党就会失去灵魂、迷失方向。在坚持以马克思主义为指导这一根本问题上，我们必须坚定不移，任何时候任何情况下都不能动摇。”[④] 对中华优秀传统文化的守正主要守中华文明的智慧结晶[⑤]，因为它创造了源远流长、博大精深、灿烂辉煌的中华优秀传统文化，是中国实现中华民族伟大复兴的志气、骨气、底气所在。坚守中华优秀传统文化就是对五千多年中华民族发展史的坚定的历史自信和文化自信。另一方面，时代进步和实践进行要求马克思主义基本原理和中华优秀传统文化在坚守的基础上不断创新、与时俱进。在历史上，我

① 韩庆祥：《全面深入理解“两个结合”的核心要义和思想精髓》，《马克思主义研究》2021 年第 10 期。

② 习近平：《推动全党学习和掌握历史唯物主义 更好认识规律更加能动地推进工作》，《人民日报》2013 年 12 月 5 日，第 1 版。

③ 田鹏颖：《“守正创新”的方法论意义》，《辽宁日报》2021 年 9 月 16 日，第 8 版。

④ 习近平：《深刻认识马克思主义时代意义和现实意义 继续推进马克思主义中国化时代化大众化》，《人民日报》2017 年 9 月 30 日，第 1 版。

⑤ 中华文明的智慧结晶包括中国人民在长期生产生活中积累的宇宙观、世界观、人生观、天下观、社会观、道德观等优秀传统思想；茶道、中医、功夫、戏剧、剪纸、乐器、诗词、舞狮、对联、制陶、刺绣、美食、绘画、雕刻等等优秀传统技艺；服装、礼仪、嫁娶、年俗等优秀传统风俗以及各类名胜古迹、文物字画、古典著作、语言文字、政治制度、社会结构等。

们对创新的理解存在一定失误，如曾对马克思主义采取照搬照抄的教条态度；对中华传统文化采取全盘否定的非理性态度。党吸取这些教训，进而强调：“守正才能不迷失方向、不犯颠覆性错误，创新才能把握时代、引领时代。”[①]党从中国国情出发，以实事求是、洋为中用等态度，创新马克思主义基本原理；同时坚持取其精华去其糟粕、古为今用、推陈出新等原则，保护好、传承好、发扬好中华优秀传统文化。因此，共产党百年坚持“两个结合”，实现马克思主义中国化一次又一次飞跃，创造一个又一个中国化马克思主义成果；改造和去除了中华传统文化的糟粕部分，汲取和传承了其中适应社会主义和时代发展需要的优秀部分，助力其创造性转换和创新性发展，做到守正与创新的辩证统一。

（三）共性与个性的辩证关系

百年来党坚持“两个结合”做到客观与主观、守正与创新的辩证统一，就能更好处理共性与个性的辩证关系。一方面，马克思主义基本原理作为诞生于西欧的科学理论体系，有源自西欧具体情况的个性，又有适于各国国情和人民尤其是全体无产阶级求自由、求解放的共性。另一方面，中国具体实际历经中华民族几千年实践，形成有别于西欧的个性，如“一定的民族形式”“中国的具体的国情”等；[②]又有追求人民幸福，实现现代化的共性。中华优秀传统文化作为中华文明的智慧结晶与精华，有源自基于中国具体实际的个性，也有适于人类共同价值的共性。共性与个性在一定条件下相互转化，那么党坚持“两个结合”是促进共性与个性相互转化的过程，也是为这种转化创造条件。具体而言，如何认识马克思主义基本原理与中国具体实际和中华优秀传统文化的个性，适应个性，在彼此共性相互结合中不断创造中国化的马克思主义成果，是党以“两个结合”反映共性与个性在一定条件下相互转化的过程，即“认识个性—评判差异—适应个性—提炼共性—在共性结合中创造新事物”。当党教条地理解和运用马克思主义基本原理指导中国实践之时，就会犯个性指导个性、个性与个性不相适应的错误。若将马克思主义基本原理绝对化，凌驾于中国具体实际和中华优秀传统文化之上，这就会犯个性改造个性、个性与个性对立冲突的错误。当党正确分析中国具体实际和中华优秀传统文化的基础，根据时代变化去除两者相对落后和相对糟粕的部分，提炼利于或指导时代发展的精华，并在实践中推进理论创新，就能成功完成共性与个性在一定条件下相互转化，做到共性与个性的辩证统一。这就是党百年来坚持“两个结合”，推进马克思主义中国化，使中国革命、建设、改革取得瞩目成就的重要原因。

---

① 习近平:《高举中国特色社会主义伟大旗帜 为全面建设社会主义现代化国家而团结奋斗——在中国共产党第二十次全国代表大会上的报告》，北京：人民出版社，2022年，第20页。

② 陈培永:《马克思主义中国化“两个相结合”的深层意蕴》，《高校马克思主义理论研究》2021年第3期。

三、中国共产党在新征程坚持“两个结合”理论创新的重大意义

前进是历史发展的总趋势。实践永远在路上，则理论创新永无止境。习近平总书记指出:“马克思主义中国化取得了重大成果,但还远未结束。”① 党百年来坚持“两个结合”，取得重大理论创新，又正确处理其中的辩证关系，这对在新征程中坚持“两个结合”理论创新具有一系列重大意义。

（一）彰显马克思主义的生机活力

马克思主义不是超越一切时间和空间的绝对先验的理论。它并非先天适用于中国，而且并非在社会发展和时代变迁中全部适用。百年来，党始终坚持运用辩证唯物主义和历史唯物主义，在试错与纠错、在克服教条主义与促进思想解放中坚持“两个结合”并较好地处理辩证关系，使马克思主义成为解决中国问题的指导思想。党的百年奋斗史就是一部不断推进马克思主义中国化时代化，实现理论创新和理论创造的历史。正如党的二十大报告所言，“推进马克思主义中国化时代化是一个追求真理、揭示真理、笃行真理的过程”②。如今中国取得的成就归根到底是因为马克思主义行。而这源于党在百年奋斗实践中坚持“两个结合”，赋予马克思主义更多科学内涵和崭新内容，使之历经两百余年仍能在 21 世纪彰显蓬勃生机和旺盛活力。面对百年未有之大变局，面对在理论和实践上已经或可能遇上的重大问题，党和全国各族人民始终坚持理论自信，加强马克思主义基本原理的学习和实践，从中不断汲取科学智慧和理论力量。

（二）诠释中华优秀传统文化的现代性

中华优秀传统文化产生于中华文明，是中国最主要的具体实际。习近平同志强调，“中华文明是中华民族独特的精神标识，是当代中国文化的根基，是维系全世界华人的精神纽带，也是中华文化创新的宝藏”，而“中华优秀传统文化是中华文明的智慧结晶和精华所在，是中华民族的根和魂”。③ 充分了解中华优秀传统文化，是清晰认识中国具体实际的前提。随着中国特色社会主义建设实践的开展，党和全国各族人民运用辩证唯物主义和历史唯物主义的原理，有目的、有意识地对中华传统文化进行去粗存精，提出“两个文明”建设、“五个文明”建设以及“八荣八耻的社会主义荣辱观”“社会主义核心价值体系”“社会主义核心价值观”“文化自觉”“文化自信”“物质文明与精神文明相协调”等论断。党认识到中华优秀传统文化不但具有传统性，还可以运用马克思主义来诠释其现代性，即实现创造性转化和创新性发展。实现创造性转化和创新性发展就是“深入挖

---

① 习近平:《在哲学社会科学工作座谈会上的讲话》,《人民日报》2016 年 5 月 19 日，第 2 版。

② 习近平:《高举中国特色社会主义伟大旗帜 为全面建设社会主义现代化国家而团结奋斗——在中国共产党第二十次全国代表大会上的报告》，第 16 页。

③ 习近平:《把中国文明历史研究引向深入 推动增强历史自觉坚定文化自信》,《人民日报》2022 年 5 月 29 日，第 1 版。

掘中华优秀传统文化蕴含的思想观念、人文精神、道德规范，结合时代要求继承创新，让中华文化展现出永久魅力和时代风采”[①]。同时，让中华优秀文化的各个元素无缝地融入现代社会，成为社会实践和社会生活的不可或缺的部分。党坚持“两个结合”就为了把马克思主义思想精髓在解决中国具体实际问题中实践，贯通中华优秀传统文化，融通中国人民和中华民族的价值观念，增强中国特色的浓度。如《上新了·故宫》《国家宝藏》《中华好诗词》等大型文化类节目，凭借着“文化+戏剧+影视+古今对话”的艺术创新模式成功地唤起年轻受众对中华优秀传统文化的传播兴趣和自觉传承意识，为其可持续发展培养忠实的守护者和传承人。[②]又如公益广告可从中华优秀传统文化中汲取中华人文精神，获得创新发展可依托的精神支撑，增强艺术性、文化内涵、趣味性；而中华优秀传统文化可以以公益广告为载体，借助它的现代传播技术和艺术审美包装，以大众喜闻乐见的形式呈现出来，得以潜移默化向公众传播、弘扬与传承。[③]

（三）论证历史与人民的正确选择

历史和人民之所以正确地选择马克思主义、中国共产党、社会主义、改革开放，是因为党百年奋斗实践中有效坚持“两个结合”。首先，历史和人民选择马克思主义，在于其基本原理同中国具体实际、中华优秀传统文化存在契合性。就当时的历史背景上看，近代中国尤其是辛亥革命之后，中华民族和中国人民迫切需要一个科学理论的指导，从政治上统一全国，推翻“三座大山”的压迫，实现民族独立和人民解放。马克思主义关于科学社会主义理论就适合这一实际需要。党坚持“两个结合”，避免教条地理解和运用马克思主义和对苏俄革命的照搬照抄，在广大的乡村和农民中由知识分子和无产阶级精英发起无产阶级革命；又运用唯物辩证法，批判与继承中华传统文化。马克思主义逐步适应中国具体国情和中华优秀传统文化，被历史和人民选择为指导中国实践的根本理论。中国共产党是中国人民和中华民族的先锋队，是能够促使马克思主义中国化，领导革命胜利的无产阶级政党，被历史和人民选择为领导中国实践的根本力量。新中国成立后，党采取“三大改造”的方式，首次以和平方式实现了生产资料私有制向公有制的伟大变革，奠定社会主义制度的经济基础；再依据马克思主义关于无产阶级专政一系列理论，建成人民民主专政的国体与人民代表大会制度的政体，奠定社会主义制度的上层建筑。社会主义制度的成功建立，奠定中国人民和中华民族实现现代化的制度基础。“人民日益增长的物质文化需要同落后的社会生产的矛盾”是社会的主要矛盾，党做出了改革开放的伟大决策，促进社会经济快速发展。改革开放是决定“两个一百年”奋斗目标实现的关键一招，是改变中国人民和中华民族命运的历史抉择，是实现中华民族伟大复兴、

---

① 习近平:《决胜全面建成小康社会 夺取新时代中国特色社会主义伟大胜利——在中国共产党第十九次全国代表大会上的报告》，北京：人民出版社，2017年，第42页。

② 彭翠:《中华传统文化的创造性转化与创新性发展刍议》,《华夏传播研究》2022年第1期。

③ 罗萍、陈贝迪:《公益广告与传统文化：传承、创新与共生》,《华夏传播研究》2022年第1期。

建设社会主义现代化国家必须始终坚持的“基本国策”①。历史和人民做出“四个选择”是党坚持“两个结合”理论创新的必然结果，而后者的成功验证了前者的正确。

总之，坚持“两个结合”理论创新贯穿于党百年奋斗的辉煌实践，是党不断创造一个又一个伟大成就，持续发展21世纪的马克思主义、中国马克思主义，开辟马克思主义中国化时代化新境界的重要方式。历史和实践充分证明，这一切伟大胜利和荣光之所得，不单单是中国共产党“能”，归根到底是马克思主义“行”，归根到底是马克思主义实事求是、与时俱进、开放包容的鲜明品质“行”。展望未来，继续以“两个结合”在实践基础上推进理论创新，弘扬和传承中华民族优秀传统文化，是党践行“为中国人民谋幸福、为中华民族谋复兴”初心使命的艰巨责任。我们坚信在马克思主义的科学指引下，在党的坚强领导下，中国人民和中华民族必将“用新的伟大奋斗创造新的伟业”②，“在新时代新征程上赢得更加伟大的胜利和荣光！”③

① 李克强:《中国继续坚持走和平发展道路 坚持改革开放基本国策》,《光明日报》2022年10月1日，第2版。

② 习近平:《高举中国特色社会主义伟大旗帜 为全面建设社会主义现代化国家而团结奋斗——在中国共产党第二十次全国代表大会上的报告》，第71页。

③《中共中央关于党的百年奋斗重大成就和历史经验的决议》，北京：人民出版社，2021年，第75页。

德法共治观：中国传统法律文化的创造性转化

海　燕*

（上海电力大学马克思主义学院，上海，201306）

摘　要：在全面依法治国背景下，深刻理解新时代德法共治观对于进一步理解和践行习近平法治思想具有重要意义。首先，探寻中国古代德治、法治以及德法共治思想之源流，充分认识新时代德法共治观的历史必然性，提升内心认同感；其次，从厘清德治与法治关系的理论争议入手，结合当前对新时代德法共治观的实践，体悟其时代意蕴，进一步坚持并践行新时代德法共治观；最后，立足当代中国实际，结合国家治理现代化语境，提出新时代德法共治观对中华传统法律文化创造性转化的反思，推动其实现可持续发展。

关键词：中华传统法律文化；德治；法治；德法共治

党的二十大报告指出："法治社会是构筑法治国家的基础。弘扬社会主义法治精神，传承中华优秀传统法律文化，引导全体人民做社会主义法治的忠实崇尚者、自觉遵守者、坚定捍卫者。"① 与此同时，党的二十大报告亦指出："我们必须坚定历史自信、文化自信，坚持古为今用、推陈出新，把马克思主义思想精髓同中华优秀传统文化精华贯通起来。"② 这为我们进一步推动中华传统法律文化的创造性转化，坚定法律文化自信，赓续法律文化精神血脉，挖掘中华优秀传统法律文化的时代价值提供了根本遵循。道德与法律的关系理论是习近平法治思想的重要组成部分，亦是中华民族传统德法关系思想在新时代的

---

* 作者简介：海燕（1992—），女，河南南阳人，博士，上海电力大学马克思主义学院讲师，研究方向为民商法，思想政治教育。

基金项目：上海市教育科学研究项目"上海高校哲学社会科学研究专项"，项目名称："'八五'普法背景下提高大学生法治教育的针对性和实效性研究"。

① 习近平：《高举中国特色社会主义伟大旗帜 为全面建设社会主义现代化国家而团结奋斗——在中国共产党第二十次全国代表大会上的报告》，北京：人民出版社，2022 年，第 42 页。

② 习近平：《高举中国特色社会主义伟大旗帜 为全面建设社会主义现代化国家而团结奋斗——在中国共产党第二十次全国代表大会上的报告》，北京：人民出版社，2022 年，第 18 页。

新发展。[①]因此，基于对中国古代“德法共治”思想的梳理，深刻理解新时代德法共治观的历史必然性，通过阐明新时代德法共治观的时代意蕴，进一步探索新时代德法共治观对中国传统法律文化的创造性转化路径具有理论和现实意义。

一、新时代德法共治观的历史必然性

德法互补，共同治国的思想由来已久，是我国古代治国理政的成功经验，也是中国传统法律文化中的精髓。[②]在3000多年中国传统法律文化的发展历程中，经历无数次对治国之道的探索与实践最终凝结成德法共治的思想，构成了中国法律文化史的核心内容。因此，探寻中国古代德治、法治以及德法共治的思想源流，有助于深刻理解新时代德法共治观的历史必然性。

（一）中国古代德治思想源流

早在传说时代，就有了关于“德治”的相关记载。《尚书·尧典》说唐尧“克明俊德，以亲九族。九族既睦，平章百姓。百姓昭明，协和万邦”，“舜让（君位）于德，弗嗣”[③]。《尚书》中的这一记载便体现了其崇德尚礼的德治思想。[④]周武王灭商之后，殷人的天命说以及神权政治发生了动摇。以“监于有夏”“监于有殷”自警、自省的周朝统治者认识到道德教化的重要意义，进而有了“民之所欲，天必从之”“皇天无亲，惟德是辅”等“德治”的雏形。到了春秋战国时期，作为儒家学派的代表人物，孔子主张德政。他认为：“为政以德，譬如北辰，居其所而众星共之。”（《论语·为政》）此可谓对德治理念的率先阐释。后孟子从“性善论”出发主张德治乃治本之道：“善政不如善教之得民也。善政，民畏之；善教，民爱之。善政得民财，善教得民心。”（《孟子·尽心上》）基于以上综述可以看出，中国古代“德治”的治理功能主要可被概括为两点：一曰为政以德；二曰以德化民。

（二）中国古代法治思想源流

春秋战国时期，礼崩乐坏。礼乐之治逐渐被法家奉行的法治所取代。早在公元前7世纪，管仲便明确提出了“以法治国”的主张，成为世界法制史上的开篇之作。[⑤]管仲经常将法比作如度量衡一样的工具，认为“法律政令者，吏民规矩绳墨也”。他认为，对于法这一工具，若运用得当，则“威不两措，政不二门。以法治国，则举措而已”（《管子·明法》）随后，当历史进入战国时期，以富国强兵为目标的法家学说逐渐上升为显学。

① 《中共中央关于党的百年奋斗重大成就和历史经验的决议》，北京：人民出版社，2021年，第23—26页。

② 张晋藩：《论中国古代的德法共治》，《中国法学》2018年，第2期。

③ 张晋藩：《中国传统法律文化十二讲》，北京：高等教育出版社，2018年，第110页。

④ 韩运荣、刘一璇：《〈尚书〉舆论思想研究》，《华夏传播研究》2022年第1期。

⑤ 张晋藩：《论中国古代的德法共治》，《中国法学》2018年第2期。

韩非作为法家学说集大成者，在总结法家学说之得失的基础上，提出法、术、势“不可一无，皆帝王之具也”。据此，法律的工具价值得到进一步彰显。具体而言，法律的工具价值体现为：其一，治国理政之重要手段。管仲认为：“虽圣人能生法，不能废法而治国。”（《管子·法法》）此外，韩非亦提出：“国无常强，无常弱。奉法者强，则国强；奉法者弱，则国弱。”其二，断罪之绳墨。法家以法治国的思想优于“礼不下庶人”之礼治的原因在于其确立了法尚公平的原则，即“不别亲疏，不殊贵贱，一断于法”[①]。其三，确定赏罚之标准。商鞅曾言：“圣人之为国也，一赏，一刑，一教。一赏则兵无敌，一刑则令行，一教则下听上。”（《商君书·赏刑》）

（三）中国古代“德法共治”的思想源流

梳理中国古代关于治国之道的实践，大致可以看出其呈现出合—分—合—分的发展脉络。其中共有两次“德法共治”的实践与探索时期。

第一次合发生于西周初建。周初，统治者深刻反思商亡之教训，意识到商之亡亡于重刑辟，遂提出“敬天保民”之思想。在此基础上，周公做出“礼乐政刑，综合为治”的决策。而作为其综合为治理念的重要组成部分，周公进一步提出“明德慎罚”的主张，开辟了中国德法共治之先河。周公德法共治思想造就了成康之治，形成了“天下安宁，刑措四十余年不用”[②]的安定和谐。

第二次合发生于汉初。春秋战国时期“礼崩乐坏”，秩序大乱。秦经商鞅变法之后，奉行法治，虽富国强兵，然秦仅历二世而终，这促使汉初之思想家进行深刻反思。如陆贾曾言：“齐桓公尚德以霸，秦二世尚刑而亡。故虐行则怨积，德布则功兴。”[③]及至汉武帝时期，董仲舒开始倡导德刑互补之说。其提出“圣人法天而立道”[④]，“故圣人多其爱而少其严，厚其德而简其刑”[⑤]。他认为，德与刑的关系应为“刑者，德之辅；阴者，阳之助也”[⑥]，即德主刑辅。这一治国方略到唐朝发展为德礼为本、刑罚为用，其相互关系即所谓“犹昏晓阳秋，相须而成者也”[⑦]。此种治理模式经汉至清，形成了一以贯之的礼法社会，对后世影响深远。正如清末大理院正卿张仁黼所言：“数千年来礼陶乐淑，人人皆知尊君

---

① 司马迁著、甘宏伟、江俊伟注：《史记：评注本》卷130《太史公自序》，武汉：崇文书局，2009年，第758页。

② 司马迁：《史记：评注本》卷4《周本纪》，甘宏伟、江俊伟注，武汉：崇文书局，2009年，第21页。

③ 陆贾：《新语·道基》，转引自张晋藩：《中国传统法律文化十二讲》，北京：高等教育出版社，2018年，第127页。

④ 班固：《汉书·董仲舒传》，转引自张晋藩：《中国传统法律文化十二讲》，第129页。

⑤ 董仲舒：《春秋繁露》卷12《基义》，陈冬辉主编，杭州：浙江大学出版社，2021年影印本，第252页。

⑥ 董仲舒：《春秋繁露》卷12《基义》，陈冬辉主编，杭州：浙江大学出版社，2021年影印本，第268—269页。

⑦ 长孙无忌：《唐律疏议·名例》，转引自张晋藩：《中国传统法律文化十二讲》，第132页。

亲上，人伦道德之观念，最为发达，是乃我国之国粹，中国法系即以此。①

分析德治和法治的历史发展脉络，不难看出，在中国五千多年的历史长河中，将德治和法治作为治国之道的实践从未停止，其滥觞于西周，系统化、理论化于春秋战国，全面实践于汉代，发展完善于唐朝。②而进一步总结其发展规律则不难发现，合则产生良好的治理效果且利于国家长治久安；分则导致较差的治理效果，会引发道德与法律之冲突。比较可知，只有选择德治与法治相结合，才符合中国历史发展之规律，故新时代德法共治观的形成具有历史必然性。③

二、新时代德法共治观的时代意蕴

中国共产党第十八届四中全会做出推进全面依法治国的决定，并确立了“坚持依法治国和以德治国相结合”的原则，党的十九大报告重申了这一原则。如今，党的二十大报告又进一步明确指出：“要坚持依法治国和以德治国相结合，把社会主义核心价值观融入社会发展、融入日常生活。”④由此可见，党团结带领人民对新时代德法共治观的坚持是一以贯之的。为了更加深入地理解并践行新时代德法共治观，有必要从厘清德治与法治关系的理论争议入手，结合当前对新时代德法共治观的实践，体悟其时代意蕴，推动国家治理体系和治理能力现代化。

（一）基于德法关系之不同观点的梳理与评述体悟其时代意蕴

虽然德治与法治相结合已成为政治领域确立的原则，但是学界关于两者关系的争议却一直存在。正如著名法学家张文显先生所言：“法律与道德，法治与德治的关系是中外法学史上恒久的话题。”⑤目前，我国学界关于德治与法治关系的观点主要可以归纳为三种：其一为并列关系说；其二为法治至上说；其三为折中说。众所周知，思想是行为的先导。显然，从理论上厘清德治与法治的关系，对于理解新时代德法共治观，进一步践行依法治国和以德治国相结合，推进全面依法治国具有重要意义。

其一，德治与法治并举的并列关系说。基于德治与法治都是我国治国理政的重要手段，在功能上具有不可或缺性，因而提出“德法并举”“德法并重”的观点。例如，有学者认为：“德治属于思想上层建筑，法治属于政治上层建筑，由于它们属于不同领域，有差别又有联系，因此有必要、有可能同时建设、同时并进。”⑥其二，法治至上说。法治与德治并非并列关系而是法治具有绝对至上的地位。比如，有学者认为，“社会主义社会发

① 故宫博物院明清档案部汇编：《清末筹备立宪档案史料》，北京：中华书局，1979 年，第 843 页。

② 孙伟：《法治中国建设与“德法合治”的思想渊源》，《重庆社会科学》2017 年第 12 期。

③ 龙大轩：《新时代“德法合治”方略的哲理思考》，《中国法学》2019 年第 1 期。

④ 习近平：《高举中国特色社会主义伟大旗帜 为全面建设社会主义现代化国家而团结奋斗——在中国共产党第二十次全国代表大会上的报告》，北京：人民出版社，2022 年，第 44 页。

⑤ 张文显：《治国理政的法治理念和法治思维》，《中国社会科学》2017 年第 4 期。

⑥ 肖群忠：《德法并举论》，《西北师大学报》（社会科学版）2002 年第 1 期。

展的目标应是理性法治社会，而法治社会应突出法治的价值，以法为主，同时辅之以道德调控”，“法主德辅是我们的理性选择”。[①] 亦有学者认为，传统德治推行的社会基础，是缺乏对国家最高权力进行法律限定和约束的“人治社会”，法治是内在于通过法律限制和控制政治权力这一原则的，故而德治与法治的地位是不同的，法治具有至上性以及绝对权威性。[②] 其三，折中说。德治与法治之间的关系不能单纯地认为是并列或是地位高低之关系，而应该将两者放在不同的层级中进行具体分析。德治与法治的关系，放在不同的层级中具有不同的界定。从法治框架下看两者之间的关系，则法治拥有至高无上的地位，德治需在法治的框架下实施；从法律渊源的层级出发，道德具有上位性、统摄性，法律无论有多么独特的运行方式，其终究不能脱离合理的道德价值原则或背离道德精神。[③] 可见，从这一观点出发，只有放在不同层级，才能了解德治与法治的不同关系样态。

基于对学者关于德治与法治关系之不同观点的梳理，笔者认为，无论是“德法并举”“德法并重”的并列关系说，还是法治至上的“法主德辅”思想都存在较大的局限性。首先，并列关系说未能体现出德治与法治在国家治理中的不同，存在以偏概全之嫌。两者分属于两种不同的社会规范形式、调节方式，在作用发挥上属于你中有我，我中有你，相辅相成、相互促进的关系，而非简单的并列关系。将两者视为一种并列关系，容易引起误解。正如有学者所言：“将德法视为并列关系容易导致人们把以德治国看成是与依法治国相对的另一个基本方略，引起理解上的歧义。”[④] 其次，将德治与法治关系理解成主次关系，无论是法治至上的“刑主德辅”思想，还是认为道德具有上位性的“德主刑辅”都存在静态看问题的不合理之处。国家治理是一个综合且动态的过程。故而，仅以静态视角考察德治与法治的关系容易一叶障目，需要在具体场景中考察两者之关系。

基于对并列关系说以及法治至上说的评述，笔者较为赞成第三种观点，即折中说，将德治与法治的关系置于不同层级之中进行具体分析。然而，笔者认为，对于当下更好地理解新时代德法共治观而言，将其置于动态的国家治理现代化语境之中进行考察似乎更加合理。在国家治理现代化的语境下，德治与法治需要在不同领域、不同治理过程中发挥其应有之价值。故而，德治与法治的关系亦处于动态变化之中，其自然呈现出一种道德与法律共同发挥作用，德治与法治共同治理的关系样态。因此，从国家治理现代化的语境中理解德治与法治的关系有助于我们理解新时代德法共治观中“共治”的时代意蕴。“共治”并不代表着德治与法治的简单叠加或是结合，其体现着一种综合治理，优势互补的治理理念，符合新时代推进国家治理体系和国家治理能力现代化的时代需求。

---

① 周世中、管仁林：《关于法与道德关系的几点思考》，《社会科学家》1998 年第 1 期。

② 王淑芹、刘畅：《德治与法治：何种关系》，《伦理学研究》2014 年第 5 期。

③ 王淑芹、刘畅：《德治与法治：何种关系》，《伦理学研究》2014 年第 5 期。

④ 孟兰芬：《“以德治国”研究述要》，《齐鲁学刊》2002 年第 5 期。

（二）基于德法共治的当代实践体悟其时代意蕴

1. 国家立法层面对新时代德法共治观的回应

古人云："律设大法，理顺人情。"[①] 此处之人情并非个人之感情，而是指人们内心深处判断是非善恶的常理常情。既然法律是人所制定之规则，便理应体现人之常情。法律只有符合人们内心深处的道德准则，才能得到普遍遵循并在社会层面树立起法治信仰。正如习近平总书记所指出的那样，"以法治承载道德理念，道德才有可靠制度支撑"。[②]

立法层面对新时代德法共治观的践行主要表现为"道德法律化"的过程。即将道德领域的重要内容上升为法律规定。正如著名法哲学家博登海默所言："那些被视为是社会交往的基本而必要的道德正当原则，在所有的社会中都被赋予了具有强大力量的强制性质。这些道德原则的约束力的增强，当然是通过将它们转化为法律原则而实现的。"[③] 以下囿于篇幅限制，仅从《中华人民共和国民法典》（以下简称《民法典》）《中华人民共和国家庭教育促进法》（以下简称《家庭教育促进法》）对中华优秀传统法文化的传承及其道德关怀进行阐述。习近平总书记在民法典座谈会上指出："民法典汲取了中华民族5000多年优秀法律文化，借鉴了人类法治文明建设有益成果……是一部具有鲜明中国特色、实践特色、时代特色的民法典。"[④] 这种民族特色首先就体现在对传统德教思想的弘扬上。[⑤]《民法典》中基本原则均体现了对传统道德的当代回应。例如，"人无信而不立"，《民法典》中诚信原则的确立便是对中华优秀传统文化伦理规范的观照。正如俞荣根所言，儒家的诚信思想堪称"中国古代民法文化之魂"，也对当下民法的发展深具影响。[⑥] 再如，"重农敬天""人与天和""顺时立政"等中国传统法文化和"弃灰于道者，断其手"商代法律、西周《伐崇令》等传统法律制度为新时代生态环境法律体系的完善提供了宝贵的文化资源。[⑦] 此外，2021年10月23日通过的《家庭教育促进法》首次将家庭教育纳入法律制度的范畴。此次立法是对诸葛亮《诫子书》中所体现的中华民族重视家庭教育之优良传统的积极回应，有利于在全社会范围内形成注重家庭教育的良好氛围。

2. 个人守法层面对新时代德法共治观的回应

"一切法律中最重要的法律，既不是刻在大理石上，也不是刻在铜表上，而是铭刻在

---

① 范晔：《后汉书·卓茂传》，转引自龙大轩：《新时代"德法合治"方略的哲理思考》，《中国法学》2019年第1期。

② 习近平：《论坚持全面依法治国》，北京：中央文献出版社，2020年，第166页。

③ 博登海默：《法理学：法律哲学和法律方法》，邓正来译，北京：中国政法大学出版社，1999年，第374页。

④ 习近平：《充分认识颁布实施民法典重大意义，依法更好保障人民合法权益》，《求是》2020年第12期。

⑤ 蒋海松：《民法典传统基因与民族特色的法理解析》，《现代法学》2022年第1期。

⑥ 俞荣根：《诚信：一个历久常新的民法原则——〈论语〉与我国民法文化刍议》，《现代法学》1993年第2期。

⑦ 柴荣：《中国传统生态环境法文化及当代价值研究》，《中国法学》2021年第3期。

公民的内心里。”[①] 由此可见，如若没有广大公民知法、守法，纵然法律制度密如凝脂、繁如秋荼，全面依法治国也无法实现。因此，无论是在普法上还是公民守法上都应该体现道德教化润物细无声的重要作用。

知法而后守法。继“七五”普法完成后，已然于2021年迎来了“八五”普法。毋庸置疑，普法教育是推进全民守法的重要手段。邓小平同志在20世纪就说过：“加强法制重要的是要进行教育，根本问题是教育人。”[②] 尽管道德与法律分属不同的概念范畴，但是对于道德领域重要内容的法律化，能够促使普法教育不仅有助于提升公民的法治素养，还有助于提升公民的道德修养。因此，需要注重通过普法教育来加强对公民的道德教育，在法治教育与道德教育的良性互动中促进公民法治素养的提升。在这一方面，古人给我们留下了丰厚的经验与智慧。他们倡导“以德化民，以刑弼教”[③]，也就是说通过法律宣传来彰明刑罚、辅助道德教化。这就是法治教育与道德教育的融合，德治与法治的共治。此外，要培育人们主动遵守法制的意识，使其养成主动守法的习惯，就需要“德化人心”的隐性作用。“道之以政，齐之以刑，民免而无耻；道之以德，齐之以礼，有耻且格。”（《论语·为政》）若仅依靠法令去引导人们的行为，其只会关注如何避免法律的规制，内心则对自身违法行为不以为耻；若通过温润的道德教化去引导，则其便会因对自身的违法行为感到羞耻而自觉遵守法律。当下，一些真实案件便是对这一观点的佐证。例如，保安擅自早退在路上遭遇车祸，家属要求社保局认定为工伤。[④] 可见，此种行为非因不懂法而致，因罔顾道德而致。因此，在全民守法的道路上，普法固然重要，道德教化对内心之法律的构建则更为重要，应坚持德法共治。

三、新时代德法共治观对中华优秀法律文化的创造性转化

习近平在主持十八届中央政治局第十三次集体学习时强调指出，弘扬中华优秀传统文化，“要处理好继承和创造性发展的关系，重点做好创造性转化和创新性发展”。[⑤]“德法共治”即是通过将德法合治传统中的“为政以德”“仁政”“隆礼重法”“德主刑辅”等思想进行创造性转化而提出来的。[⑥] 正如张文显所言：“习近平总书记提出的德法共治观阐明了一种现代法治和新型德治相结合的治国新思路。按照这种新思路，法治和德治相结合，就是治国的必然之道。”[⑦] 可见，新时代德法共治观是对中华优秀传统法律文化创造性

---

① 卢梭：《社会契约论》，何兆武译，北京：商务印书馆，1981年，第20页。

② 《邓小平文选》（第3卷），北京：人民出版社，1993年，第163页。

③ 《清实录·康熙朝实录·康熙二十年正月辛巳条》，转引自龙大轩：《新时代“德法合治”方略的哲理思考》，《中国法学》2019年第1期。

④ 参见江中帆：《员工早退途中出车祸，算不算工伤？》，《检察日报》2018年7月4日，第5版。

⑤ 《习近平谈治国理政》，北京：外文出版社，2014年，第164页。

⑥ 贾英健：《唯物史观视域中的“礼法合治”及其现代转换——兼论新时代“德法共治”思想的历史性超越》，山东社会科学2021年第4期。

⑦ 张文显：《治国理政的法治理念与法治思维》，《中国社会科学》2017年第4期。

转化的成果。为了进一步践行新时代德法共治观，此处提出关于新时代德法共治观对中华优秀传统法律文化创造性转化的两点反思。

（一）以现代道德推进良法善治

制定良法是为了实现善治。善治是对治理的超越，是“良好的”“有效的”治理，也就是要达到最优程度的治理。[①] 可见，善治乃建立于治理之上，是对治理进行衡量的标准。因为“治理必然是以多元主体间的合作求得公共利益最大化为取向的，因而在逻辑上治理必定是以‘善治’为导向”。[②] 尽管善治是国家治理的应然状态，可能无法获得同等的实然效果，但是只有以此为目标推进国家治理现代化，才能获得较好的治理效用。即所谓“法乎其上，得乎其中。法乎其中，仅得其下”[③]。

作为国家治理现代化标准的善治，其“善”是具有现代性意义的善，它以中国特色社会主义基础上的现代道德为依据。因此，在推进良法善治的过程中，需要以现代道德而非中国农业文明基础上的传统道德为依据。这主要是由于建立在封建制度和农耕经济下的道德规范存在诸多与现代良法善治相悖的内容。例如，在儒家思想中，君臣、父子、夫妻等关系存在实质性的等差人伦秩序。名分观念对传统律法产生了极大影响，甚至有学者指出，“传统法是名分法”[④]。《大明律》和《大清律例》等封建律法开篇首置“五服亲族图”，个体的人则完全淹没在血缘团体之中，这对个体自由和理性显然是一种抹杀。[⑤] 而这显然与当前中国特色社会主义市场经济体制下，人们所秉持的社会公平、正义、平等的意识背道而驰。因此，要实现良法善治便需要革除此类不合时宜的传统法律文化。

党的二十大报告中强调前进道路上必须牢牢把握的“五项重大原则”，其中一个原则就是“坚持以人民为中心的发展思想”。[⑥] 要想实现良法善治，必须立足于中国国情这一最大的实际。而人民民主专政是我国的国体，这就决定了我国要实现的善治需以实现人民最大利益为目标。可见，善治建立在以人为中心的伦理道德基础上，为的是使人民拥有更加充实的获得感与幸福感，这就是符合时代发展需求的现代道德。而良法是保障善治的制度基础，因此法律的制定也应该具有此种道德性。否则，“当一条规则或一套规则

---

① 梅萍、宋增伟：《论国家治理现代化语境中德法共治的内在逻辑》，《中州学刊》2018 年第 3 期。

② 魏治勋：《“善治”视野中的国家治理能力及其现代化》，《法学论坛》2014 年第 2 期。

③ 李世民：《帝范：中国最伟大帝王的沉思录》，唐政释，译，北京：新世界出版社，2009 年，第 105 页。

④ 周兴生：《传统法是名分法——以服制、哲学内核、体系构造及疑案判决为考察》，《求是学刊》2013 年第 6 期。

⑤ 蒋海松、姚锋：《传统“德法合治”思想的现代观照——以习近平法治思想为视角》，《西南民族大学学报（人文社会科学版）》2022 年第 5 期。

⑥ 参见习近平：《高举中国特色社会主义伟大旗帜 为全面建设社会主义现代化国家而团结奋斗——在中国共产党第二十次全国代表大会上的报告》，北京：人民出版社，2022 年，第 10 页。

的功效受到道德上的抵制与威胁时，它的效力就可能变成一个毫无意义的外壳。”①因此，“要恪守以民为本、立法为民理念，贯彻社会主义核心价值观，使每一项立法都符合宪法精神、反映人民意志、得到人民拥护”②。综上可知，只有以现代道德为依据才能推进良法善治的实现。

（二）以社会主义核心价值观引领新时代德法共治

德治与法治犹如车之两轮，鸟之两翼。其是具有不同功能的两种治理手段，缺一不可。然而，基于这个视角进行考察，很容易使人陷入对德治与法治的工具主义认识，而忽略两者本身的价值意义。工具主义道德观容易削弱人们对道德的重视程度，而工具主义法治观则易于滋生人们对法治的怀疑情绪，弱化法治信仰。显然，将德治和法治视为工具，陷入工具主义不符合国家治理能力现代化的要求，更加会窒碍新时代德法共治观的良性发展。因此，必须立足于当代中国的实际，置于国家治理现代化的语境中，深入挖掘有利于新时代德法共治观持续发展的价值资源。社会主义核心价值观是当代中国精神的集中体现，凝聚着全体人民共同的价值追求，是社会主义社会真正目标性、理念性的价值，以社会主义核心价值观作为价值遵循是国家治理现代化的必然选择，也是保证德治与法治同向共生、有序发展的必然要求。③习近平总书记指出：“核心价值观，其实就是一种德，既是个人的德，也是一种大德，就是国家的德、社会的德。”④以社会主义核心价值观引领德治发展具有不可替代的重要意义。当前，提高国家治理体系、治理能力现代化对法治建设提出了更高的要求。为避免法治建设偏离航线，落入照搬西方法治的窠臼，必须将社会主义核心价值观融入法治建设，融入司法为民、公正司法全过程、各环节，以体现社会主义法治精神。例如，在司法实践中，人民法院通过持续发布弘扬社会主义核心价值观的典型案例，大力践行社会主义核心价值观，以司法引导社会积极向上向善，营造更加安定有序的社会环境。可见，以社会主义核心价值观引领新时代德法共治是提高全面依法治国实效，实现国家治理体系和治理能力现代化的必然要求。

四、结语

中华传统文化在新时代的传播与传承，离不开当代人在新时代的创造性转化与创新性发展。⑤新时代德法共治观是深入挖掘中华优秀传统法律文化并实现创造性转化的最新

① 博登海默：《法理学——法哲学及其方法》，邓正来，译，北京：华夏出版社，1987年，第330页。

② 《中国共产党第十八届中央委员会第四次全体会议公报》，北京：人民出版社，2014年，第6—7页。

③ 梅萍、宋增伟：《论国家治理现代化语境中德法共治的内在逻辑》，《中州学刊》2018年第3期。

④ 习近平：《青年要自觉践行社会主义核心价值观——在北京大学师生座谈会上的讲话》，2014年5月5日，http://www.gov.cn/xinwen/2014-05/05/content_2671258.htm，2023年3月7日。

⑤ 彭翠：《中华传统文化的创造性转化与创新性发展刍议》，《华夏传播研究》2022年第1期。

成果，也是习近平法治思想的重要内容。在新时代进一步坚持依法治国和以德治国相结合，推进全面依法治国，实现国家治理体系和治理能力现代化需要对新时代德法共治观进行历史与当代的回顾与梳理。同时，也需要着眼于未来，探索新时代德法共治观对中华传统法律文化创造性转化的新思路。

华夏传播与中华民族共同体建构

主持人语

毋庸讳言，当前中国社会面临关于共同体认同的诸多问题。认同性的脆弱不仅会带来个体精神主体的崩坍，而且会影响民族国家共同体的存续。这也是传播学、政治学、文化人类学诸多学科领域学者呼吁保护民族文化，加强国家认同，进行整体传播的内在动因。现代性造成的历史意识的断裂使得共同体成员面临丧失民族国家共同体记忆的危险。后全球化时代的来临使得中华民族国家共同体认同显得重要而迫切。因为这不仅是一个社会文化问题，更是一个关乎国家稳定、社会和谐的政治问题。对此，需要所有的人文学者共同做出努力。

本栏目选取的两篇论文分别从政治与中医角度探究了国家共同体和健康共同体的认同与强化问题，对挽救中国与世界面临的共同体认同危机提供了思路。《互动仪式链下爱国短视频对国家共同体的建构——基于bilibili爱国视频的创作研究》运用互动仪式链理论，通过对B站平台爱国短视频的创作者、内容以及“仪式共同体”观看成员进行观察、访谈，发现用户在观看爱国短视频的过程中会通过仪式互动链产生高度情感共鸣，激发爱国情感，从而加强国家共同体认同;《符号学视域下人类卫生健康共同体的构建路径》运用符号学理论，探究人类卫生健康共同体的构建路径，指出中西医学话语具有共通的伦理基础与责任意识，在实践中应以“同一医学”“共同话语”为指导，构建人类卫生健康共同体。

中国式现代化理论的提出为年轻而古老的华夏传播提供了新的契机。以中国为主体，探究中国传播学的本土化理论建构并积极指导实践、服务社会、知行合一，成为每一位立志华夏传播的华传学者的责无旁贷的使命。

（华东政法大学传播学院教授 郭讲用）

互动仪式链下爱国短视频对国家共同体的建构

——基于 bilibili 爱国视频的创作研究

郭讲用　程顺洋*

（华东政法大学传播学院，上海，201620）

摘　要：本文运用互动仪式链理论，通过对 bilibili(以下简称 B 站)平台爱国短视频的创作者、内容以及“仪式共同体”观看成员进行观察、访谈，发现用户在观看爱国短视频的过程中会通过仪式互动链产生高度情感共鸣，激发爱国情感，从而加强国家共同体认同。论文指出，主流媒体与相关政府部门应该主动创建多维视频账号以引导 B 站的价值观与舆论走向，并采用微观叙事方式，贴近青年受众群体，加强国家共同体的视觉建构。

关键词：互动仪式链；国家共同体；bilibili

一、互动仪式与共同体认同

法国社会学家埃米尔·涂尔干发现，社会是一种仪式秩序，是建立在人们互动的情感节律基础上的集体良知。他认为，社会并不只是通过理性的协议而存在，必须通过一种“前契约的团结”，而这种团结建立在某种共享的情感基础之上。“集体良知”使社会上的人们生成一种对团体和社会的归属感，这种良知来源于“仪式”的社会互动形式。①

宗教仪式被涂尔干视为一种使共同体形成的重要媒介。他指出宗教的神圣性通过信仰和宗教仪式得以呈现和维持，现实道德价值通过文化浸染和互动仪式得以传递。②宗教的主要成分并不是它的教义部分，而是它的集体信仰仪式活动。周期性的仪式将具有不同凡俗经历的人们聚集在一起，借助情感互动、价值传递形成对集体的认同、行为的规

---

* 作者简介：郭讲用（1971— ），男，陕西礼泉人，华东政法大学传播学院教授。研究方向：文化传播，仪式传播；程顺洋（2000— ），女，山东烟台人，华东政法大学传播学院硕士生。研究方向：仪式传播。

① 兰德尔·柯林斯、迈克尔·马可夫斯基:《发现社会：西方社会学思想述评》，李霞，译，北京：商务印书馆，2014 年，第 164 页。

② 埃米尔·涂尔干:《宗教生活的基本形式》，渠东，译，上海：上海人民出版社，1999 年，第 52 页。

束，因而互动仪式具有塑造社会公共性的功能。周期性的仪式活动不断强化着社会的“纪律精神”“依恋精神”和“自决精神”。①

欧文·戈夫曼的仪式观念受到了涂尔干的影响。在某种程度上，他的《互动仪式》是另一版本的《宗教生活的基本形式》。在戈夫曼看来，“自我在某种程度上是仪式性的事物，是必须给予适当仪式关照的神圣客体”②，因此它必须以适当的方式呈现在他人面前。如果说涂尔干阐述了“个体崇拜”，那么戈夫曼的互动仪式观念则体现了作为参与者的个体所拥有的神圣自我观。在世俗世界里，戈夫曼将仪式由一种集体的激情欢腾阐释为个体的孤独体验。其理论突破在于，他将仪式的边界扩展到世俗的日常生活，指出互动不仅起着再次肯定社会价值的作用，而且有再造和重塑共同体认同的功能。这也就说明，不仅仅是宗教仪式，人们日常生活中的交流仪式对于重塑社会价值同样重要。

涂尔干的关注点在于宗教仪式，他认为宗教有着唤起集体意识和社会团结的作用。但是，他并没有提及在宗教仪式的神圣时间之外的社会团结是如何被建构的。而戈夫曼将面对面互动视为一种仪式，即“互动仪式”，并赋予其情感价值，正是这种互动仪式维持着日常生活的社会秩序，其理论目的在于阐明仪式在建构社会团结和维持社会秩序方面的重要作用。兰德尔·柯林斯同样注意到仪式的重要性。他在戈夫曼互动仪式的理论基础上提出了“互动仪式链”理论。互动仪式链的理论基础和核心是互动仪式。所谓互动仪式链指的是由无数发生于特定“际遇”中的互动仪式连接而成的链状结构。柯林斯结合了微观社会学和宏观社会学，对互动仪式中的作用机制进行了系统研究，提出互动仪式包含四个要素：两个以上的人聚集在一个场所，可以通过身体在场相互影响；对局外人设限；人们将注意力放在共同的话题或焦点上；分享共同的情绪或情感体验。互动仪式的核心机制是仪式成员之间的相互关注和情感纽带。当互动仪式的组成要素有效地融合，即高强度的“相互关注”与“情感连带”之间彼此强化时，参与者便会产生这些感受——群体团结、个体的“情感能量”、代表群体的符号、道德感。③

德国社会学家斐迪南·滕尼斯将“共同体”从“社会”的概念中分离了出来，提出了“共同体—现代社会”的二元理论框架。他认为共同体组建的是一种熟悉而亲密、单纯且深刻的相互联系。这些标准决定了共同体主要分为能够相互渗透的三种类型：亲缘共同体、地缘共同体和精神共同体。他指出，共同体是建立在有关人员本能的忠意或者习惯制约的适应或者与思想有关的共同记忆之上。共同体是一种持久的和真正的共同生活，是一种原始的或者天然状态下的人的意志的完善的统一体。④ 从本质上讲，真正的共同

---

① 任贵州:《乡村互动仪式的公共性塑造功能及其重构进路——基于涂尔干宗教生活仪式的研究》,《燕山大学学报（哲学社会科学版）》2022年第23期。

② Erving Goffman, *Interaction Ritual, Essays on Face-to-Face Behavior,* New York:Pantheon，1982，pp.1-2.

③ 兰德尔·柯林斯:《互动仪式链》，林聚任、王鹏、宋丽君，译，北京：商务印书馆，2018年，第87页。

④ 斐迪南·滕尼斯:《共同体与社会：纯粹社会学的基本概念》，林荣远，译，北京：北京大学出版社，2010年，“译者前言”，第3页。

体都应该是精神共同体，因此滕尼斯认为“共同体的理论出发点是人的意志完善的统一体”①。共同体满足了群体延续和个人生存的特定需要，主要表现在四个方面：集体价值的彰显；群体团结的塑造；安全感的获取；意义感的提供。② 无论是柯林斯，还是滕尼斯，都指出共享价值、共同情感以及共同利益和共有身份是共同体认同的重要纽带。国家共同体认同是建立在共享爱国情感基础上的共同体想象，它兼具了亲缘共同体、地缘共同体和精神共同体的特征。在现代化祛魅进程中，在场的宗教仪式、社会仪式、文化仪式逐渐被脱域的媒介仪式所取代，人类共同体的想象性建构亦从神圣性的宗教共同体向世俗性的国家共同体、文化共同体、利益共同体等转变。而在后全球化时代，民族国家共同体认同对于团结国民、激发人民尤其是青年人的爱国情感，形成国家共同体意识尤为重要。这也是本文选取 B 站爱国短视频，探究其形成的“互动仪式链”对中华人民共和国国家认同性建构的初衷。

二、B 站爱国短视频仪式链触发国家共同体认同的机制分析

（一）虚拟的异次同屏：在线观看人数形成仪式共同体

在爱国视频的播放中，观看者与创作者属于异次的空间。柯林斯在互动仪式链理论中提到仪式链的一个组成要素是两个或两个以上的人“身体共在”同一场所。③ 柯林斯本对于仪式的亲密感（情感连带）带有一定的怀旧。他对于传媒接入中非面对面的仪式并不抱有积极的态度。但是，在 B 站中，虽然传播者和观看者、观看者和观看者之间不能近距离面对面交谈或者同处于一个实体空间观看交谈，但却可以在虚拟空间中进行异次同屏。用户在观看视频的过程中，私人空间自动融入公共仪式空间。在视频播放的左上角会显示当前在线观看的人数，一些通过对主流影视剧（如电影《长津湖》）进行剪辑创作的爱国短视频同时观看人数有时甚至可达到 999+，这种在线观看人数的动态显示可以帮助人们增强处于同一空间的共存感。互动仪式链是从情景出发④，而视频的观看同样是处于一定的情境当中。譬如共青团中央的 B 站视频账号在国庆期间发布的《这庞然大物，我们盼了多少年》的视频，在当天刚发布时的观看人数就达到 999+。B 站的这一功能使得用户既可以看到与自己异次同屏观看此视频的人数，还可以与在线观看的其他用户进行弹幕互动。社会中的大部分现象，都是由人们的相互交流以及各种互动仪式形成和维

① 斐迪南·滕尼斯：《共同体与社会：纯粹社会学的基本概念》，林荣远，译，北京：北京大学出版社，2010 年，第 58 页。

② 郝亚明：《共同体视域下的中华民族共同体建设》，《中央民族大学学报（哲学社会科学版）》2022 年第 49 期。

③ 兰德尔·柯林斯：《互动仪式链》，林聚任、王鹏、宋丽君，译，北京：商务印书馆，2018 年，第 87 页。

④ 兰德尔·柯林斯：《互动仪式链》，林聚任、王鹏、宋丽君，译，北京：商务印书馆，2018 年，“译者前言”，第 1 页。

持的。[①] 当人们聚集在一起，注意到共同的对象，他们的思想和情感会在互动流转中得到强化，直到最后在所有人的心理中，形成超越个人的精神力量，形成一种同频共振的集体意识。当群体的成员看着国旗升起并齐唱国歌时，他们将自己的记忆追忆集中到了共同观看的视觉符号之上，并知道别人也会同样如此，这时他们会感受到自己在见证一种比他们中的任何人都更伟大的原则和力量——国家。[②] 所以在观看视频时用户可以通过弹幕进行交流，进入特定的互动交流情境当中，在虚拟在场的网络空间营造一种同时在场，多人互动的感觉，将所有用户的注意力集中到视频内容与观看体验之中，感受无形的国家力量的存在。

（二）局外的异群区隔：亚文化爱国共同体隐含界限

柯林斯在互动仪式链理论中提到仪式链的第二个组成要素是存在边界，即对局外人设定界限。[③] B站创立之初定位于“中国最非主流的文化社区”，聚集着大量共同爱好二次元亚文化的青年群体。虽然随着其用户数量的不断增长，用户的爱好、类型等也不断扩展，越来越偏离当初的“非主流”定位，但是在接入端为观看视频的仪式设置了一定的区隔。

2022年11月29日，B站公布了当年第三季度财务报告。财报显示，B站三季度日均活跃用户数达9030万，月均活跃用户数达3.33亿，均同比增长了25%。[④] 由此可以看出，B站用户黏性、活跃度持续上升。虽然B站的用户在增加，但是国内依然存在很多人没有下载B站APP，这自然形成了一种接入差距。下载与不下载，用户与非用户，用户会员与非会员之间的差异，形成了互动仪式链中的局外人与局内人之间的异群区隔。其次，对于剪辑过的爱国短视频来说，其观看者大多数是具有爱国情感的用户以及熟练使用B站APP的用户，这就与非爱国者或者说爱国情感并不强烈以及不擅于使用B站APP的人形成了天然的区隔。再者，认真观看视频的用户会进入仪式空间，从而形成仪式空间与非仪式空间的区隔。

对于需要集体认同感的人类社会，民族国家情感乃是一种天然的情感，是人类个体在生理和心理上对社会共同体的心理需求，它带给个体以自豪与安稳。对于B站用户，那些爱国情感程度高的用户会主动搜索相关的视频观看，并有感而发爱国弹幕内容。经由算法推荐机制，B站会根据用户的观看点击率等策划出用户画像并向用户推送更多的

① 兰德尔·柯林斯:《互动仪式链》，林聚任、王鹏、宋丽君，译，北京：商务印书馆，2018年，“译者前言”，第3页。

② 兰德尔·柯林斯、迈克尔·马可夫斯基:《发现社会：西方社会学思想述评》，李霞，译，北京：商务印书馆，2014年，第166页。

③ 兰德尔·柯林斯:《互动仪式链》，林聚任、王鹏、宋丽君，译，北京：商务印书馆，2018年，第87页。

④ 张海营:《B站前三季度巨亏近60亿，押注“游戏”赌明天》，2022年11月30日，https://finance.sina.com.cn/stock/hkstock/ggscyd/2022-12-01/doc-imqqsmrp8171558.shtml，2023年3月23日。

同类爱国视频，不断增加用户对相关视频的点击量，增强用户观看爱国视频的频次。

（三）共同的内容关注：爱国内容共振爱国情感

柯林斯在互动仪式链理论中提到仪式链的第三个组成要素是关注共同的对象或活动。[①] 对于爱国短视频来说，用户们所关注的主要是视频内容，尤其是在国家重大节日所发布的内容以及仪式性活动。以《中国建国以来的历次阅兵仪式》短视频为例，用户的关注内容是视频中的阅兵仪式。视频中激昂的《分列式进行曲》、不同剪辑镜头、景别的切换，不仅可以使用户更加直观地看到新中国成立以来阅兵仪式的发展历史，而且可以唤起他们的历史记忆。集体记忆的建构一般有两种途径，一是个体经历和真实记忆的共享，二是对未经历的信息进行整合仪式传播。该视频包含着对大部分用户来说未曾经历的记忆信息的整合，其中包含着 1949 年、1955 年、1957 年等年份的阅兵仪式剪辑内容。B 站目前的用户大多是青中年群体。通过阅兵仪式的集体观看，国家记忆被唤起与重构。2021 年，红色电视剧《觉醒年代》的播出引发收视热潮。“红色主题剧采取的多元题材，以多视角、贴近性、创新性的叙事方式所呈现的风起云涌的年代，扭转了人们对红色主题剧枯燥死板的印象。”[②] 网友自行剪辑发布的《以笔为刃，以墨为锋》视频，在 B 站的播放量和弹幕评论数都相当高。该视频以影片《觉醒年代》为主题，讲述了 1915 年到 1921 年，先进知识分子与爱国青年为挽救国家民族于危亡所付出的努力，具有强烈的情感共鸣力量。历史记忆为民族国家共同体意识的代际传递提供了心理基础，所以通过剪辑创作来唤醒用户对于辛亥革命以及民国初期的历史记忆，可以唤醒用户对于中国从帝制王朝到现代民族国家的情感认同。

本尼迪克特·安德森提出，（现代）民族作为“特殊的文化的人造物”，是“想象的政治共同体”。[③] 国家民族内蕴含的文化符号是激活和联络族员彼此情感的精神纽带，一旦激活就会凝聚族体身份认同，遂产生强烈的归属感和依赖感。国家作为一个抽象化概念，只有将其拟人化并赋予一定意义，才能形成人们对其共同体的想象性认知。爱国短视频中，可以看到许多国家共同体的象征符号，如鲜红的国旗、响亮的国歌、天安门广场等，这些象征符号不仅凝聚，而且强化着中华民族国家的历史记忆。符号背后的国家共同体象征在仪式的反复操演中也不断被强化。国庆节前后、冬奥会前后、五四青年节前后的 B 站爱国剪辑短视频，一些重要的国家大事发生之后的爱国短视频，都会特别强调运用象征符号，将其作为凝结民族国家情感的精神纽带。

---

① 兰德尔·柯林斯:《互动仪式链》，林聚任、王鹏、宋丽君，译，北京：商务印书馆，2018 年，第 87 页。

② 韩红星，张静彤:《百年党史的民族记忆与故事创新——基于 2021 年建党百年红色主题剧展演研究》，《中华文化与传播研究》2022 年第 1 期。

③ 本尼迪克特·安德森:《想象的共同体：民族主义的起源与散布》，吴叡人，译，上海：上海人民出版社，2005 年，第 4 页。

（四）共享的情绪感受：观看体验激发爱国情感

互动仪式链理论的第四个组成要素是有着共同的情绪或情感体验。[①]社会的纷繁复杂可能使民众暂且忘记了埋藏于内心深处的历史记忆。忙碌于日常奔命也可能使民众执着于“小家”而疏忽了“大家”。在观看剪辑创作的爱国视频过程中，用户被激发出埋藏于内心深处的家国记忆，共同的情绪和情感体验在弹幕刷屏中被一次次唤醒，爱国情感在观看视频的过程中逐渐达到高潮。

B 站弹幕内容中的“世态炎凉，仍乐此生”“强国有我”“位卑未敢忘忧国”“少年当自强”“为什么我的眼里常含泪水？因为我对这土地爱得深沉”等情感叙事，既包含有感而发的自主表达，也包括视频反复播放的叙事陈述。此类弹幕的刷屏令观者感同身受，甚至热泪盈眶。通过弹幕刷屏，观者的情感体验被激发、被整肃，爱国热情，同仇敌忾、对烈士的崇敬之情，这些共享的情感通过仪式链互动逐渐升温，使得观者在精神层面对国家产生强烈认同。国家共同体在仪式的周期性与时间性的操演中不断被建构和强化。

三、B 站爱国剪辑视频仪式链触发国家共同体认同建构的效果分析

根据本文关注的 B 站爱国短视频对于国家共同体建构问题，笔者将 B 站中部分有代表性的爱国剪辑短视频包括其视频创作者和评论区（以下简称“小组”）选定为“网络中的田野”。这些代表性的视频无论是点赞量、观看量还是评论量都很可观。相较于其他类型的视频，这个小组内形成了一个较为封闭的虚拟在场空间，且具有讨论话题的聚集性和可观察性，符合线上观察的必要条件。笔者于 2022 年 11 月进入 B 站，对该类视频进行观察。观察的内容包括视频的创作者、内容、弹幕、观看者等。观察的初期主要是对于视频进行了解和熟悉，了解视频观看用户之间的交流以及互动日常，并对他们之间的互动进行记录和研究，以理解不同经验不同社会背景的人对于爱国视频以及在 B 站中观看此类视频的情感体验，后期挑选部分视频的创作者以及观看用户，尤其是评论点赞量较高的十位用户（6 男 4 女）进行线上深度访谈，这十位用户 8 名是学生、2 名是上班族，其年龄都在 20—40 岁之间。笔者通过与每位成员进行访谈，了解他们在观看视频中的感受，将这些交谈内容作为论点分析的主要依据。

（一）爱国情感能量的激发与操演

柯林斯特别指出，互动仪式链的结果之一是个人的情感能量（EE）。这种情感能量是一种采取行动时自信、兴高采烈、有力量、满腔热忱与主动进取的主观精神，它既是互动仪式链顺利形成的先决条件之一，也是生成新的情感能量与加强团结的动力引擎，是互动仪式的重要产出物。如果仪式在相当长一段时间内没有重复展演，个体的情感驱力就会衰退。因而，在新的情绪感受尚未被唤起的那段时间里，个体情感能量只能作为互

① 兰德尔 · 柯林斯：《互动仪式链》，林聚任、王鹏、宋丽君，译，北京：商务印书馆，2018 年，第 86 页。

动仪式的产品之一被储存于诸如象征符号的媒介承载物之中。① 因此，国家共同体的建构，人民对国家认同感的加强，都需要稳定而重复的仪式展演与仪式互动。在对小组成员进行访谈的过程中，小组成员提出，如果长时间不观看相关的爱国视频，内在的爱国情感就会有一定程度的消退。但是只要隔一段时间观看一次，爱国情感就会保持并趋于稳定。尤其是小组成员中的上班族，平时繁忙的工作和生活很容易消解他们在爱国短视频互动仪式链中产生的家国情感，需要定期观看此类视频或者爱国影视类节目来不断强化自己的感受。

互动仪式链理论指出，成功的互动仪式链给予个体情感能量与成员身份符号，后两者又可以作为资源应用于再投资，从而形成进一步的互动仪式链。情感能量推动进一步的互动仪式链，部分原因在于具有高度个体情感能量的人们拥有引发新的情感刺激和鼓舞他人的热情，这些具有高度个人情感能量的人精力相对充沛。② 小组成员中的视频剪辑者剪辑视频的原因不仅仅是为了谋取利益，更多的是受创作主动性与高亢情感能量的驱使。他们满怀强烈的分享欲和爱国情感去二次剪辑创作视频。同时，小组中的视频观看用户在观看此类视频中也能感受到视频剪辑者高度的情感能量，并且给予即时反馈，发送如下弹幕，如“此生不悔入华夏，来世还做华夏人”“为什么我的眼里常含泪水，因为我对这土地爱得深沉”等。在笔者的调查中，大多数小组用户在观看B站爱国短视频时，都会产生强烈的共情，进而增强对祖国、同胞、中华民族、革命先烈的情感。这种情感会在一次次仪式操演中得到强化，于潜移默化中强化仪式共同体成员的国家认同感。

（二）集体记忆的形塑与国家形象的神圣化

柯林斯提到互动仪式链的结果之二、三是代表群体的符号和道德感。③ 这种代表性的群体符号是与集体相关的表征物。道德感可以维持群众的正义感，尊重群体符号，防止受到违背者的侵犯。认同感本身就是一个“强大的道德观念”。将历史记忆与抽象的时间连接起来，形成的象征符号，可以形塑、凝结国民的集体记忆，强化国家认同感。对于群体成员而言，这些象征符号拥有令人愉悦的内涵，使它们成为受维护的神圣物，并提醒人们在未来的际遇中再次建立群体互动。关于国家的各种历史记忆符号承载着国家民族的兴荣与梦想、灾难和苦痛。这些历史碎片、历史记忆的符号承载和保存着民族国家的集体记忆。互动仪式链将涂尔干与戈夫曼的研究结合在一起，提醒人们仪式不仅表现在对神圣物的尊重方面，而且也建构了跟神圣物一样的对象，仪式如果不及时举行，神圣物的神圣性也会随之消失。④

---

① 兰德尔·柯林斯:《互动仪式链》，林聚任、王鹏、宋丽君，译，北京：商务印书馆，2018年，第87、210页。

② 兰德尔·柯林斯:《互动仪式链》，林聚任、王鹏、宋丽君，译，北京：商务印书馆，2018年，第211页。

③ 兰德尔·柯林斯:《互动仪式链》，林聚任、王鹏、宋丽君，译，北京：商务印书馆，2018年，第87页。

④ 兰德尔·柯林斯:《互动仪式链》，林聚任、王鹏、宋丽君，译，北京：商务印书馆，2018年，第49页。

在国庆节的仪式节点，小组中的视频剪辑者会在国庆节前夕开始集中进行视频创作，为国庆节预热。他们会剪辑国庆节阅兵的视频、国庆节天安门广场的升旗仪式视频等，这些短视频成为一个个叙事主体，还原、重演国家的历史形象，形成关于从“家国”到“国家”的神圣物，这种观看仪式的定期播放会不断激发“国家”作为共同体的神圣性，使用户对自己中华儿女的身份产生自豪与认同，激发情感共鸣，从而在无形之中强化了国家共同体。在一些纪念抗日战争胜利的时间节点，小组中的剪辑者同样会剪辑一些关于抗战的历史片段。在相关视频的留言区，仪式互动链中的小组成员发布了诸如“虽安乐于当下，但不可忘国耻”“以史为鉴，勿忘国耻”等具有强烈情感色彩的留言。小组视频剪辑者在访谈中也表示，留言区里一些鼓舞性质的留言以及弹幕也会激励他们继续进行生产创作。

（三）国家认同感与国家共同体的塑造

柯林斯提到互动仪式链的结果之一是群体团结，是同属于共同体成员身份的感觉。[①] 国家认同感和国家共同体就是本国人民对于国家的政治认同，意识到自己国家成员的政治身份。柯林斯认为“想象的共同体”是一种易变的、短暂的经历，它只有在很高的仪式强度时刻才会变得稳固。在B站爱国短视频通过互动仪式链形成的共同体中，小组成员透过共同的内容关注形成一个爱国情感传播圈层。在圈层内部互动中，他们表示视频的内容会形成视觉和情感刺激。譬如在军队的展演过程中，整齐划一的步伐、铿锵有力的口号、高高扬起的五星红旗等高强度的视觉符号会使他们进入一种群体兴奋当中。小组成员在与圈层内部成员的互动中，高亢情感能量的传达形成一种稳定的群体情感，而这种群体情感以及视频内容自然会唤起关于民族国家的历史记忆，共同的国家记忆成为增强国家共同体认同的精神触媒。

共同体具有一定的联结纽带，其中包括共享价值、共通情感、共同利益、共有身份。柯林斯所提出的互动仪式链的结果就包括以上四个联结纽带。小组成员在观看爱国剪辑视频的过程中普遍认为B站的爱国视频中体现着一种向善的伦理指向以及团结互助的道德逻辑。即使有比较悲伤、悲痛的内容，这些内容所激起的情感也是向上激昂的正向情感，其隐喻着中国人民患难与共、生死相伴的一体感。正如受访的小组成员所说，大家在B站的虚拟共同体中，就好像是一个石榴籽般紧紧相拥，在心理上投射出既想象又实在的国家共同体，感觉无比自豪、踏实安稳。

通过访谈，小组中的成员个体以及仪式共同体在相互情感建构中具有很强的自主性。他们会主动通过对外界环境的观察与反思，通过弹幕互动，剪辑创作来自主流视频（红色影视剧、央视纪录片等）内容的短视频，并修改完善爱国短视频的内容、形式以及符号。

---

① 兰德尔·柯林斯:《互动仪式链》，林聚任、王鹏、宋丽君，译，北京：商务印书馆，2018年，第87页。

四、主流媒体和政府利用短视频建构国家共同体的问题与启示

B 站作为一个以年轻人为主，二次视频创作的网络空间，其频道的多元性为用户提供了参与爱国仪式互动的良好平台，这为主流媒体和相关政府部门提供了培养主流账号，发布主流短视频，形塑国家共同体的良好契机。但是，笔者在观察访谈中也发现其中存在一定的问题。

首先，主流媒体账号入驻短视频社交软件力有不逮。以 B 站为例，相对于娱乐等其他账号，主流媒体账号的数量很少。目前 B 站中比较有影响力的主流媒体账号仅有“共青团中央”。在后全球化的时代背景下，民族国家共同体认同显得重要而迫切。因为这不仅是一个社会文化问题，更是一个关乎国家稳定、社会和谐的政治问题。因此，主流媒体和相关政府部门不应该忽略 B 站这样一个聚合年轻人的热门社交媒体。依据当前情况，B 站的视频发布限制较少，把关不严，导致视频内容鱼龙混杂，对年轻人的价值观引导会产生一定的负面影响。对此，主流媒体和相关政府部门更应该以主流声音、大国形象，主动创建多维视频账号来引导视频内容走向和 B 站网络空间中的舆论走向，形塑主流价值观。譬如可以创建有关中华文化、历史长河、国家记忆、国家科技等与爱国情感激发、国家共同体认同相关的账号，形成传播爱国主义的传播矩阵。

其次，传统国家宏大叙事所形成的官方舆论场与民间舆论场之间存在冲突。柯林斯提出，宏观社会现象可以看作由一层层微观情境构成的，微观情境的相互关联形成了宏观模式。① 如果不经过二次创作，传统的关于国家历史记忆的宏大叙事很难为当代年轻受众所接受。如果不从微观情境切入，以小见大，很容易形成煽情和说教风格，既不利于用户深度理解这些情境事件，也不利于其爱国情感的激发与共振，甚至会形成用户对于此类短视频内容的抵抗，引发官方舆论场与民间舆论场之间的冲突。因此，主流爱国短视频应以中青年群体能接受的语态进行视频传播。在叙事方式上，通过微观叙事将宏大主旋律叙事年轻化，生动化，采用漫画、动漫、说唱等接地气的传播方式增强用户黏性。此外，主流媒体和相关政府部门可以以 B 站为发布平台，举办一系列爱国主题短视频的创作征集活动，生成爱国主义价值舆论场，积聚爱国主义的情感能量，增强国家共同体认同。

“铸牢中华民族共同体意识的目标是为了凝聚民心与社会共识，建设富强文明的现代化国家。”② 铸牢民族共同体意识的政治目标乃是塑造牢固的“国家共同体”。国家共同体的建构是一个长期的动态过程，其建构、稳固、强化不可能一蹴而就。相对于学习强国等平台的刚性传播策略，B 站中的爱国短视频以同频共振的柔性传播策略，将记载了民

---

① 兰德尔·柯林斯:《互动仪式链》，林聚任、王鹏、宋丽君，译，北京：商务印书馆，2018 年，“译者前言”，第 2 页。

② 林升梁、汪韵珂:《中庸思想下港澳台地区铸牢中华民族共同体意识研究》,《中华文化与传播研究》2022 年第 1 期。

族国家所经历的光荣、幸福、风雨沧桑、历史记忆等通过二次视频剪辑创作方式呈现出来，有利于用户主动选择与接受和编辑加工，这对于传承集体记忆，夯实国家共同体意识，唤起爱国情感，建构与强化国家共同体发挥了积极作用。同时对于国家、主流媒体以及政府部门如何利用社交媒体，传播主流声音、凸显国家主体，弘扬民族文化，增强年轻人作为中华人民共和国国民的自豪感与荣誉感，具有重要的启发价值。

符号学视域下人类卫生健康共同体的构建路径

周延松[*]

（南京中医药大学国际教育学院，江苏南京，210023）

摘　要：符号学由医学症状学发展而来，医学话语具有鲜明的符号学属性。古代中西医学经历了大体相似的发展路径。近代以降，西方医学逐渐突破日常话语的阈限，追求逻辑性与精确性的话语方式，中医学则于日常话语专业化、科学化的同时，难以剥离固有的相对性与辩证性。符码意义生成与诠释的不同模式，形成中西医学话语的符号学分野。中西医学话语具有共通的伦理基础与责任意识，应以“同一医学”“共同话语”为指引，构建人类卫生健康共同体。

关键词：人类卫生健康共同体；符号学；中医话语

基金项目：本文系国家社会科学基金重大项目“中医药文化国际传播认同体系研究”（项目号 18ZDA322）研究成果。

本文以人类卫生健康共同体理念为观照的视角，从中西医学话语的符号学起源出发，通过历时的追溯与共时性考察，分析两者由分立、分治走向共治、共享的必然性及其实现路径，以期为中医话语的跨文化诠释与传播提供有益的思路。

一、历时语境下医学话语的符号学观照

在全球化的当前语境下，对中医话语的全面考察，需要以西方医学话语作为参照的坐标，并从历时的视角做出解读。

（一）医学话语的符号学缘起

在发生学的理论视野中，符号学是从医学症状学或者说症候学发展而来的[①]。具体来讲，患者向医生描述的主观印象被称为症状，医生进行检查和分析，由此确定的疾病指

---

* 作者简介：周延松（1971— ），男，南京中医药大学国际教育学院副教授。研究方向：中医语言和文化。

① 苏珊·彼得里利、奥古斯托·蓬齐奥：《打开边界的符号学：穿越符号开放网络的解释路径》，王永祥、彭佳、余红兵，译，南京：译林出版社，2015 年，第 4 页。

标被称为标记[①]。将症状和标记联系在一起，成为符号学产生的一股实际驱动力量。立足古人的视角，符号学就是医学[②]。从症状和疾病的关系看，症状则是疾病的表现形式；用现代符号学的概念来说，症状是被解释项，疾病是解释项。

着眼于一种较为宏大的历史时段划分，在中西医学的早期阶段，症状与符号的这种关联是共时发生的，而且具有大致相同的实现路径，即基于人类的各种感觉器官。亨利·E. 西格里斯特指出，古希腊人不会忽略任何可以用五官感觉所得到的疾病症状[③]。其他的世界文明古国同样发展出以五官感觉为基础的视诊、听诊、闻诊、问诊、触诊等疾病诊断方法。如古代埃及的艾伯斯纸草文中，列举了望、闻、切的检查方法；在古代印度，人们已经能够运用视诊、触诊、脉诊等[④]。在中国，则逐步建立起望闻问切、四诊合参的诊断学技术和理论，并且一直沿用至今。

“藏象”是中医学的一组基本概念，不管是由表推里、司外揣内，还是审证求因，在符号学的诠释框架中，都可以被理解为外在的感官印象与内在的生理现象、病理变化所构成的所指与能指、解释与被解释的有机联系。

解剖学是实验医学的一个重要开端，从古罗马时期的盖伦开始，西方医学就开始了在这一领域的探索。但囿于医学伦理及相关技术手段的制约，解剖学发展缓慢，很多时候甚至是举步维艰。与以传统的望闻问切为代表的经验医学同步，中国古代在实验医学上也取得了一定的成就。林品石和郑曼青认为，大体而言，从扁鹊到仓公是合于科学的，可以视之为中国医学的实验派，由《黄帝内经》，也能见出古代的实验医理。即以解剖学的兴衰而论，在12世纪以前，中西方具有基本相似的发展历程[⑤]。

由此可见，在中西医学的古典形态中，既有源自感觉器官的经验成分，也有形成于感官经验基础之上的朴素的实验医理。前者比较感性，后者趋向理性。

（二）中西医学话语的符号学分野

在符号学的理论视域中，西方医学话语的科学化进程具有较为清晰的演变轨迹。早期医学话语的经验性，决定了其话语方式与日常语言的同一性。由五官感知而形成的症状表述，与日常话语几乎无异。随科学化而来的，是理性与逻辑性的不断增强，以及症状表述和疾病指标的日益精确化。日常话语渐渐演化为科学话语。

人类的日常话语具有丰富的感性因素，蕴含着深厚的人文传统。与精确性、逻辑性

① 阿布拉姆·所罗门尼科:《普通符号学论纲》，蔺金凤、赵雪华，译，南京：江苏人民出版社，2020年，第3页。

② 斯文·埃里克·拉森、约尔根·迪耐斯·约翰森:《应用符号学》，魏全凤、刘楠、朱围丽，译，成都：四川大学出版社，2018年，第31页。

③ 亨利·E. 西格里斯特:《西医文化史》，朱晓，译，海口：海南出版社，2012年，第102页。

④ 张大萍、甄橙:《中外医学史纲要（第二版）》，北京：中国协和医科大学出版社，2013年，第29页。

⑤ 林品石、郑曼青:《中华医药学史》，桂林：广西师范大学出版社，2007年，第20页。

相应，科学话语在追求理性的同时，必然会将感性因素加以去除。如伽达默尔所说，科学研究的语言就像是一种陌生语言，它们已经异化，成为交流工具和信息工具[①]。医学作为“人学”，而日常语言中的人文属性却是需要被剥离的对象，由此造成的结果是，在很大程度上，西方医生往往会依赖病人的身体症状评估病情，而很少与患者进行沟通[②]。

反观中医话语，在日常话语专业化的同时，原有的感性因素和前逻辑思维始终存在，并与理性的、逻辑的话语特性处于一种共生、共变状态。这便造成中医话语在一定程度上不同于西方医学话语。表现在词汇上，很多基础性的中医词汇往往也是日常通用词汇，而且不少还具有哲学、文学等学科的专门性语义。如阴、阳、气、虚、实，等等。多义性成为这些词汇的内在属性，与西方医学词汇语义的单一性形成鲜明的对比。

综上所述可以认为，中医医学的分野与其话语符号的分立、分治密切相关。一方面是科学话语的独尊乃至霸权，另一方面则是科学话语与日常话语的交融与互渗；一方面是把理性、逻辑性、准确性、同一性作为基本原则，由此而与古代的医学传统、符号特性形成距离，另一方面则在科学化的同时，保持着传承已久的感性因素，以及较为鲜明的话语惯性。

二、中医话语的意义生成与符号学诠释

意义是符号学研究的中心，用更为直接的表述，符号学就是一种研究意义活动的学说[③]。作为中医话语分析的重要目标，意义的生成与诠释不仅是中西医学话语分立、分治的内在动因，也是求同存异，实现其共治、共享的根本出发点。

（一）中医话语符号的意义生成

符号概念的使用具有广狭不同的维度。从广义上理解，中医可以说是一种典型的中华文化符号；作为狭义的概念，中医话语符号的意义是在中华文化的语境中生成和传播的。冯月季认为，传播文本意义生成的语境，同时会参与到传播文本意义的建构之中。所有的符号文本，都携带有大量的社会约定和文化联系，它们不一定会显现于文本之中，而是隐藏在文本之后、文本之外，或者文本边缘[④]。这种文本间性，在中医话语符号中也和科学化的西方医学话语有所不同。

从语言符号的总体层面看，中医话语符号的意义，除了语音、词汇、句段、篇章这些有形的语言成分，词法、句法这样的内在结构方式，还跟隐藏其中的思维观念、文化

---

① 汉斯-格奥尔格·伽达默尔:《诠释学Ⅱ：真理与方法》，洪汉鼎，译，北京：商务印书馆，2010年，第545页。

② 朱迪丝·N. 马丁、托马斯·K. 那卡雅玛:《跨文化传播》(第5版)，陈一鸣、刘巍巍，译，北京：清华大学出版社，2019年，第361页。

③ 赵毅衡:《符号学：原理与推演（修订本）》，南京：南京大学出版社，2016年，第3页。

④ 冯月季:《传播符号学教程》，重庆：重庆大学出版社，2017年，第81页。

背景紧密关联，而且后者会极大地影响符号意义的生成和思想的表达。张公瑾把语言要素和文化层次进行了大致的类比，他认为，语音体现了物质文化与人的技术能力，语法体现了制度文化和人的管理能力，语义体现了精神文化和人的思维能力①。因此，在基本的概念与概念组合之外，汉语的语法结构、中医的思维方式等也都参与其中，它们相互关联，有机融合，共同生成中医话语符号的意义。

再从词汇的层面看，在所有的语言成分和要素中，词汇是承载意义最为集中的部分。考察中医词汇，可有两个角度。一是约瑟夫·房德里耶斯提出的“文化词”②概念。科学话语对感性的祛除，实际上也是对“文化词”的主动回避与拒绝。中医话语的基本理论概念中，“文化词”不仅为数众多，而且内涵极为丰富，与其基本语义一起，共同参与中医话语符号意义的建构。正是出于这样的考虑，在创造新的术语时，李约瑟建议最好使用中国的形式，而不要坚持使用希腊和拉丁语的词根，因为描述的是非常不同的社会③。

二是词汇的系统性。从诠释学的视角，每个词的语义都要以某个词的系统为基础④。同一系统中的相关词汇，会成为各个词汇意义的结构成分。各种学科的词汇均具有自身的系统性，中医词汇系统性不同于西方医学词汇的特性在于，它还具有一定的相对性。科学话语追求符号语义的单一性、指称的精确性，在各自的学科体系中拥有基本固定的指称边界。中医话语的词汇系统则在相对性的基础之上，构筑起有机关联与动态平衡，单个词汇的语义边界常常需要跟其他相关词汇一起共同给出，有时甚致变动不居。比如辨别疾病发生的具体部位，或“表”或“里”，或“半表半里”。在避免非此即彼式的二元对立思维的同时，还形成一个相对独立的表里辨证系统。

（二）中医话语的符号学诠释

符号学理论认为，文本的符号化与传播过程是同一的，对话语符号的理解和诠释，同时也是对话语意义的接受。如果说，符号传播过程中的意义生成主要取决于传播主体，选择一种语言，运用某一词汇或表达法，便携带了这种语言——包括语法、语义、语用等各个层面——的文化“基因”，那么，理解和诠释过程则凸显出传播受众的积极能动性，它体现于两个相互接续的阶段。

一是接受预期。在接受美学的理论框架中，接受预期又称“期待视野”，给理解过程“设置”了一定的背景、视角及理解的基础；而从哲学诠释学的观点来看，则是“前见”或“前理解”，即理解过程开始之前，已然存在于受众头脑中的相关背景。这样的预期，

① 张公瑾:《文化语言学发凡》，昆明：云南大学出版社，1998 年，第 93 页。

② 约瑟夫·房德里耶斯:《语言》，岑麒祥、叶蜚声，译，北京：商务印书馆，2012 年，第 267 页。

③ 李约瑟:《文明的滴定：东西方的科学与社会》，张卜天，译，北京：商务印书馆，2020 年，第 191 页。

④ 汉斯 - 格奥尔格·伽达默尔:《诠释学Ⅱ：真理与方法》，洪汉鼎，译，北京：商务印书馆，2010 年，第 245 页。

决定了受众对文本的理解，它已不是单纯的主体性行为，而是决定于连接受众与传统的社群①。实质上，这种阐释只在某种程度上达到了心理预期，具有一种片面的准确性②。

对中医话语符号的理解，同样离不开受众所在社群的文化传统。于汉文化圈国家和地区的一般受众来说，因为与中华文化的同一性，他们的理解不易产生很大的偏差，即便存在个体间的差异，大致也脱不出中华文化的总体范围；其他地域的受众则不然，基于科学思维的强大内驱力而形成的接受预期，使他们对中医话语符号的理解极易产生跨文化障碍，误解与误读难以彻底地避免。

二是接受选择。符号携带了意义，而意义具有多个层次，可从多种向度做出解读，因此人们对符号意义的理解或接受便会经历一个选择的过程。除了群体性的社会文化背景，人们如何选择还依赖于个体化的需求与兴趣③。多样化因素的综合作用，使受众对接受对象形成一种“片面化”感知，其理解的意义则是“简写式”的④。

由此来看，基于中西文化背景的差异中医话语会在相当大的程度上决定受众的选择和接受的效果；而且，在科学化思潮的影响所及范围，即使在汉文化圈国家和地区乃至国内，同样存在“科学性”“前见”的群体，这便进一步强化了中医话语符号接受的多样化和符号诠释的“多义性”。

三、人类卫生健康共同体理念及其话语构建

人类卫生健康共同体理念是在全球应对新冠疫情的时代背景下提出来的。跨越观念差异，从中西医学融合、融通的话语实践，寻求其共治、共享，是实现这一理念的基本路径。

（一）人类卫生健康共同体理念的符号学属性

2020年5月，在第73届世界卫生大会视频会议开幕式上，习近平总书记呼吁，要构建人类卫生健康共同体，共同佑护各国人民生命健康和人类共同的地球家园。该理念一经提出，便引起了巨大的反响，引发众多学者的研究和阐释。齐峰分析了人类卫生健康共同体“理念—话语—行动”的叙事结构⑤，显示出其鲜明的符号学属性。

首先，语言是人类思维的工具与媒介。作为观念形态的人类卫生健康共同体，需要以话语符号作为其存在与呈现的方式。人类健康共同体理念凝聚了深刻的思考，是人类命运共同体理念在卫生健康领域的具体化。脱离了语言，理念即失去了存在之基而无从

① 赵毅衡：《符号学：原理与推演（修订本）》，南京：南京大学出版社，2016年，第107-108页。

② 苏智：《〈周易〉符号解读中的片面性与阐释社群文化》，《中华文化与传播研究》2018年第2期。

③ 鲁道夫·F. 韦尔德伯尔、凯瑟琳·S. 韦尔德伯尔、迪安娜·D. 塞尔诺：《传播学》，周黎明，译，北京：中国人民大学出版社，2013年，第18页。

④ 赵毅衡：《符号学：原理与推演（修订本）》，南京：南京大学出版社，2016年，第36页。

⑤ 齐峰：《人类卫生健康共同体：理念、话语和行动》，《社会主义研究》2020年第4期。

显现、无所依凭。

其次，符号是思维过程的物质外化与结果。无论用何种语言加以表述，在最为根本的意义上，人类卫生健康共同体都可视为一个物化的概念，是思维的产物。人类卫生健康共同体理念的符号化，包括其意义的生成与表达、理解与阐释，都离不开这一过程。

再次，由话语符号呈现出的人类卫生健康共同体理念，最终目标是要在行动的层面得以实现。英国语言哲学家奥斯汀最早提出言语行为理论，在《如何以言行事》中，奥斯汀由话语行为，进而提出话语施事行为和话语施效行为的概念区分，深刻地阐发了话语符号的行为指向。人类卫生健康共同体理念的提出，既是一个开端，同时内在地指明了基于行动的目标追求。该理念从话语到行动，从“施事”到“施效”的发展演化，体现出话语符号的生动实践与体系构建过程。

（二）从融合、融通到共治、共享：构建中西医学共同话语的符号学路径

以全人类为观照视域，人类卫生健康共同体理念，在话语的层面，必然需要突破中西医学话语的分野，由共同话语引领，实现其融合、融通，最终才能达到共治、共享的目标。“共同话语”是罗西 - 兰迪提出来的概念，表示所有对人类的成功交流具有本质性的操作，它超越了历史和地理的差异，关注生物和社会结构中所有人类群体的基本相似方面[①]。

从必要性进行考察，随着西方科学的快速发展，其弊端逐步显现，由此引发西方学术界的反思与批判，并且呼唤人文精神的回归。作为文化哲学的一个重要分支，符号学本身的发展壮大，即是对这一趋势的积极回应。伽达默尔从诠释学的视角指出：如果把西方文化和高度发展的伟大的亚洲文化做一比较，也许它的厄运就在于科学的概念之中[②]。在符号学领域，苏珊 · 彼得里利和奥古斯托 · 蓬齐奥则明确提出，必须恢复符号学和医学症状学之间的关系[③]。这就意味着，对西方医学话语的“科学”精神，需要在“共同话语”的理念烛照下，重新审视和引入中西医学话语共同的感性传统。

从可能性的角度来看，正如伽达默尔所言，只要相信语言，通过语言与其他思想对话，任何概念都不会成为思想无法穿透的禁区[④]。如约瑟夫 · 房德里耶斯所说，理想的逻辑 / 科学语言，只是一种梦想[⑤]。交流性和对话性是符号的本质属性，中西医学的对话是

① 苏珊 · 佩特丽莉：《符号疆界：从总体符号学到伦理符号学》，周劲松，译，成都：四川大学出版社，2014 年，第 236 页。

② 汉斯 - 格奥尔格 · 伽达默尔：《诠释学Ⅱ：真理与方法》，洪汉鼎，译，北京：商务印书馆，2010 年，第 401 页。

③ 苏珊 · 彼得里利、奥古斯托 · 蓬齐奥：《打开边界的符号学：穿越符号开放网络的解释路径》，王永祥、彭佳、余红兵，译，南京：译林出版社，2015 年，第 6 页。

④ 汉斯 - 格奥尔格 · 伽达默尔：《诠释学Ⅱ：真理与方法》，洪汉鼎，译，北京：商务印书馆，2010 年，第 417 页。

⑤ 约瑟夫 · 房德里耶斯：《语言》，岑麒祥、叶蜚声，译，北京：商务印书馆，2012 年，第 195 页。

实现其话语符号融合、融通的基础。在西方医学话语，有对感性传统的回转和吁求；而中医话语，本就结合了感性与理性，向科学性演化的同时，保持有显著的人文性。中西医学话语的这些共同元素，构成其有效对话的前提。

从可行性来看，巴赫金提出，生命自身存在着两个价值中心，一为自我价值中心，二为他者价值中心，围绕这两个中心，人类构建起责任架构[①]。这是其对话理论的有机组成部分。“共同话语”将责任意识引入，作为符号交流的伦理维度。依此，中西医学共同话语能够突破单一主体性的限制，立足“双主体”，不仅关注自身，而且具有一种“他性的人文主义”，不仅对自身负责，还应承担对于他者的责任，也就是说，要把整个的生命世界纳入伦理符号的考量。

（三）医学共同话语与中医话语的跨文化传播

探讨当前语境下中医话语的诠释和传播，有两个基本的理论背景和预设。一是，科学思想发展到了伽利略与牛顿以后，已经不可能再逆转[②]；而且，这种科学的方法论精神已然渗透到一切领域[③]，医学话语自然无法悠游其外。二是，在比较的视野中，中医是世界主流医学体系之外的一种“补充与替代医学”，中医话语则是相对于西方医学话语的他性的存在，这便构筑起中医话语符号跨文化传播的坚实壁垒，传播效果取决于壁垒被攻破的程度。

然而，语言是符号传播的基本工具，也是交流与对话的天然媒介。伽达默尔这样发问：谈话中所建立的意义共同性，与他者和他在性的不可穿透之间，如何能达成互相调解？语言究竟是桥梁还是障碍[④]？约翰·杜翰姆·彼得斯的回答则是，人类交流具有双重属性，既是桥梁，而又是沟壑[⑤]。因此，如何跨越障碍，实现从沟壑向桥梁的转变，成为中医话语符号跨文化诠释与传播的关键性命题。

首先，想要进行理解，必然会预先带有某种基本的一致意见，也即使理解者和理解对象联系起来的东西[⑥]。医学既是科学，又是“人学”，无论中西医学及其话语实践，均以人类的卫生健康为目标，跨越国家、民族、种族等思想隔阂与观念分歧，构建人类卫生健康共同体，便可说是这种最为基本的“一致意见”，以及中医话语理解、诠释与传播的

---

① 苏珊·佩特丽莉：《符号、语言与倾听——伦理符号学视角》，贾洪伟，译，成都：四川大学出版社，2020年，第257页。

② 陈嘉映：《哲学·科学·常识》，北京：中信出版社，2018年，第162页。

③ 汉斯-格奥尔格·伽达默尔：《诠释学Ⅱ：真理与方法》，洪汉鼎，译，北京：商务印书馆，2010年，第553页。

④ 汉斯-格奥尔格·伽达默尔：《诠释学Ⅱ：真理与方法》，洪汉鼎，译，北京：商务印书馆，2010年，第422页。

⑤ 约翰·杜翰姆·彼得斯：《对空言说：传播的观念史》，邓建国，译，上海：上海译文出版社，2015年，第8页。

⑥ 汉斯-格奥尔格·伽达默尔：《诠释学Ⅱ：真理与方法》，洪汉鼎，译，北京：商务印书馆，2010年，第399页。

逻辑起点。再比如“情感”，兼具现代性色彩和人类认知的共性，在新的时代条件之下，可以成为国际传播话语建设的锚点与转向[①]。这种“共情”的理解，为各自“责任”意识的确立提供了进一步对话的背景。

其次，只有在相互对话中，才能构造话题的共同视角[②]。而对话，正是符号的本质。如果说，上述关于理解和诠释的预设还只是一种潜在的观念，而且具有“前见”所携带的“片面性”和各自的关注重心，那么，唯有对话，才能够对此进行有限度的调适，形成一种共同视角，并且向着共同话语的目标迈进。科学的认识形态是独白型的，而人文认识在本质上是对话的[③]。中西医学的对话，便应在独白型的科学话语中，恢复和重新引入人文、感性的医学话语传统，中医话语正可发挥其对于人类卫生健康共同体理念传播及话语体系构建的积极作用。

再次，随着符号学理论探讨的深入和研究领域的拓展，人文属性在一定程度上得到了强化，一个显著的标志是伦理符号学的诞生，它把符号学的对象从人类延展到了包括动物、植物乃至微生物在内的所有生命体。在医学领域，也有把人类医学和动物医学统合为“同一医学”的理论与实践。珍视生命，关爱生命，既是伦理符号学的基本原则与信条，也是中西医学话语的共同传统。比如希波克拉底誓言和孙思邈的《大医精诚》，其中的医学伦理和道德规约，可以成为对话展开的基本预设和共同视角。人类卫生健康共同体是人类命运共同体的有机组成部分，伦理符号学对人与自然和谐共生的生态与环境伦理的关注，鲜活地体现了这两个理念之间的内在关联。从人类卫生健康共同体，到人类命运共同体，在伦理符号学的视域中得到了统一。由此考察中医话语及其符号传播，对于人类卫生健康共同体话语体系的构建，便具有了更为深远的意义。

---

① 徐明华、李孟秋：《中国现代性与情感传播：国际话语的锚点与转向》，《中华文化与传播研究》2022年第1期。

② 汉斯 - 格奥尔格 · 伽达默尔：《诠释学Ⅱ：真理与方法》，洪汉鼎，译，北京：商务印书馆，2010年，第235页。

③ 王铭玉：《语言符号学》，北京：北京大学出版社，2015年，第156页。

中华文化传播与媒介文明

主持人语

“中华文化传播与媒介文明”是长期征稿栏目。中华五千年文明是物质文明与精神文明相协调发展的文明，以儒家为代表的“开物成务”人文情怀，强调将“格物”作为“致知”的前提条件。物质性之于媒介在中华文明中具有本体论、认识论、方法论和实践论等多重意涵。

本辑的三篇文章分别是：

颜亮 、顾伟成的文章《自然耦合与民族符号：古代媒介环境视域中的汉藏儒学精神/物质域体认》体大思精，元素多元，在铸牢中华民族共同体意识视域下“思入风云变态中”，玄思出汉藏儒学意识的三重境界，一遍读罢难以尽解其中的奥妙，需要多遍才能深入作者的绣虎雕龙之中。一旦领悟其中三昧，会有一种读完《尘埃落定》的宏大感。

王维、林升栋的文章《从“他塑”到“自塑”：中国人自我形象意识的觉醒——电影〈雄狮少年〉的眯眯眼争议》中所讨论的主题是热议一时的动漫电影话题。虽然文章刊出时这个话题早已是明日黄花，此间“三体”“流浪地球”“满江红”“狂飙”“人生之路”等影视作品话题早已一拨接着一拨发红发紫，且终不免被迭代的命运。但是想必看过《雄狮少年》这部电影的读者都会对这篇文章感兴趣，抑或读过这篇文章的读者都会有兴趣找《雄狮少年》来看一看。

巴胜超、慈湘的文章《意象中国:〈航拍中国〉系列纪录片的技术美学》，需要配合上纪录片来看，才能帮助我们理解作者的匠心独运以及观察细腻，笔者曾经第一时间看了《航拍中国》第一季，后来又看了第二季，从空中鸟瞰祖国各地，的确有不一样的视觉感受。

（贵州师范大学国际教育学院 王婷）

自然耦合与民族符号：

古代媒介环境视域中的汉藏儒学精神 / 物质域体认

颜　亮　顾伟成*

（西藏大学文学院，西藏拉萨，850000）

摘　要：历史上中华民族共同体内部结构的汉藏两族凭借地理环境、经济互渗、文化互传等方式，在汉藏交往交流交融过程中发生创序、体认、体识的互构，不仅构织出儒学传播的精神 / 物质双域，而且在物质 / 精神双域中构筑了两者动态化的共在性体识互构机制。这一联动机制显现为：第一构境层的中华民族共同体中汉藏民族儒家思想的族体生命体 / 非生命体的自生系统三阶耦合模式；第二构境层的中华民族共同体中的汉藏民族思想体认逐步构筑出的四度自然内聚模式；第三构境层由内而外从现实层面、实践层面、地方性知识体系形成具有实践体化的汉藏儒家文化。

关键词：儒学传播；三阶耦合；汉藏文化；四度自然；象征体认

基金项目：2022 年度国家民委西藏大学铸牢中华民族共同体研究基地青年项目“铸牢中华民族共同体意识下的汉藏堪舆共性神话符号研究”（项目号 2022–TFSCC–35）；2021 年西藏大学珠峰学科建设计划项目新闻与传播专业硕士学科建设（项目号 zf21003006）。

“媒介环境，是指各种媒介及其信息传播活动所营造的一种社会情境媒介环境学的理论认为，人们的思维方式和社会组织是由业已内化的主导性的传播模式塑造的。也就是说，媒介是一个复杂的信息系统，它本身具有隐含的、固有的结构，这个结构对于人的感知、理解和感情的影响是一个长期而且深刻的过程。”① 这种显 / 隐性的共在意识 / 精神域体认基始依托于中华民族共同体动态发展过程中的人（个体 / 群体）、社会、自然、媒

---

* 作者简介：颜亮（1983— ），男，甘肃兰州人，西藏大学文学院副教授，博士生导师，文学博士，复旦大学新闻传播学在站博士后，主要研究方向为文艺学、中国古代文献与文化、人类学、数字人文；顾伟成（1999— ），男，甘肃武威人，西藏大学 2021 级中国古代文学硕士研究生，主要研究方向为中国古代文学与文化、书法理论。

① 张学波：《社交媒体中信息传播与用户行为研究》，广州：中山大学出版社，2019 年，第 162 页。

介等构素的聚合力量与创序性构境，在时间 / 空间的“绵延”之中因其中华民族各次级族体间的交往、交流、交融，生成凝塑出了中华民族共体以及共同体意识中的精神品格与价值认同。历史上中华民族共同体内部结构的汉藏两族在地理环境、经济互渗、文化互传等共在座架上，凭借差异性（物质 / 精神）“媒介”构筑了两者动态化的共在性体识与中华民族不可或缺的体识构素互构，经由万千媒介中的儒学及其思想以动 / 静、显 / 隐、物化 / 抽象等方式进行传播与塑造，构成了古代媒介环境视域中汉藏儒学共在意识与精神域体认。

一、第一构境层：中华民族共同体中的汉藏民族儒家思想的三阶耦合

“社会历史构境同构的思想构境是一种基于社会历史场境存在之上的意识瞬间突现建构论，其主张所有的理论活动都是当下建构与解构的现实思想活动……与现代性的结构主义逻辑不同，构境理论不再是留在某一种线性关系系统的统摄、先在理念支配构架之中，思想构境即是完整的意识现象凸现，它表明一个人、一个思潮历史性生成的复杂性样态和建构性本质。”① 这种历史性生成的复杂样态和建构本质映射于汉藏民族的儒学思想的传播与耦合便展现为媒介场域中的“结构筑模”，这种结构化的系统是汉藏民族自身系统与历史媒介自身系统的情势耦合态势，儒学思想成为其重要的中介载体与传播内容。这一发生过程，首先表现为中华民族共同体内部场域中的自身系统二阶模式，儒学思想及文化的自生系统不断在以“华夏”为基核的肌体内部自我指涉、意义增殖、功能分化以及播散传播，这使得这一媒介在藏族族群发展过程中嵌入了系统 / 环境 / 人文构素成为中华民族文明体重要的次级子系统，不断地借用实在界“媒介”（政治、经济、文化）实践推动了自身认知，不断对子系统“小他者”思想 / 文化的刺激进行反应，吸收、涵化、调节于自身系统，在传播与接受之中呈现自我系统的儒化复杂性和共频性。也就是说从系统控制论的角度来看，藏族文化系统内部的反馈与超越系统内部的儒学对象及传播环境产生了新的耦合，儒学在一定意义上使得藏族族体内部文化构素组合变化，其自主性从简单到复杂递增成为一种复杂的生命体现象。由此，儒学成了一种活态基，有效地让有机生命和社会体系在自主性的驱动下，使得内部融合儒学构素的创序触角动态化地与其子系统政治、经济、文化、宗教、伦理等“视域融合”，从而实现现实界中华民族社会体系基座的共在性中的差异性传授反应。汉藏历史上的交流广泛而频繁，交流作为一种纵向持续，横向分异的方式是整体汉藏社会系统共体 / 个性意义增生的基本构素，从传播媒介的视角看纳含了信息、话语以及释意三个构素维度，而作为非简单复制的释意（解码）决定了藏族族体吸收儒家文化之后的藏文化“涵化”与新意编码，既显示出一种触发因果性，又实践化为一种执行因果性，接受 / 反应调整了自我增生系统以及汉藏共体社

① 李其瑞：《马克思主义与法律学刊》（总第 2 卷），北京：知识产权出版社，2019 年，第 137–138 页。

会结构，从而使其两者展向更为开放和紧密的共同持存。

其次，从自生性系统和二阶控制论视角来看，文化自生系统作为一种生物性和符号性的存在。洛特曼的符号学理论认为通过对话“将文化二元对立破解为三元动态关系的文化标出性理论的特征”①，由此抽绎出了汉藏儒学文化多维互动交往交流交融的自生实践。如果将中华民族共同体视作一阶控制系统，那么共同体内部各子系统则显相为二阶控制系统，两者皆共轴性进行持续不断的循环与交互，而儒学文化与思想作为媒介的交互体现了一种生命现象的有机系统，这种本质以有机构成将思想文化的生命力，通过有机化力在汉藏族体的结构上构成生命体化现象的复合体和“机能系统”，使得各要素、各部分有机地构成意识域系统的层面，②并从控制、信息、反馈等多方面融合生命、社会和人三种维度共同的认知、融合、解释、践行儒家文化。内部的动力耦合运动对子系统的融合与重叠映射于个体的身体意识域身体体化过程，正如有学者认为将个体作为社会自生系统的基本构成，个体可以通过媒介进行符号互动并与其他个体之间发生耦合③，而儒学作为其中一维，在这样复杂的自身系统一阶耦合中因“系统/环境”的区分，使得纵向传统与横向传播的文化符号在空间性的子系统中再次凝塑为精神/物质活动描塑的构素单位，而在多维度的耦合关系中“传播（communication）才是这个系统的基本单位，它推动着空间性的子系统之间的耦合，以及整体系统的自我增生”④，最终以“去中心化”的传播态势生成汉藏儒学新阐释，融进藏族文化肌理。

最后，自生系统与环境之间的二阶耦合，作为族体（ethos）的动态耦合过程，代表着汉藏两族叙事传播的生态媒介，在构境的文化场域中依存各自的规律并行、互织、交错，有机化地生成新的富含儒学因子的子系统，产生“共有的符号，尤其是认同性的象征的建立”⑤。由此可见，儒学作为一种媒介在汉传佛教的发展过程中产生了深远的影响，这种影响主要体现在汉传佛教对儒家伦理心性本体“心本善”的吸收上，这种吸收构成了汉族文化体系之间的关系变化以及共同的符号信仰系统和民族自生意义系统，“从符号自生系统论的角度而言，这是典型的族群（子系统）之分出”⑥，而这种分出随着动能化的媒介传播，借助汉传佛教这一载体与汉地藏传佛教产生关联，这一关联的基始在于：藏族人民经历了一个长期的过程，本身就已经接受佛教，并已通过自生系统生产出属于自身文化的佛教体系，汉藏两民族因佛教媒介自然地缝合了彼此的知识沟，产生传播共联，通过具体的唐蕃交流、渐顿门之争等方式，使得汉藏佛教融合，与此同时浸润儒学伦理思想的汉传佛教便自然而然在藏地人民间传播。而所谓三阶耦合意指“描述族群文化与

① 彭佳、汤黎：《生态与修辞：符号意义论》，广州：暨南大学出版社，2019年，第69页。
② 温勇增：《社约物与人：论人自由自己的约束》，北京：中国书籍出版社，2019年，第52页。
③ 彭佳：《民族自生系统论：符号学视域下的多民族文化认同体》，《民族学刊》第2020年第3期。
④ 彭佳：《民族自生系统论：符号学视域下的多民族文化认同体》，《民族学刊》第2020年第3期。
⑤ 彭佳：《民族自生系统论：符号学视域下的多民族文化认同体》，《民族学刊》第2020年第3期。
⑥ 彭佳：《民族自生系统论：符号学视域下的多民族文化认同体》，《民族学刊》第2020年第3期。

媒介之间由于互相激发和选择而产生的文化现象：就本文的研究范畴而言，正是这些现象促进了多民族认同体的产生和发展”[①]，儒学思想以显性 / 隐性媒介方式，让汉藏儒 / 佛耦合，透过“儒 / 佛教”的文化符码转化，来进行自我的强化指涉，并不断将汉藏族群纳入中华民族自身文化系统中来，其鲜明展象表现为：首先，儒学性本善转换为佛教禅宗性本佛，“华严五祖宗密在《原人论》中讲：孔、老、释迦，皆是至圣，随时应物；设教殊途，内外相资，其利群庶，并且用《周易》的四德（元、亨、利、贞）配佛身四德（常、乐、我、净），以儒家五常（仁、义、礼、智、信）配佛教的五戒”[②]，儒学化、中国化的佛教经历二次编码后再与藏传佛教接触、互渗、融合，藏族典籍《贤者喜宴》中详细记载了汉地禅宗进入藏地的过程，其内容归摄为禅宗心性观的“心性本净”“无念”“心传”等，在藏传佛教后弘期直接深入藏传佛教各宗派思想体系中，正如高僧土观所述“心要派汉人呼为宗门就其实义与噶举派相同，即大手印的表示传承”[③④]；萨迦在《分辨三律仪论》中说“现时之大手印，基本是汉地之禅法”[⑤]。这种通过儒化的佛教媒介的文化符码转化为汉藏族体自生系统具有自我指涉性质的“耦合”，这种耦合从儒学“符号的意义或效力从心灵转移到心灵”[⑥]成为重要的心理复合体和凝聚共象力。

二、第二构境层：中华民族共同体中的汉藏民族思想体认的四度自然

汉藏民族间的儒学第一自然体认，代表着一种汉藏民族基于物质化基础所构建的汉藏儒学文化传播的场域，这一场域是意识化体认真正开始的“前设”与物化持存，亦是传播学视角中传播开始的基础构建。其动力主体来源于：其一，体认的原始性思维是初始状态下的华夏民族族源同一性驱动下所经历的“共在思维域”的构建，亦是后来儒学传播的“前逻辑”“元逻辑”及传播顺畅的基座，[⑦]思维域的共性发展构建了汉藏儒学第一自然体认的精神基础通道。其二，体认的（个体 / 群体）身体域的构建意指“身体在世呈现出独特的蕴涵结构，即心灵、身体和世界这三者构成了一个相互蕴含、不可分割的循环辩证系统”[⑧]，这种身体—主体性沉浸于外在物质世界之中，[⑨]一方面藏民族的生成一直身处于中华民族共同体的动态结构当中，不同时空阶段以汉民族为主体生成的儒学文化体系与之存在结构中的“共在”；另一方面，不同时代儒学思想的历史效果以物化媒介的方

① 彭佳：《民族自生系统论：符号学视域下的多民族文化认同体》，《民族学刊》第2020年第3期。

② 余仕麟：《儒家伦理思想与藏族传统社会》，北京：民族出版社，2007年，第381页。

③ 土观 · 罗桑却吉尼玛：《土观宗派源流》，拉萨：西藏人民出版社，1984年，第222页。

④ 阿芒 · 贡确坚赞：《萨迦、宁玛、噶举诸宗派见地之差别略议》，第46页，转引自班班多杰：《藏传佛教思想史纲》，上海：上海三联书店，1992年，第127页。

⑤ 萨迦班智达 · 贡噶坚赞：《三律仪说自注》，拉萨：西藏人民出版社，1986年，第87页。

⑥ 彭佳：《中华民族共同体与民族符号学研究》，成都：四川大学出版社，2021年，第51页。

⑦ 余国瑞：《中国文化历程》（第2版），南京：东南大学出版社，2019年，第17页。

⑧ 楚超超：《身体 · 建筑 · 城市》，南京：东南大学出版社，2017年，第76页。

⑨ 楚超超：《身体 · 建筑 · 城市》，南京：东南大学出版社，2017年，第76页。

式差异性等与“共在”他民族产生效果共享，并通过中原政治力、军事力、文化力的横向传播与他民族身体予以“交战”融合，民族身体与世界、身体与外在的空间关系交错互动产生了涉及儒学传播的身体图示，包含了融合自身文化理解儒学的感知和处境空间中的方式，这种方式显现为时空差异性的儒学传播的媒介环境之中。

汉藏民族间的儒学第二自然体认，是作为汉藏文化交流互动的媒介环境构成。如果说第一自然体认是以汉藏共在基座和共性基核完成了一个儒学场域，[①] 那么第二自然生态媒介，这一物质 / 非物质的媒介环境，是整体的中华民族在华夏观、天下观的驱动下的中华民族演化过程，参与、并置着藏民族的形成与演化过程，两者结构上具有密集的重叠、集合态势，这就构建出了族群性身体的物质化接触与融合，包含了语言、心理、身体实践等诸多方面的内容。其次，后世发展中政治化驱动下的汉藏民族之间，基于不同的构素构筑了道路、贸易、朝贡、联姻等多种物质化媒介，为思想意识形态尤其是儒学思想演进过程中的“过程化”播撒带来了多向度、开放性的传播可能与实际传播。从传播视角和体认机制来看，儒家文化传播“是从复杂多样的文化传播现象中提取出来的文化传播过程所具有的一般特性，作用如同人的骨架”[②]，其显现为直接传播、间接传播和刺激传播的并置与“混杂”模态，而且时空置位上的中原—藏地儒家文化传播显示出官方 / 民间双重传播的方式“不论是官方传播还是民间传播，文化传播的渠道依然非常多，它们编织出错综复杂的文化传播网，肩负着封建时代文化传播的任务”[③]，当文化以媒介方式直接 / 间接由表及里、由局部到整体、由物质文化—制度文化—精神文化[④] 依次进行传播层次的位移时，作为接收方的藏族族体就以显隐方式构筑出了一种刺激反应，“是一种特殊的文化传播方式，指的是某一社会掌握了某项知识以后，对另一个社会造成刺激，激发了他们的创造灵感，使之发明或发展出某个新的事件”[⑤]，这种借用儒学的创新其“前置”便是思想域的体认，一种具有主观能动性，犹如李约瑟所述“有时只要有一点点暗示，只要受到某种思想的隐约启发，就足以引起一连串的发展，而这些发展在以后的年代中，又会导致一些显然有完全独立的起源但又大体上相似的事物的出现”[⑥]，例如藏族人民体认儒家君臣伦理、体认儒家礼仪伦理、体认血缘宗法伦理等都因汉—藏之间的传播—刺激—反应构织出了前置体认。最后，从传播接受者的内化体认过程来看，体认在时空绵延中构筑了藏民族的“三重摹仿”，“第一重摹仿指的是日常生活中对‘经验的叙述性质’的前理解……第二重摹仿指的是叙事的自我构造，他建立在话语内部的叙事编码的基础

① 张鑫:《移动社交媒体舆论热点传播机制研究》，北京：人民日报出版社，2020 年，第 33 页。
② 陈晓莹:《文化传播学》，福州：福建人民出版社，2017 年，第 45 页。
③ 刘成纪、杨云香:《中原文化与中华民族》，郑州：河南人民出版社，2012 年，第 212 页。
④ 陈晓莹:《文化传播学》，福州：福建人民出版社，2017 年，第 47 页。
⑤ 陈晓莹:《文化传播学》，福州：福建人民出版社，2017 年，第 47 页。
⑥ 李约瑟：《中国科学技术史》（第一卷），北京：科学出版社，1990 年，第 255 页。

上……第三重摹仿指的是叙事对现实的重塑，相当于隐喻”[①] 由此由内而外完成了第二自然对儒家文化的体认。

汉藏民族间的儒学第三自然体认是族群共情的交流基础。“三度自然是以生物神经官能为基础的知觉世界，相对于人类符号世界来说，知觉是未被意义化的官能感知和基因记忆”[②]，“我们可以将‘记忆’理解为针对经历过的人或事进行再处理的过程及其结果”[③]，这种在纯然、基础性，无文化浸染的生物有机体体验与感知，是类似于像儒家文化这样的意义体系的“前设置”与基础持存，既显现了作为生物性个体 / 群性动物到人之间的动能，又在横向时空中表明了汉藏民族族源的共在性。藏族典籍《汉藏史集》中“都认为汉藏民族出自同一族系中间四族系或内部四族系，这代表了那个时代甚至更早历史时期中藏族人民对汉藏民族同源的基本认识”[④]，从基因学的生物视角来看，“Y 染色体是重建人类群体历史的有效工具。在晚近人群中，后期的定居、分化和迁徙留下的信息都叠加在一起，使得 Y 染色体遗传变异的地理分布能够为揭示人群史前迁徙提供线索”[⑤]，而复旦大学金力教授的生命科学研究团队的研究结果也表明“藏族人的 Y 染色体（父系基因）与汉族有 42% 的相似性，说明汉藏民族同源的说法有一定的依据”[⑥] 汉藏群性身体生物性的一致，代表了体认构素神经系统的同一化构成，“二度自然向三度自然的转化，是无机的‘信号流淌’到有机的生物个体感知的重大飞跃。神经网络是自然演变与生物遗传演化的结果”[⑦]，这种生物性演化带来了机能遗传本能的情感具身性，这种具身性代表着汉藏民族在儒学思想媒介构筑的情景化中“实际上是开放和兼容的，它致力于将人类认知向着多元的、异质性的要素和领域进行拓展”[⑧]，从而获得体认的基础视域融合。历史上的藏族对儒家文化体认的第三自然建立于感知意识（包括人和一切具有官能神经机能的生物体）存在基础之上。这种生物性身体的感知其具身性的接受、感知、体认还涉及汉藏之间儒学文化传播的情境，以及情境中的媒介交互。在体认的第三自然世界中，各种儒家文化借助“媒介”的再现机制开始产生效用，这种效用从身体实践、物化象征、思维信息等多向度构素构筑了体认的媒介环境，也构织了汉藏民族共情体认的一切基础。

汉藏民族间的儒学第四自然体认代表着身体—主体因儒学形成的文化认知。在动态

---

① Ricouer Paul. “Mimesis，reference et refiguration dans Tempset Recit”，in Etudes phenomenologiques,Louvain,1990,pp.32.

② 胡易容：《符号景观世界的“四度自然”——回应居伊 · 德波》，《西南民族大学学报》2016 年第 8 期。

③ 郝童童、张永宏：《历史记忆 · 文化认同 · 民族精神共同体构建——基于闽南舞狮运动传播台湾的文化考察》，《中华文化与传播研究》2022 年第 2 期。

④ 王启龙：《国外藏学研究》（第 1 辑），上海：上海古籍出版社，2017 年，第 204 页。

⑤ 李辉、金力编：《Y 染色体与东亚族群演化》，上海：上海科学技术出版社，2015 年，第 90 页。

⑥ 王洪君：《历史语言学方法论与汉语方言音韵史个案研究》，北京：商务印书馆，2014 年，第 378 页。

⑦ 胡易容：《符号景观世界的“四度自然”——回应居伊 · 德波》，《西南民族大学学报》2016 年第 8 期。

⑧ 姜宇辉：《“具身化”：知识、行动与时间性——从安迪 · 克拉克到吉尔 · 德勒兹》，《华东师范大学学报》2010 年第 4 期。

的文化环境情势下由一个认同基点向情感、思想、身体、行为等全域逐步扩展、延伸的过程，这一过程的最终外化体现为日常生活、生产中遵从儒学规范、儒学精神具体化的深入文化命脉与文化基因之中。赵毅衡教授认为“文化是一个社会相关的表意活动的总集合”[①]，这一集合诉诸意义构成，形成一个文化体验的过程运动，揭示了一种内在辩证的思维性存在，在体认中藏族人民将“本有”的文化意识与所谓他者的儒家文化不断缝合，从二者的结合之中构筑创造儒学新的过程本体、儒学语言过程本体、儒学实践过程本体以及儒学阐释过程本体，涉及了儒学体认思维的形式、现象、语义、编码、结构、释意、输出等范畴。这一体认的理论结构模型包括语音知觉体系、语符视觉系统、语义经验联想系统、先验意绪发生系统、超验形而上系统。语音知觉系统基于汉藏共性基因的生理发生感官系统的成熟以及汉藏民族的接触，例如“人的听觉感受并不是孤立的，常常同对话的环境，说话人的态度、姿势、口型等相联系，影响到人的判断。由于对话的环境和前后内容的联系，听话人产生一种心理期待”[②]、互仿、感知编码[③]以及共情体认。语符视觉系统是古代汉藏民族在其交往交流交融过程中利用身体视觉感官从本体对立的“他者”（个体 / 群性）行为实践上所指的隐蔽儒家思想含义和含义的转化与延伸，也关注从儒学思想能指到所指的意指过程。[④]

在汉藏民族交往过程中儒学“符号阐释的空间里，作者、语境、视觉文本、读者四个维度的互动与合一，则使蕴意结构得以生效”[⑤]。这种生效则体现出汉藏儒学传播过程中儒学思想在藏地的“再现作用”“首先是再现者与被再现者的交流，也是二者同凝视者的交流”[⑥]，更是二者在共同生存环境的沟通建立起的一个“之间体认”世界，“无论是在横向的静止空间还是在纵向的动态时间里，抑或是在时空合一的世界里，再现和叙事都是视觉文化之传播功能的实施和实现”[⑦]，这种实现是体认的重要的构素。语义经验联想系统，“语义是具体语言的特定形式所表达的内容。语义是个含义非常广泛而复杂的概念”[⑧]，分为“一是语言义，即实物意义、附加意义、关系意义（语法意义）；二是言语义，即修辞意义、逻辑意义、语境意义、社会文化意义等”[⑨]，汉藏历史上交往交流交融的儒家思想

① 赵毅衡:《文化表述与人类学研究本质追问》,《社会科学家》2013 年第 2 期。

② 宋欣桥:《普通话语音训练教程》(第 3 版)，北京：商务印书馆，2017 年，第 42 页。

③ 吴文梅:《日译过程认知心理模型构建》，厦门：厦门大学出版社，2015 年，第 78 页。

④ 段炼:《视觉文化：从艺术史到当代艺术的符号学研究》，南京：江苏凤凰美术出版社，2018 年，第 12 页。

⑤ 段炼:《视觉文化：从艺术史到当代艺术的符号学研究》，南京：江苏凤凰美术出版社，2018 年，第 13 页。

⑥ 段炼:《视觉文化：从艺术史到当代艺术的符号学研究》，南京：江苏凤凰美术出版社，2018 年，第 13 页。

⑦ 段炼:《视觉文化：从艺术史到当代艺术的符号学研究》，南京：江苏凤凰美术出版社，2018 年，第 13 页。

⑧ 王华、崔俊影、经芳主编:《语言学》，延吉：延边大学出版社，2018 年，第 57 页。

⑨ 王华、崔俊影、经芳主编:《语言学》，延吉：延边大学出版社，2018 年，第 57 页。

所构筑的儒学“语义场”成为藏族体认儒学思想的重要构素结构，这一构素结构与汉藏民族共在性的“想象界”产生关联，亦成为其内化走向或者说体认的“内模仿”的关键。先验意绪发生系统作为儒学语义经验联想系统的继续以及“前设置”是汉藏民族意识域建设“向内折”的基础性存在[①②]，当作为接受者的藏族族体以理解和体认的姿态寻找“借喻基点”“体认基核”，其与汉民族的原始深层次的座架以及座架所生成的神话、仪式、图腾的“元动力”是一致“共架”的，“主体对于异质文化氛围中的原型接受的可能性就存在于人类经验的普遍性”[③]之中生成前理解式的经验库、经验结构、经验逻辑、经验知识。超验形而上系统是为汉藏民族原始思维中万物有灵的经验式认知，这种认知根植于汉藏民族的根性基座之中，令藏族族体的儒学思想体认在“前置性”的意识域中与先验意绪发生系统一同构筑了体认的驱动力，并在现实经验与儒学思想媒介的真正显现中完成自我式的接受与认同，这就是藏地孔子以神性化色彩予以传播的根源，同时亦是儒学体认与藏族宗教产生“视域融合”的关键，最终生成了持续而稳定的体认新意。

三、第三构境层：中华民族共同体中的汉藏民族儒家符号认同的表征

建筑文化中的儒学符号认同的表征。[④]天人合一、和合对称、营造意境、治世境界、中庸时中、礼化制度等都是将儒学思想转变为建筑理念，应用于中国实际的营建过程中。“据考古资料，藏族文明史至少可上溯到石器时代，而藏区与中原的交往也至少可追溯到四千多年前的黄帝时代”[⑤]，而大规模的汉藏交流交往交融开始于唐蕃时期，在多文化传播的情势下，中原容纳了儒学思想的建筑营建技术也随之进入藏地。这种影响显现出四个大的趋势：“一是延续时间长，其下限时间一直到新中国成立及其以后；二是文化的输入特别是建筑文化的输入绝不仅仅是佛教建筑文化艺术，它包括佛教建筑及其文化、宫式建筑、城池建筑，乃至民居建筑和其他建材制造技术；三是受影响的程度是由东向西渐进的，首先是四川、云南、青海和甘肃藏区，其次是卫藏，再次是阿里等西部地区；四是随着历史的不断发展，汉地及其他民族的建筑文化输入的影响逐渐加强，与国外建筑文化输入相比较，呈现反比状态；五是在汉地及其他民族建筑文化输入的影响中，汉地建筑文化的影响是占主导地位的。”[⑥]“建筑艺术汉族建筑的歇山式屋顶、飞檐、斗拱、藻井、琉璃瓦等被不少的藏族建筑所采用。”[⑦]例如夏鲁寺大殿二层以汉地四合院的布局不仅体现了儒学礼制的建筑理念，而且也蕴含着阴阳五行的营造思想，其细节处的“殿顶采

---

① 余志民：《中西哲学略述》（修订版），北京：宗教文化出版社，2020年，第155页。

② 丁宁：《美术心理学》，上海：上海人民美术出版社，2020年，第126页。

③ 丁宁：《美术心理学》，上海：上海人民美术出版社，2020年，第126页。

④ 刘婉华：《论儒学经权观对中国古典建筑观念的影响》，《齐鲁学刊》2004年第5期。

⑤ 任新建：《康巴历史与文化》，成都：巴蜀书社，2014年，第295页。

⑥ 杨嘉铭：《西藏建筑的历史文化》，西宁：青海人民出版社，2003年，第206页。

⑦ 任新建：《康巴历史与文化》，成都：巴蜀书社，2014年，第301页。

用内地寺院传统的歇山屋顶和飞檐翘角，稽下斗拱，结构严谨，上盖蓝色琉璃瓦，屋脊有琉璃砖烧制的各种图案，飞天仕女，狮虎花卉，都烧制得生动活泼，栩栩如生，全然显示出元代工艺作风，是一座不可多见的把汉藏建筑风格糅合在一起的艺术珍品"[①]。除此之外，[②]拉卜楞寺的整体营建不仅实践应用了儒学堪舆的操作步骤，而且整体建筑群显现出汉文化风水"四灵四象"的文化蕴意。多种组合搭配题材元素选择，各具吉祥文化内涵寓意，不仅对服饰 品外在具有装饰功能，还能满足穿戴者追逐美好寓意的心理需求。

服饰文化中的儒学符号认同的表征。"服饰是人类特有的文化现象。……是当时社会的经济基础、政治制度、思想意识、风尚习俗及审美观念的体现。"[③]自黄帝垂衣而治天下，服饰依然成为儒学礼治重要治世方略，先秦依儒学礼法制定了完备的服饰礼仪规范，"后期中国历代的《舆服志》则通过服饰规范了特定社会地位群体的行为举止和形态仪表，充分体现了'唯礼是尚'的中国传统文化，这种思想融贯在传统服饰的造型、色彩、纹样等多个方面"[④]，包括克己复礼的服饰造型、纲常法礼的服饰色彩以及风俗伦理的服饰纹样。儒学思想影响下的服饰文化，通过军事传播、婚姻传播、经济传播等多种传播方式，完成了"附着有儒道文化元素的物也是重要的媒介，政治赏赐、贸易交往、联姻使大量中原器物、丝绸、服饰、典籍文书、手工艺技术进入藏区"[⑤]。以甘南藏族服饰为例，其儒学思想文化主要体现在服饰礼仪、天人合一、阴阳五行思想的符号化体现。[⑥]汉地五行思想以及蕴藏的颜色元素，传播至藏地，正如王尧先生所述"藏族接受阴阳五行学说甚早，远者可以上推到周初，姬、姜两大部落的流动和转徙时"[⑦]，由此形成了藏族服饰颜色的基色以及搭配原则。随着中原儒学对周边少数民族族群的影响加深，藏族服饰通过帽式、服装色调、花纹及佩饰大小反映礼制等级、人生礼仪、节庆服饰等都蕴含着极强的儒学思想因子。"多种组合搭配题材元素选择，各具吉祥文化内涵寓意，不仅对服饰品外在具有装饰功能，还能满足穿戴者追逐美好寓意的心理需求。"[⑧]以天祝藏族为例，作为"着装不仅是一种人体装束的物质必备，更是一种人体装饰特有的视觉语言和形象符号"的服饰[⑨]，是皮尔斯所谓的具有"指示符号"系统的物化存在，除了具有审美、形态、情感的表达性外，其深层次的符号意指中还蕴含着汉藏文化融合与认同的功能，在"华锐藏族服饰的饰品上清晰地镌刻着汉地传说中八仙所持的法器、双狮舞绣球、云子等图案"[⑩]，这

① 欧朝贵:《汉藏结合的建筑艺术夏鲁寺》,《西藏研究》1992年第1期。
② 阿旺罗丹编:《西藏藏式建筑总览》，成都：四川美术出版社，2007年，第40页。
③ 郝素岭、张树芹、魏巧荣:《人文素质基础》，西安：西北农林科技大学出版社，2018年，第234页。
④ 胡爱英主编:《礼仪文化》，北京：中国旅游出版社，2018年，第121页。
⑤ 周尚娟:《甘南藏族服饰的多元文化因素探源》，硕士学位论文，西北民族大学，2014年。
⑥ 周尚娟:《甘南藏族服饰的多元文化因素探源》，硕士学位论文，西北民族大学，2014年。
⑦ 王尧:《当代名家学术思想文库·王尧卷》，沈阳：万卷出版公司，2010年，第414页。
⑧ 侯雨薇:《清代服饰品中鹿纹的审美形态及文化内涵探析》,《中华文化与传播研究》2020年第2期。
⑨ 曹英才:《舟曲藏族服饰文化研究》，博士学位论文，西南民族大学，2020年。
⑩ 安灵芝:《华锐藏族服饰文化研究——以天祝藏区为例》，硕士学位论文，中央民族大学，2011年。

些符号化的图示，不仅蕴含着汉藏文化传播的历史记忆，而且其符号背后隐含着丰富的汉藏儒学文化的基因与文化述行。

易学文化中的儒学符号认同的表征。“易学是古人思想、智慧的结晶，具有深湛的哲理，影响甚巨，反映了中华民族最为纯粹的民族思想和哲学思想”[①]，《易经》成书以后，随着汉文化向周边民族推广，也随之传入，并在一些主要少数民族中形成独特的易学传统[②]，孔子及其后世儒家学者极其重视易学研究，将《周易》奉为儒学万经之首，作为汉藏易学文化中的传播源，中原汉地儒家易学经历了长时间的理论探索与完善过程，而这一过程也不断与藏地发生着传播与交流，并展现出易学文化中的儒学符号认同的表征现象。藏族易学中的孔子形象符号，无论是苯教的仪轨、文献，还是苯教发展的不同时期，通过汉藏文化传播进入藏地的孔子传说开始了藏地场域空间的书写影响，苯教以自身富含神异色彩的笔调早已开始了藏族文化中有关孔子形象的构建。苯教文献中将孔子称为“贡则”或“贡则楚吉杰布”，并称其为与雍仲苯创始人辛饶弥沃同时代人。苯教经典《善说宝藏》中记载了“藏人在传统上普遍将他（孔子）视为五行算的创始人之一，他也扮演着大施主和辛饶米沃且弟子的角色”[③]，其儒家易学的形象被符号化的建设为:（1）神性思维的共频，苯教神话形象资源中“吸收象雄的、大食的、汉地的各种出类拔萃的人物和神灵到苯教之中安排了座位。比方说，孔子和老子进入苯教之中成为颇受尊敬的神灵就是明显的例子”[④]；（2）血缘谱系的共沟，苯教在自身演变过程中不仅“把孔子神化了，把他地位大大抬高，成为汉地一王”[⑤]，而且将孔子奉为辛饶弥沃的岳父，“藏民族思维中自然地把作为汉文化创造者的孔子和推动者的唐太宗等同起来，如把唐太宗叫作‘贡则楚琼，而孔子的名字中也有了‘楚吉杰布’（皇帝）的称号含义”[⑥]；（3）视觉形象的共塑，苯教后期唐卡中出现了“着藏装的孔子端坐在莲花座上。右手执天文历算，左手端寿桃，背饰祥云、明轮”[⑦]，并赋予孔子天文理算师祖的称号，苯教对其传播赋义为“塑造或绘制孔子形象，其运气、权力将得以上升，诸方面均获成就，祈祷吉祥如意”[⑧]；（4）实践技术的共构，苯教的占卜术作为一种极具实践性质的技能同样存在以孔子形象为特征的建构现象。“著名藏学家山口瑞凤在他的名著《西藏》一书中说，在藏文史料中有一本叫作

① 隋冬译:《日文儒家文献提要萃编》，济南：山东大学出版社，2019 年，第 4 页。

② 《易学百科全书》编辑委员会主编:《易学百科全书》，上海：上海辞书出版社，2018 年，第 713 页。

③ 曲杰 · 南喀诺布:《苯教与西藏神话的起源:“仲”“德乌”和“苯”》，向红笳、才让太，译，北京：中国藏学出版社，2014 年，第 261 页。

④ 蒋宝德、李鑫生主编:《中国地域文化》，济南：山东美术出版社，1997 年，第 2779 页。

⑤ 王尧:《藏学概论》，太原：山西教育出版社，2004 年，第 152 页。

⑥ 魏冬、益西群培:《藏族传统文化中的孔子形象》，《西藏研究》2009 第 1 期。

⑦ 吴健礼:《古代黄河、长江流域与青藏高原的文化联系》，拉萨：西藏人民出版社，2015 年，第 244 页。

⑧ 吴健礼:《古代黄河、长江流域与青藏高原的文化联系》，拉萨：西藏人民出版社，2015 年，第 244 页。

《孔子圣人十二铜钱占卜术》的卦书"[①]，实际上这本包含占卜仪轨与卦象说明的卦书就是编号为 P.T.1055 的敦煌古藏文写卷《吐蕃金钱神课判词》。十六世纪藏传佛教文献《格言集锦——如意宝石》以缝合知识沟的传播方式记述了释迦授意文殊菩萨以适应中原地方性知识的世俗谛易算之学，向中原孔子传授五行算学的三十一续部以及三百六十种占卜法，由此通过孔子形象叙事勾联易算理论与佛教教义间性，实现汉藏潜隐层面文化传播意义上的异质同构。吐蕃时期儒学易学以孔子这一媒介符号在藏地进一步异延为多义的存在，既有藏译本《孔子项托相问书》中的智者圣人形象，《拔协》中比拟唐太宗"孔子楚穷"的尊贵和"楚"之神奇能力意蕴，又有孔子易学占卜的"工巧公子"形象。

结 论

历史上中华民族共同体内部结构的汉藏两民族在地理环境、经济互渗、文化互传等共在座架上，复式多样的借助与凭借差异性"媒介"（物质 / 精神）构筑了两者动态化的共在性体识互构与中华民族不可或缺的体识构素，儒学作为缝合汉藏文化的重要媒介，在汉藏交往交流交融过程中创序、体认、体识互构，显现为：其一，第一构境层的中华民族共同体中的汉藏民族儒家思想的族体生命体 / 非生命体的自生系统三阶耦合模式。其二，第二构境层的中华民族共同体中的汉藏民族思想体认构筑出了四度自然的逐步内聚模式，即以意识形态的构筑创序了中华民族共同体意识域的层累式景观。其三，汉藏儒家文化的体识互构、"内圣外王"，由内而外体的实践体化勾连了汉藏儒家文化在现实层面、实践层面、地方性知识体系等实存性的"物化"表现与行为表象。这既拥有儒家伦理思想在汉藏宗教交流中的体现、对社会伦理礼仪、血缘宗法的接受、儒学大一统思想的认同，也纳含了现实界域社会生产、日常生活、仪式信仰等方方面面"物化"实践的外化展现。

① 周炜：《佛界活佛转世与西藏文明》，北京：中国藏学出版社，2015 年，第 156 页。

从“他塑”到“自塑”：中国人自我形象意识的觉醒

——电影《雄狮少年》的眯眯眼争议

王　维　林升栋[*]

（广州软件学院数码媒体系，广东广州，510090；

中国人民大学新闻学院，北京，100872）

摘　要：电影《雄狮少年》因“眯眯眼”角色形象设计在国内社交媒体上掀起一场“辱华”风波，而这场争议揭示的正是中国人自我形象意识的觉醒。本文运用符号分析法，讨论“眯眯眼”的内涵与外延，以及被他者塑造所遮蔽后形成的交错杂糅式“自我形象”。本文试图辩证看待眯眯眼争议，或有助于反思中国人自我形象塑造的新思考。

关键词：眯眯眼；自我形象；他塑；自塑

2021年12月17日，国产动画电影《雄狮少年》上映，该影片讲述从小留守广东乡镇的三位草根青年阿娟、阿猫、阿狗在师傅咸鱼强的带领下成功逆袭的故事。作为国产动漫的惊喜之作，《雄狮少年》一跃成为2021年底国内院线的一匹“黑马”，[①]被央视（CCTV-13新闻直播间）评其表达文化自信，弘扬民族精神，被媒体称其可能成为中国电影史上又一部现象级爆款动画。[②]然而，让这部国产动画电影真正成为焦点的并不是它的艺术性，而是国人对影片中主角们的“眯眯眼”形象颇具文化、政治意涵的解读。

一、何为“眯眯眼”及“眯眯眼争议”

据《汉语词典》“眯眯眼”词条解释：“小眼睛，眼皮合成一条缝的眼睛”，其视觉特征与带有生理缺陷的“唐氏眼”颇为相似。“眯眯眼”本是眼科关注话题，然而“眯眯眼

---

* 作者简介：王维（1993—　），女，湖南常德人，广州软件学院数码媒体系讲师，研究方向：视觉文化与传播；林升栋（1976—　），男，中国人民大学新闻学院教授，研究方向：文化心理学、广告学。

① 魏威：《从〈雄狮少年〉看国产动漫的导演风格变迁》，《电影文学》2022年第8期。

② 一条：《2021评分最高国产动画新作来了》，2021年12月18日，https://mp.weixin.qq.com/s/s2qq34BI-A3CG3FUqaUqVIg，2022年5月26日。

争议”所讨论的对象并不是眼睛是一条缝的“眯眯眼”，而是在全球化背景下内涵被外延的社会文化符号“眯眯眼”，英文译为“slant eyes”“slanted eyes”或“slanting eyes”。“slant eyes”释为“斜眼”“一种亚洲血统”；“slanted eyes”释为“斜眼”“丹凤眼”等；“slanting eyes”则为“有内眦赘皮的眼睛”[①]，内眦赘皮（epicanthus）易造成先天性小眼。

《雄狮少年》的主角形象设计正是这种倾斜的、小眼的“眯眯眼”，不少网民指责这是在“丑化”广东人，因为“眯眯眼”并不是广东人的真实样貌。数字影像作品的生产者对于文明、文化、自然的认知会影响其共情叙事表达和符号使用，进而通过视觉符号和语言符号表现出来，编码和解码的误差，会带来“认同”的障碍。[②]无独有偶，在《雄狮少年》眯眯眼争议的发酵下，“三只松鼠”一则2019年的品牌广告海报也被部分网民大肆吐槽与批评，眯眯眼争议让《雄狮少年》一跃成为2021年度的“事件电影”（event film）。虽然这场眯眯眼争议的生命期很短，但背后却揭示着一个可能持久存在的事实——中国人自我形象意识正在或已经觉醒。过去，中国人的自我形象长期处于被西方他者（欧美发达国家）塑造的状态；现在，曾经失语的国人欲夺回自塑权，要求自己定义自己。

二、“他塑”的“我”：双面形象“眯眯眼”

眯眯眼争议中的“眯眯眼”既是蕴含东方美的视觉符号，也是饱含民族性的情感符号（公共事件或议题的讨论可被视为信息、观点、态度等的集合，承载着人们多元的情感）。[③]换言之，中国人在西方人眼里具有两种截然相反的视觉形象，即被西方青睐的“眯眯眼”和被西方异化的某种东方符号。

被西方青睐的身体符号是他者审美的投射，是“东方化想象”的具体体现。这里的“东方”（oriental）是一个有自身历史以及思维、意象和词汇传统的文化观念，是西方人的虚构，使得西方得以用新奇和带有偏见的眼光去看待东方。[④]吕燕于2000年获得世界超级模特大赛全球亚军。在西方人眼里，吕燕细长且眼尾向上的小眼睛和慵懒的斜睨是打破常规的存在，这种颇具东方式的神秘五官正是亚洲模特的优势所在，[⑤]但她却被国人

---

① 外媒将“眯眯眼”释为“slanted eyes”，例如国际知名动画平台Cartoon Brew的编辑Alex Dudok De Wit于2021年12月31日发布的电影《雄狮少年》“眯眯眼”争议文章中使用的便是“slanted eyes”，它在网易有道词典中的翻译为“斜眼”“丹凤眼”。此外，“slant eyes”和“slanting eyes”均来自韦氏词典Merriam-Webster。

② 张慧子:《文化认同视阈下数字影像跨文化传播的“自塑”与“他塑”策略研究——以“李子柒YouTube视频”和纪录片〈美国工厂〉为例》,《中华文化与传播研究》2020年第2期。

③ 肖珺、黄枫怡:《情感分析在跨文化传播研究中的方法意义：源流、应用与反思》,《中华文化与传播研究》2022年第1期。

④ 巴特·穆尔·吉尔伯特:《后殖民理论——语境、实践、政治》，陈仲丹，译，南京：南京大学出版社，2007年，第42页。

⑤ 徐玮:《丹凤眼亚洲美的典籍》,《中国服饰报》2007年6月8日，第A04版。

封为“中国第一丑模”。[①]1998 年由迪士尼打造的美国动画电影《花木兰》(Mulan)中的花木兰[②]与《雄狮少年》中的女阿娟一样,均是倾斜式“眯眯眼”。被西方青睐的“眯眯眼”并非出于恶意“丑化”中国人，而是一种文化对照，西方人可能认为这是一种区别于自身的“美”。

被西方异化的“眯眯眼”是一种与中国人普遍接受的“美”所截然相反的身体形象。18 世纪末，中国在鸦片战争、甲午中日战争等大规模侵华战争中连连战败，在政治和经济的重创下使得在文化方面，中国的形象被带有倾向地刻画成“牺牲品和臣民、可以获取利润的源泉、蔑视和可怜的对象”。[③]西方传教士描述的中国人被西方异化的“眯眯眼”被部分人不怀好意地使用，进而演变为种族歧视。

西方人眼中的中国人形象是多元复杂的，如同“变色龙”。[④]而这种变色的特征反应出某种文化的复杂性，他塑的“眯眯眼”有时既是被西方人“捧”的时尚元素，有时也是被“踩”的歧视内涵。电影《雄狮少年》中的“眯眯眼”便是在这种多元复杂的他塑文化中产生的，但真正激怒国人的是用他塑的“眯眯眼”去进行民族形象的“自塑”，是某种他者文化影响后想象中的“自我东方化”。

三、“自塑”的“我”：他者目光遮蔽下的中国人形象

电影作为大众传播媒介，其所建构的中国人形象在文艺传播过程中可以很好地发挥潜移默化的作用。为打破他塑束缚，积极开启自塑之路，“新主流电影”应运而生，如《战狼Ⅱ》(2017)、《红海行动》(2018)、《哪吒之魔童降世》(2019)、《中国机长》(2019)、《中国医生》(2021)、《长津湖》(2021)、《雄狮少年》(2021)等。主旋律电影是新主流电影的原初形态，表达了主流文化与大众文化共同的英雄想象。[⑤]

电影《战狼Ⅱ》塑造了一个让国人为之“自豪”的中国人形象，主角冷锋不仅精通武术，还擅长使用各种先进的军事技术。[⑥]同时，这个角色又是“真实”的，冷锋虽身为军人但冲动、鲁莽，这与漫威超级英雄角色塑造符合流行趋势的某种审美取向相契合。例如《钢铁侠》里的托尼 · 斯塔克，虽然他是承担维护和平正义的英雄，但在作为个体其

---

① 搜狐娱乐:《她是人所皆知的“中国第一丑模”，却嫁给外国富豪，后来怎样了？》，2022 年 12 月 18 日，https://fashion.sohu.com/a/618422114_121136611，2023 年 4 月 14 日。

② 来自加州大学河滨分校的文化研究学者 Wendy Su 指出 1994 至 2007 年中国大力引进好莱坞大片，这些电影在中国观众中引起的前所未有的关注体现了好莱坞电影在全球取得的胜利，其中就包括美国动画电影《花木兰》。

③ 哈罗德 · 伊萨克斯:《美丽的中国形象》，于殿利、陆日宇，译，北京：时事出版社，1999 年，第 126 页。

④ 赵泓:《“他塑”与“自塑”：论中国形象的构建》,《电影文学》2019 年第 2 期。

⑤ 董鑫、陈岩:《近 70 年来中国电影的英雄叙事流变研究》,《电影文学》2022 年第 5 期。

⑥ Wei Shi & Shih-Diing Liu, “Pride as structure of feeling: Wolf Warrior II and the national subject of the Chinese Dream,” Chinese Journal of Communication, vol. 13, no. 3 (July, 2019), pp.329-343.

性格上有明显的瑕疵。[①] 同样在《战狼Ⅱ》中塑造的也不是一个完美无缺的、神性的英雄人物，他们的英雄角色塑造既满足人们对崇高人格的期盼也符合作为个体具有普通人性格的人性特征。

而不同于《战狼Ⅱ》中的“真男人”冷锋，《雄狮少年》的主角阿娟是个瘦小、软弱的“病猫”，是个不起眼的草根青年，故《雄狮少年》塑造了国家范式下的另一种中国式英雄——“成长式英雄”。在《雄狮少年》的正片中，文字符号“病猫”共出现 9 次，如“我们堂堂醒狮队，被你这只病猫挡了道”“看你这个病猫样”“别再做一只被人欺负的病猫了”。与之相对，文字符号“雄狮”共出现 17 次，如“不管面对什么对手，雄狮都要战斗到底”“只要鼓点还能在心中响起，我们就是雄狮”“我们永远要做一只雄狮啊”。然而，“病猫”一词几乎只在电影前半段出现，“雄狮”则集中出现于后半段，且次数明显多于“病猫”。“病猫”象征着中华民族的“过去式”，“雄狮”则是“现在式”。但是，从“病猫”到“雄狮”的自强形象与近现代中国人在西方人眼里的形象有着千丝万缕的关系。“病猫”让人联想到“病夫”或“东亚病夫”，“雄狮”又与“睡狮”相近。在很长一段时间中的集体记忆符号里，“东亚病夫”被视为西方人恶意嘲讽中国人体质的歧视用语，但当“病猫”成长为“睡狮”则是西方伟人拿破仑对汉族或中国人集体潜在力量肯定性的描述。[②]

从《战狼Ⅱ》和《雄狮少年》中英雄形象塑造的方式可知，之于“自塑”，他者是一个对立的实体，一个参考系统，一个要学习的对象，一个测量点，一个要追赶的目标，一个亲密的敌人。[③] 所谓中西二元对立话语模式下的“自塑”与“他塑”并不是绝对对立的，“自塑”与“他塑”的界限是模糊的。中国在经历了数百年的“自我西化”后，在综合国力大幅上升的今天，中国人急需探索自我的民族性。对待文化身份危机，无论是个体、群体还是国家，自塑的目的是获得一种明确的、自信的文化身份，[④] 在与“他塑”的对抗中获得自我形象的合法性与安全性。

同样都是中西交错杂糅式中国英雄个体形象，为什么《雄狮少年》会引发不小的舆论争议呢？本文认为相比此前成功案例大抵都是可以将中西文化内核融合得较为恰当，而相比而言《雄狮少年》则有可能陷入了“自我东方化”认知误区的泥潭之中，用西方他者塑造的“眯眯眼”贴在人物形象的塑造上，按照他者的文化模式来捏造想象中的“自我形象”，有刻意迎合西方他者审美之嫌。这就像是在抗议队伍里出现了某种二律背反，让人感觉被自己所反对的事物主导了。即使《雄狮少年》的制片人张苗表示之所以这样

① 阿郎：《21 世纪伟大电影之古典主义最后的荣光〈指环王〉》，2019 年 5 月 1 日，https://shop.vistopia.com.cn/article?article_id=111255&share_uid=n8_yK，2022 年 6 月 10 日。

② 周游：《国族符号、“自我东方化”与国族想象》，《史林》2014 年第 6 期。

③ Chen, K. H, Asia as method, Durham: University of Duke Press, 2010, pp.216.

④ 刘铁：《动漫产业的文化身份认同与挑战》，《现代传播（中国传播大学学报）》2010 年第 6 期。

设计是为了告别美漫、日漫的浓眉大眼，另辟蹊径式地定下一种“非滤镜审美”风格，然而观众对此似乎并不买账。

四、反思与建议

综上所述，中国人形象的“他塑”是矛盾的，“眯眯眼”形象既是西方人眼中东方美的典型，也是被歧视对象的身体符号。某些影视传播中呈现的中国人形象“自塑”符号充满了矛盾，在标榜民族性的同时又与“他塑”相互交织，呈现“文化交错杂糅”的状态。因此，“眯眯眼”争议应置于“他塑—自塑”辩证语境中去看待。

一方面，国人对“眯眯眼”形象的抵制是一次极力扯下“东方式标签”的集体行为，换言之，中国人的形象应该由自己定义，折射出中国人自我形象意识的觉醒。有觉醒，才有危机感；有危机感，才有进步。这无疑是“文化自信”和“中国文化走出去”的好兆头。另一方面，“他塑”是他者以其自身为中心对中国人展开想象，因而缺失、偏见、误解、歪曲难以避免。[①] 当“眯眯眼”形象被西方固化后，其所投射的东方形象已经没有真正的历史性可言，它们的再现只不过是一种简单的再生产。[②] 过去，国人或许还没有意识到西方人塑造的“眯眯眼”对民族的歧视与敌意，因此并没有出现大规模的口诛笔伐，可以说这是在文化还不够自信的前提下对西方他者塑造的自我形象的被动接受状态；现在，《雄狮少年》中的“眯眯眼”在国内社交媒体迅速掀起“辱华”风波，却是另一种形式的接受，一种经过反思后的批判式接受。

为了更好地让中国文化走出去，我们应坚持“内在”的“文化自觉”和“文化自信”，注重自我形象的内涵表达，而不是仅追求“外表”迎合他者的审美口味。在中国人自我形象“自塑”之路上，文艺传播工作者及研究者可以思考这样一个问题：中国人的自我形象是否必须借助他者目光？或许这可以为中国人重新尝试建立一个可信、可爱、可敬的中国形象提供一个新的思考方向。

---

① 于小植:《“中国形象”的他塑历程与自塑路径》,《华夏文化论坛》2021 年第 2 期。

② 阿里夫·德里克:《中国历史与东方主义问题》，陈永国，译，北京：中国社会科学出版社，1999 年，第 74 页。

意象中国:《航拍中国》系列纪录片的技术美学

巴胜超　慈　湘 *

（昆明理工大学艺术与传媒学院，云南昆明，650500）

摘　要：中国意象的塑造是中华文化传播的重要内容。纪录片所塑造的文化意象具有客观真实的特点且传播效果显著，拍摄以《航拍中国》系列纪录片为代表的影像作品，是中国意象塑造的有效方式。《航拍中国》俯瞰视角下的中国意象，呈现出色彩美、秩序美、空间美、奇观美等审美体验。依托于动静结合、虚实相生、诗意思维、声临其境等中华民族传统美学理念,《航拍中国》带来了中国意象的“天眼”视角和视听语言的奇观。

关键词：航拍中国；纪录片；影像构图；意象营建；技术美学

随着消费级航拍无人机的兴起，航拍影像不再是大型专业影像团队的专属，轻便、易操作、价优物美的“上帝之眼”航拍器在诸多综艺节目中大行其道。纪录片的拍摄中，航拍也逐渐成为影像制作的“标配”。如何利用航拍技术，避免“为航拍而航拍”的误区，营建独特的纪实影像美学？本文以《航拍中国》系列纪录片为例，细读其影像构图所呈现的审美体验，分析航拍摄影与“美丽中国”意象营建的基本方法，对航拍类纪录片的技术美学进行归纳与反思。

《航拍中国》系列纪录片，是中央广播电视总台推出，央视纪录国际传媒有限公司承制的航拍纪录片，以空中视角俯瞰中国，涉及 23 个省、5 个自治区、4 个直辖市和 2 个特别行政区，共计 34 集。① 随着《航拍中国》系列纪录片的开播，“开启空中视角”“看前所未见的中国”“一同飞越”“一起天际遨游”的航拍影像，开启了航拍时代的纪实美学，彰显着中国独特的地理景观与审美理念。

---

* 作者简介：巴胜超（1983— ），男，云南曲靖人，昆明理工大学艺术与传媒学院教授，博士生导师，云南省万人计划青年拔尖人才入选者。研究方向为民族影视学、传媒人类学；慈湘（1998— ），女，河南南阳人，昆明理工大学艺术与传媒学院艺术学理论专业 2020 级在读硕士研究生，研究方向：民族艺术理论。

基金项目：本文系国家社科基金特别委托项目“中国节日影像志”子课题（YXZ2017024）的阶段性成果。

① 央视网:《纪录片〈航拍中国〉简介》，2017 年 1 月 25 日，http://jishi.cctv.com/2017/01/25/ARTIeEGxOVwauRnosfwgJVJS170125.shtml，2023 年 4 月 15 日。

表 1 《航拍中国》系列纪录片概况

名称	首播时间	影像内容
第一季 共 6 集	2017 年 3 月 3 日至 8 日	囊括了新疆、海南、黑龙江、陕西、江西、上海六个地形地貌、气候环境、自然生态各不相同的省级行政区域
第二季 共 7 集	2019 年 3 月 3 日至 9 日	延续了第一季东、西、南、北、中的全方位布局，选取了浙江、四川、内蒙古、甘肃、广东、福建、江苏七个省（自治区）最具代表性的自然、历史和社会发展等方面的内容
第三季 共 10 集	受新冠肺炎疫情的影响，调整为 2020 年 5 月 21 日至 30 日播出	拍摄的省、自治区、直辖市为河北省、吉林省、山东省、山西省、安徽省、湖南省、天津市、云南省、贵州省、宁夏回族自治区，着重从自然、历史、人文和发展四个方面进行景观呈现
第四季 共 11 集	2022 年 11 月 7 日（《台湾》一集还未更新）	选取了北京、广西、青海、湖北、香港、西藏、澳门、辽宁、台湾、重庆、河南 11 个省级行政区，地理位置跨度大，展现了当地的自然生态、文化景观、社会发展和人们的生产生活情况

一、天眼：俯瞰视角的影像叙事

《航拍中国》是直接以摄影技术词汇命名的纪录作品。从影像艺术角度看，航拍，最大的特点在于从“上帝之眼”“天空之眼”回望我们所栖息的大地。俯瞰视角，是航拍影像构图的技术优势和主要角度。从摄像美学角度看，航拍俯视挑战了传统“俯拍可能造成压抑、低沉氛围”[①] 的可能性，经由多样化的影像构图与叙事，呈现出独特的“天眼”视效；在这一系列纪录片中体现为通过不同层面的色彩协调与构图中的有序秩序，形成了空间性、奇观中的“意象中国”。

（一）点线面的色彩美

从太空俯瞰，地球整体是一个蔚蓝色的星球，而《航拍中国》所呈现的大地，则色彩斑斓、多姿多彩。新疆和硕县大地上晾晒的红辣椒和巨型“五星红旗”（红辣椒拼图）；海南三沙市仿佛大海的瞳孔的“蓝洞”（永乐龙洞）；山西大同市由 17 万块太阳能光伏板组合成的发光的熊猫电站；运城盐湖中，杜氏盐藻呈现出红色，与周围的盐田表现出不同的色彩搭配，色彩斑斓，不断变化；伊犁哈萨克自治州的杏花沟，迫不及待地绽放，大片的粉红杏花与穿行其间的羊群，是伊犁人现实版的“三生三世”；黑龙江哈尔滨市的冰雪大世界，在五彩灯光下的梦幻城堡、拖拉机雪橇、冰上龙舟；安徽皖南人共同的记忆“晒秋”，在航拍视角下，呈现出小巷、溪水的蜿蜒线条，秋天收获的食物与人们头

① 许南明：《电影艺术词典》，北京：中国电影出版社，2001 年，第 331 页。

顶的圆簸箕，点线面在航拍镜头中交织变换。白云之下，大地以点、线、面的新奇形象，刷新着观众的视界。

总有一些风景，是我们想象到达不了的地方，图形、线条的背后，是上天造物的秘密，而《航拍中国》将天地造物的秘密形象化。垂直俯视视角下，我们得以重新认识生活的地理空间，俯瞰如叶脉般“纤细”的山脉河流；感受大江大桥，犹如“丝线”在山间穿凿；感受高铁速度，经过崇山峻岭间的隧道在山间自由穿行；水云间梦幻的河流、高山、低谷；新疆哈萨克族牧民转场，逆风而行的羊队；江西南昌，此岸的滕王阁与彼岸的城市高楼，跨越时间的对话；海南文昌的椰林长廊、江西赣州的上堡梯田，铺展开来，镜头的交叠幻化，使我们重新认知了中国的“地大物博”。唐诗中“白日依山尽，黄河入海流”的文学意象，在航拍器的观察下，以具象的黄色的黄河水与青绿的渤海水交汇的“水际线”，尽收眼底。宏观的写意与微观的细节交错并行，给予观众“一镜一景”的新鲜体验。

（二）混乱中的秩序美

影像构图的经典著作将构图的本质定义为“从混乱中找出秩序”①，《航拍中国》影像构图的第一要务，也是如何在经由人类改造过的“混乱”的大地上找出秩序。改革开放以来的中国，在城市化、工业化建设过程中，大量人工建筑铺装在田野间，蓝色的铁皮顶、红色的广告标牌、瓷砖铺就的城中村，是中国大地上的“流行色”，如何避开这些相对混乱的人工建筑，呈现一个观众既熟悉又新鲜的美丽中国、生态中国？“低空飞行”是其方法之一。例如《航拍中国》第三季第一集《云南》“昆明教场中路的蓝花楹”段落，呈现了1000多株外来的蓝色植物装点昆明春天的视觉盛宴。昆明教场中路是一个老旧的片区，多为20世纪80年代的老旧建筑，交通拥堵，市容较乱。而《航拍中国》在处理这个影像段落时，构图上尽量避免航拍最擅长的高空俯视，而是以行人、电动车、公交车为背景，从中近景取景，让画面前景被蓝色的花瓣包围，观众被罕见的蓝色花瓣所吸引，自然忽视了混乱小区的斑驳旧影。景象之间的出现也存在联系，例如在第三季《天津》的影像段落里，画面中包含着天津站钟塔、解放桥、大沽桥等建筑，镜头缓慢向钟塔右侧移动，解放桥逐渐位于中间，为后面展现解放桥的全景、介绍其重要作用作铺垫。

细看《航拍中国》系列，其以景点为拍摄对象，避开混乱，摄制夜景，营造秩序之美的构图方法，主要集中在对城市空间的俯瞰上，其中最为典型的案例，非《航拍中国》第一季第六集《上海》莫属。全片以苏州河、黄浦江为线索，由六段旅程构成，涉及的景点如表2所示：

---

① 本·克来门茨、大卫·罗森菲尔德：《摄影构图学》，姜雯、林少忠、李孝贤，译，北京：长城出版社，1983年，第16页。

表 2 《上海》涉及景点

景点
(1) 吴淞口及灯塔、长江、黄浦江及两岸建筑（标志为西式建筑）、上海外滩信号塔、海关大楼、汇丰大楼、南京路（夜景）
(2) 苏州河、外白渡桥（苏州河终点）、苏州河河口水闸、黄浦江、上海当代艺术博物馆、外高桥船厂（2 号船坞）
(3) 朱家角古镇（放生桥），龙华古寺（龙华塔），豫园（九曲桥、豫园灯会），石库门（上海新天地北里、中共一大旧址），摩西会堂旧址（上海犹太难民名单墙、“风雨同舟”纪念雕塑），上海影视城
(4) 秦皇岛路渡口码头、杨浦大桥、卢浦大桥、陆家嘴、东方明珠广播电视塔、上海市证券交易所、金茂大厦（金茂云中步道）、上海环球金融中心、上海中心大厦（风力发电机组）
(5) 人民广场、上海市博物馆、上海市政府大楼、人民公园（相亲角）、上海迪士尼乐园（奇幻童话城堡）、上海野生动物园、浦南林地、上海奥迪国际赛车场、新江湾城 SMP 滑板公园、淀山湖、东方体育中心（月亮湾）、上海体育场、立交桥
(6) 崇明岛（北湖），东滩湿地（东滩鸟类保护区），飞机楼，中国商飞总装制造中心（大场基地、浦东基地），佘山，上海天文台，天马望远镜，东海大桥，上海港（洋山深水港区）

在 50 分钟的旅程中，对以上景点的记录只可能是“浮光掠影”，如同城市明信片的动态展示，以航拍技术将散乱的景点串联起来，勾勒城市的基本模样。影像构图多为航拍全景、远景，对于建筑较密集的南京路、外滩，则加上夜景航拍，以城市的霓虹灯进行构图。

（三）俯瞰视角的空间美

无论是《航拍中国》第一季“用鸟儿的视角带人们直上云霄，体验了超乎想象的美丽中国”，抑或《航拍中国》第二季“将镜头拉高到人们平时无法到达的地方，看见专属于高空的奇观”，再或者《航拍中国》第三季“一起飞越”的邀请，第四季以“云端旅游”般的方式使人们领略不同选点的影像之美。《航拍中国》系列纪录片从俯视角度，为观众塑造了一个“意象中国”。

从影像叙事角度看，《航拍中国》每集 50 分钟，其基本叙事框架如下：(1) 开篇对所拍省、自治区、直辖市的地理概貌进行概述，以江河山川对地理地貌的影响为核心，为观众提供一个宏观的地理印象；(2) 全片以散点俯视为结构方法，分为多个板块，每个板块由 3—5 个景点构成，解说词以“导游”的方式，带领观众一一领略景点的人文、历史、自然等典型要素；(3) 全片的尾声对每个地区当下的经济、生态概况进行归纳，达到展现美丽中国的艺术目的。因时长所限，《航拍中国》系列纪录片描绘大美中国时，不可能进行深度挖掘，只可能在广度和精度上进行经营。

广度，指作品涵盖的景点数量多，摄制组每集踩点 100 多个景点，实际拍摄 50 余个景点，在后期制作时再根据叙事内容继续精简。精度，指作品在摄影技艺运用、景点的经典时刻呈现方面的独具匠心。《航拍中国》大量运用VR全景摄影，无论是传统古村落的民俗节日，还是城市空间的高楼大厦，都可以呈现360度无死角的视觉体验。片中大量使用升格镜头，将疾驰的奔马进行慢速剪辑，大量使用航拍延时，呈现自然空间的云卷云舒、城市灯火的闪耀夜幕。片中“正扣＋旋转＋拉升”的镜头组合，使观众沉浸在一种“发现式”的观影体验中。即空中拍摄和多视角、视点的转换打破了观众的视野局限，使其从中发现、领略中国地理的空间之美。

（四）天际下的奇观美

正如《航拍中国》系列纪录片的片头解说所言:“你见过什么样的中国，是960万平方公里的辽阔，还是300万平方公里的澎湃，是四季轮转的天地，还是冰与火演奏的乐章，像鸟儿一样，离开地面，冲上云霄，结果超乎你的想象，前往平时无法到达的地方，看见专属于高空的奇观，俯瞰这片朝夕相处的大地，再熟悉的景象，也变了一副模样，从身边的世界，到远方的家园，从自然、地理，到人文、历史，50分钟的空中旅程，前所未有的极致体验，从现在开始，和我们一起，天际遨游。”[①]《航拍中国》基于航拍无人机、VR摄影机、高分辨率遥感卫星拍摄等高科技影像设备和技术，以高空俯瞰的角度，全景式地真实还原中国的地域风光，是影像版的“中国国家地理”；作品以地理范围为界线，讲述中国人的传统文化地理，并在文化地理的呈现中同时带入其他相关的人文、历史、科技、生活等方面的内容。

与其他纪录片、综艺真人秀节目使用航拍呈现事物的视角（诸如《爸爸去哪儿》中外景游戏竞技中的航拍、《舌尖上的中国》中食物采集制作的自然地理风貌航拍）不同，《航拍中国》是以天际、天眼、宇航员的视角来呈现中国地理的。一种曾经专属宇航员的视角，在载人直升机、无人机的带领下，成为每一个普通观众都能体验的视角。曾经出现在地理课本中的诸如“中国地势西高东低，呈阶梯状分布”“雄伟的高原、起伏的山岭、广阔的平原、低缓的丘陵，还有四周群山环抱、中间低平的大小盆地”等抽象的地理概念，在无人机的带领下，以具象的、宏观的、奇观的影像呈现。如福建九曲溪围绕山间蜿蜒，人们坐在竹筏上赏景，解说词中是朱熹的经历，由他作的诗句自然过渡到玉女峰；镜头缓缓从背面的山峰转向正面，景观被赋予了人文历史的深度。宁夏鸣沙镇由运水车连接着外界与当地，纪录片拍摄多段不同时间的同一场景，记录了从灌溉到西瓜成熟、人们收获的画面；镜头由近到远逐渐拉开，视觉重心从小的西瓜到广袤的地区，对比之下，中国的形象更加具象、温情。

除了捕捉地面无法看到的景致，《航拍中国》还大量运用“一镜到底”技法，呈现视觉的自由穿梭。例如在《浙江》一集中，借助飞行器，从万米高空到鱼塘水底，一镜到底，直观呈现了荻港村“水塘养鱼、塘基种桑、桑叶养蚕、蚕沙喂鱼、鱼粪肥桑”的生

① 《航拍中国》第一季的片头解说词。

态循环农业模式。航拍无人机对拍摄对象具有较小的打扰性，在呈现自然界中精灵般的动物时，往往能获得意外的视觉奇观。如陕西秦林的原始森林里全球唯一的棕色大熊猫终于有了彩色照片；海南南湾的猕猴，难耐酷暑，在游泳池中如同人类一样“仰泳”。城市空间的天际线，在航拍中才能领略其差异，例如雨后天津摩天大厦的奇观，还未散去的低云，久久弥漫在城市的楼宇间，将城市分割为上下两半，云层之上，是天津最年轻的也最梦幻的摩天大厦；云层之下，海河、街道、建筑和人，铺陈出天津的繁荣和生机。

二、意象：美丽中国的影像营建

《航拍中国》系列纪录片，试图通过航拍影像，塑造一个美丽、生态、文明的中国意象，动静结合、虚实相生、诗意思维、声临其境的传统美学理念，与最新航拍科技相结合，共同营建着中国特色的影视艺术表达。

（一）动静结合

航拍虽然摄像机本身处于运动状态，但因与拍摄对象的距离较远，不容易捕捉人和事物的动态、情绪，容易陷入照片的静态呆板。在中国传统美学中，“动”“静”是关于艺术创作的精神状态与审美的心理效果的一对范畴，“动”有运动、变动、行动等含义，“静”有安静、静止、虚静等含义。如朱熹所言：“动静二字，相为对待，不能相无……若不与动对，则不名为静；不与静对，则不名为动矣。”[①]《航拍中国》系列纪录片，注重在航拍中极力捕捉动态元素，实现“动静结合”的影像意境。《山西》一集中的“黄河”段落，最能体现《航拍中国》“动静结合”影像营建的艺术表达。拍摄黄河两岸的河灯节时，纪念亲人逝去的河灯与夜幕下闪着幽光的黄河水，共同抒发着悠远感伤的情绪；壶口瀑布的激荡与黄河石楼湾（黄河上转的弧度最大的湾）的宁静，将黄河顺着山间蜿蜒盘旋的千姿百态呈现出来。该片在涉及从高空对桥梁、道路、河流、梯田、土地等进行拍摄时，均会在画面中呈现正在行进的车辆、船舶、动物、人等动态元素，再加上无人机本身的移动、旋转、升降，形成一种影像的流动感。

（二）虚实相生

纪录片，本质上是纪实的，即使是航拍类纪录片，也大多呈现出强烈的纪实性。比如与《航拍中国》同类型的《航拍美国》系列纪录片，在影像语言上表现出明显的真实性。而《航拍中国》，在完成中国地理的记录功能时，还大量采用中国山水绘画中的“虚实”理念，使影像呈现出“虚实相生”的审美意境。最典型的例子，是片中对中国名山大川的崇高之美的记录，以《航拍中国》第三季第二集《安徽》中呈现的中国文化的重要地理符号——黄山来说，片中呈现了雾气中的黄山，冬天冰雪覆盖的黄山，一幅幅水

① 朱立元：《艺术美学辞典》，上海：上海辞书出版社，2012 年，第 545 页。

墨山水的意境之美徐徐展开。既符合黄山在中国人心中的文化定位，也反映出中国人对影像审美意境的追求。这类手法也用于表达在场者的感受，如《航拍中国》第四季第六集《西藏》中，首先介绍拉萨时选择昏暗光线下的全景，通过环绕式巡视的角度展现房屋、山脉、河流等若隐若现地存在于天地之间，凸显高海拔和低气压所带来的压抑之感，再以亮度较高的画面介绍此地的学校、雪山等具体景象。虚实相生的风格在一定程度上引起观众的好奇心，也使得影像具有节奏感的光影变化。

（三）诗意思维

诗意思维是从中国古代诗歌中延伸而来的“我们民族在长期生存发展的环境中所形成的、相对稳定的、普遍起作用的具有文化艺术特质的思维习惯、思维方法等思维活动的总称”[①]。在语言方面，其体现在解说词的诗意中。押韵、对称、比喻等修辞与影像相辅相成，如《四川》一集中将阿坝藏族羌族自治州的一世界级的钙华景观比喻为一条金色长龙，画面是横移的俯瞰、瀑布湍流。在影像创作的想法中，将中国地图按照省份划分为不同的板块，叙事围绕其展开。首先，三维动画描绘出这一省份的位置，逐步用不同颜色凸显地理情况。然后移动的飞机勾勒出介绍地点的顺序，在每段讲解前出现，下一个地点大多沿着上一个地点的河流等地形地势。影像也潜移默化地引导观看主体对善美认同与遵循，无论是人，还是象、猴、鸟等动物，都是自然万物的一部分，生命之间相互尊重、交融与和谐共生。

影像中的时代变迁、古今对比，实则言有尽而意无穷，立体地呈现历史和现实图景之间的因果联系，表现国家的发展，呼唤出人们的爱国之情。

（四）声临其境

航拍无人机因为摄制高度问题，所采录的同期声多为风声，基本不可用，如何在后期制作时，对航拍影像进行声音创作？《航拍中国》系列纪录片以解说、音乐和“同期声”三种声音的综合处理，为观众带来声临其境的视听效果。“声音符号与听众的自我认知、集体记忆、身份认同、社会环境之间存在着相关的逻辑关联。”[②]《航拍中国》的解说词向观众介绍所拍区域的地理、历史、人文等基本常识，帮助他们将自身已有经验与眼前画面联系起来，加深“本地观众”的群体归属感；还试图以“导游”身份，带领观众一起踏上空中之旅，在每集的多个段落中，解说词都会为观众介绍接下来将要拜访的目的地和游览线路，然后一个个景点依次呈现，观众的“游客”身份与解说词的“导游”身份，无疑拉近了该片与观众的心理距离，似有一种“身未动心已远”的观影体验。音

① 吴瑞霞:《论中国古代文学体裁的诗意性与诗意思维》,《华中科技大学学报（社会科学版）》,2003年第1期。

② 杨璠、林倩:《集体记忆与身份认同:〈黄河谣〉的声音符号分析》,《中华文化与传播研究》2021年第2期。

乐，在《航拍中国》系列中主要起到对所拍景物进行气势烘托、情感提升的功能，与其他纪录片的处理方法并无太大差异。相比而言，对航拍影像进行“同期声”的还原，是《航拍中国》系列纪录片的一大特点。例如，在《吉林》一集中为行进中的飘雪配上的模拟的落雪声，《贵州》篇中峡谷中荡秋千的惊叫声，《海南》篇中海陆交接处的海浪声等，均以对现场声音的再加工，结合航拍影像，让观众有“身临其境”之感。

三、航拍类纪录片的技术美学

技术美学，原本是以工业品的艺术设计为主要研究对象的理论科学，在此笔者将其引入航拍类纪录片的讨论，基本依据为：一方面，航拍无人机是人类科学技术发展的当下代表之一，航拍影像是基于技术基础上的影像艺术，航拍技术对作品的艺术表达起着支撑作用；另一方面，航拍类纪录片多从宏观视角对人、事物进行视觉奇观方面的记录，充分体现为一种技术影响下的美学取向。

（一）技术与艺术

以技术美学概念对《航拍中国》系列纪录片进行关照，航拍技术帮助人们实现了像鸟儿一样俯瞰大地的梦想，呈现了诸多令人耳目一新的视觉奇观，但也留下了一些“遗憾”。诸如：航拍中国，远观大地，有宏观的壮丽、雄奇，却较为缺少微观的细腻、生动；从天空的视角俯视万物，在影像层次上，虽有视野的无限自由，但也造成了影像景深的消失；在航拍无人机与动物、人类的互动过程中，虽有镜头与拍摄对象的动态影像，却欠缺微观情感的充分表达。这也促使我们思考：航拍类纪录片，如何在高空俯视的视觉技术盛宴中，更好结合地面平视的人文体验？

（二）美景与情感

以“美景”标准来观看《航拍中国》，每一帧影像都似《中国国家地理》专业摄影师的风光照片，受众反馈中最多的也是作品中美景的连番呈现。除了美景带来的视觉享受，《航拍中国》系列纪录片在情感共鸣上，却不尽如人意。虽然全片试图从空中去捕捉一些人间的美好情感，例如《贵州》篇中千户苗寨万家灯火、天伦之乐的晚餐氛围，贵州茅台镇酒坊车间的劳作场面，但与全片相比，仅是零星且转瞬即逝的。如何在美景之中，融入以情动人的典型故事情节？

（三）记录与批判

在影视艺术中，纪录片最为可贵的特质是对现实的批判精神和人文关怀。纵观《航拍中国》系列纪录片，片子以全新的视角，俯瞰今天的中国，具有对现实中国社会、经济、文化、生态的当下关怀，但是缺少批判精神。“纪录片需要肩负起偏重于共时性

（Synchronic）的政治与社会责任……历时性（Diachronic）的文化责任。”[①] 航拍技术带来了视听盛宴，也带来了某种视觉的平权，《航拍中国》让普通观众拥有了宇航员般俯瞰世界的权利，但不可否认的是，我们生活的大地，仍有诸多类似纪录片《难以忽视的真相》中呈现的污染、破坏，航拍视角对中国发展过程中“负面”影响的忠实记录，是否更能激发我们守护生态中国、美丽中国的责任？

四、结论

近年来，以“中国”为主题的纪录片，数量和质量都蔚为大观。如以食物为主题的《舌尖上的中国》系列纪录片，为观众呈现了采集、捕捞、制作、调和食物的生态过程；以文化遗产为主题的《手艺中国》《世界遗产在中国》等纪录片以中国特有的传统手工艺、自然遗产、非物质文化遗产为对象。《航拍中国》系列纪录片，以独特的拍摄视角，从空中俯瞰中国，必然成为中国纪录片历史上不可或缺的一部佳作。

从航拍影像的类型化角度看，《航拍中国》系列纪录片，全片都采用航拍镜头，开阔了纪录片的拍摄视角，也保证了“航拍中国”的纯粹性，但也在一定程度上陷入了“为航拍而航拍”的技术迷思中，缺少对拍摄对象的人文关怀和对现实发展的批判精神。基于自媒体、短视频思维，《航拍中国》采用了导游讲解式的叙事模式，描绘、概述居多，虽在结构上相对清晰，但也使整个片子呈现出碎片化、片段化的特点。

总而言之，航拍类纪录片的创作，在视觉奇观的营建上，应结合中国传统艺术美学的思想理念，增加对景物之情感性的记录描述，既描绘客观物象，也抒发主观情思，使“神与物游”[②] 达到主客观相互交融的境界；在精神价值的塑造上，应发挥纪录片对现实的记录和批判功能，“直击社会转型中的热点与痛点问题，创作出与人民和时代同频共振的作品”[③]；在故事叙述上，既要考虑融媒体、自媒体时代观众收视的“短视”[④] 特征，采用分段式影像叙事，也要考虑航拍对象中人物、事件的内在联系，探索影像叙事的多元模式。

---

① 李承志：《“儒学”与“纪录片”的解构性比较——试论二者的共通互济关系》，《中华文化与传播研究》2022 年第 2 期。

② “神与物游”本为刘勰《文心雕龙·神思》中的美学观点，在此指航拍影像作品中应加强对拍摄对象情感的记录。

③ 闫伟、张佳欣、邵将：《现实题材电视剧的“伪现实”现象批判》，《重庆交通大学学报（社会科学版）》2019 年第 6 期。

④ “短视”意指因为观众的碎片化阅读习惯，影像作品多以短片为主，长片也以多个短片段落结构全片。

流域文化传播与华夏文明

主持人语

水是人类生存之本、文明之源。不仅黄河、长江是滋养中华民族的母亲河，是中华文明的摇篮，且其他流域也共同形塑了中华民族多元文化样态。因水运而形成的黄河文化带、长江文化带、大运河文化带、“珠江—西江”民俗文化带等，这些流域文化带集聚了丰富的历史文化遗产，展现了华夏文明的独特性和文化的多样性，是见证和凝聚中华民族精神的重要载体。

流域文化是以河流为载体的人—地—水相互作用的自然—社会信息共生的文化共同体，是群集的文化空间单元。从文化的发生角度看，流域就是一条条的文化赖以起源、演化、传播、交融与发展的时空通道；从整体观的视角看，流域还是一个体系架构，由大大小小的流域线条网络形成一个个的区域扇面；就社会内涵而言，流域是一个问题域，集结了诸如生态、人口、资源、民族、族群关系等各方面的问题；从方法论角度讲，流域文化研究是一种认知范式，可以超越“边缘—中心”的理论范式。正因为如此，流域人类学作为一种跨学科的研究，能够极大地帮助我们实现文化整体观的目标。流域的研究、流域的视角、流域的方法，或许能够真正推动人类学成为一套完整的知识体系[①]。

---

① 田阡:《重观西南：走向以流域为路径的跨学科区域研究》,《广西民族大学学报（哲学社会科学版）》2016 年第 3 期。

本栏目三篇论文可以看作对流域文化传播与华夏文明关系不同层面的探讨。第一篇从中华民族共同体建构的共同性、互嵌性、共生性三个维度，分析长江文化与大运河文化的要素重叠、纽带联结、功能依存等内在关系。第二篇基于长江国家文化公园的建设视域，分析和提取出数字时代下长江精神，并将其价值归结为民族品格和时代发展精神价值的结合。第三篇是探讨黄河流域典型文化代表——黄帝文化的内涵，结合现代精神的阐释，提出其自强不息创造精神、建功立业有为精神和无私奉献民族精神的现代表达的核心意涵。三篇论文呈现了跨学科、跨领域、跨文化的思想交流，在不同流域构筑的物质家园中寻求中华民族共同的精神家园，以此坚持文化自觉，坚定文化自信，坚守文化信仰。

（扬州大学新闻与传媒学院教授 秦宗财）

中华民族共同体认同视域下长江文化与大运河文化的关系研究

秦宗财*

（扬州大学新闻与传媒学院，江苏扬州，225009）

摘　要：要素重叠、纽带联结、功能依存是共同体形成与维持的基础所在。在中华民族共同体建设的特定语境之中，三者分别对应于中华民族的共同性、中华民族的互嵌性、中华民族的共生性的构建问题。在中华民族共同体建构的共同性、互嵌性、共生性三个维度，长江文化与大运河文化具有要素重叠、纽带联结、功能依存的特征。新时代推进长江、大运河国家文化公园高质量建设具有重要价值和意义，担负着中国式现代化进程的重要使命。

关键词：中华民族共同体；认同；长江文化；大运河文化；关系

基金项目：沪苏浙皖“长三角高质量一体化发展重大问题研究”专项（项目号19CSJ007）

“在日常用语中，共同体指的是特定地区的人们的结合体，它可以是一个村庄、城镇、城市甚或一个国家。然而作为一种政治或社会原则，共同体一词表示的则是一个建立在友谊、忠诚和义务等联系基础上的具有很强的集体同一性的社会群体。”[①]中华民族共同体意识是在“大一统”思想一脉相承下，历经天下观和近代中华民族观的演变，向新时代转型和跃升的共同体意识[②]。从这一意识的形成和发展过程来看，中华民族共同体意识是一个内涵高度浓缩、极具抽象性的意识集合体。作为一种意识，中华民族共同体意识的核心在于共同体认同，而这一认同并非人们自发形成，需要遵循人的思想活动规律，在一定情境和实践活动过程中循序渐进地生成和巩固。从心理学视角看，中华民族共同体

---

* 作者简介：秦宗财，教授、博士生导师，扬州大学新闻与传媒学院副院长，长江文化研究院副院长。研究方向：文化传播。

① 安德鲁·海伍德：《政治学核心概念》，吴勇，译，天津：天津人民出版社，2008年，第151页。

② 严庆、平维彬：《“大一统”与中华民族共同体意识的形成》，《西南民族大学学报（人文社会科学版）》2018年第5期。

意识是“人们在社会化过程中形成的对中华民族共同体的认知、情感、态度、评价和认同等一系列心理活动的总和”[①]，可通过“认知体验、价值信念和行为意愿”[②]三要素构筑，并能在“认知—情感—意志”的链接序列中生成实践行动[③]。由此可见，学界已开始从心理学视角研究中华民族共同体意识的形成。对共同体演进历程、理论脉络的多学科梳理可以发现，共同体由共享价值、共通情感、公共利益、共同身份等联结纽带构建而成，具备彰显集体价值、塑造群体团结、获取安全感、提供意义感等社会功能。概而言之，要素重叠、纽带联结、功能依存是共同体形成与维持的基础所在。在中华民族共同体建设的特定语境之中，这三者分别对应于中华民族的共同性、中华民族的互嵌性、中华民族的共生性的构建问题[④]。基于上述认识，本文依据心理学原理的“认知、情感、意动（意志和行动）”[⑤]三个阶段，尝试从中华民族共同性、互嵌性、共生性三个维度来研究长江文化与大运河文化之间的关系。

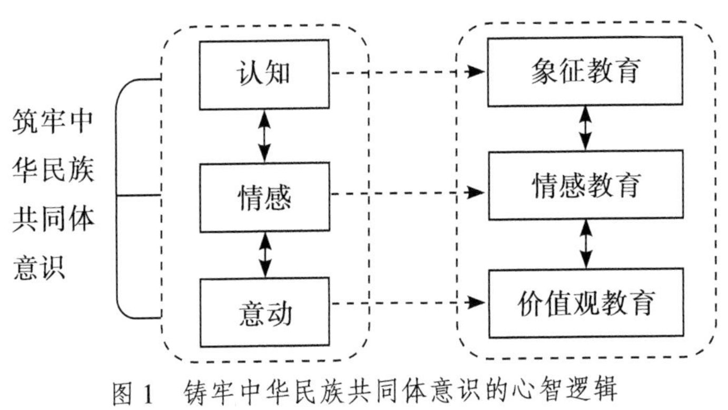

图 1　铸牢中华民族共同体意识的心智逻辑

一、中华民族共同体认同视域下长江文化与大运河文化的要素重叠

“要素叠加”指的是共同体中各个要素之间具有着重复或相似的特征，这些特征构成了共同体的基础，它们是共同体形成和维持的关键因素。毋庸置疑，共同体成员之间有着密不可分的联系。如果没有共同性，就无法建立和维持一个共同体。共同体是建立在共同性基础上的社会群体，它必须不断加强和稳固自己的共同性。中华民族的共同性无疑是中华民族共同体发展的基础，它为中华民族的发展提供了重要的支撑作用。

---

① 青觉、赵超：《中华民族共同体意识的形成机理、功能与嬗变——一个系统论的分析框架》，《民族教育研究》2018 年第 4 期。

② 青觉、徐欣顺：《中华民族共同体意识：概念内涵、要素分析与实践逻辑》，《民族研究》2018 年第 6 期。

③ 于波、王员：《中国特色社会主义文化：“铸牢中华民族共同体意识”的灵魂》，《河海大学学报（哲学社会科学版）》2019 年第 1 期。

④ 郝亚明：《中华民族共同体建设的三个维度》，《西北民族研究》2021 年第 1 期。

⑤ Hilgard, E.R. The trilogy of mind: cognition，affection，and conation. *Journal of the history of the behavioral sciences*，1980(2).

（一）中华民族共同体认同视域下长江文化与大运河文化的共同象征符号

通过象征性符号的感知，中华民族群体可以更好地认识中华民族共同体“是什么”，由此在历史长河中不断形塑一种集体记忆。

从塑造中华文化的历史进程来看，长江和大运河形塑了中华文化的独有精神标识并且深刻地影响了中华民族的发展走向。长江文化、大运河文化分别是以长江流域、大运河流域独特的自然地理和人文地理为环境条件，以历史时期沿线生产力发展水平为基础，数千年来流域内演化形成的具有认同性的两种文化体系，分别代表的是长江、大运河干流与支流相联通、水域与陆域相结合的流域文化共同体。长江作为亚洲第一大河，长江流域是中华民族的发源地，是中华民族的摇篮，滋养了无数中华儿女。在漫漫的历史文化进程中，长江文化不断演变，成为中华民族精神的重要标识。它不仅是一种时间交织的全方位、多维度的历史文化复合体，更是中华民族精神的重要载体。长江文化是以一个以巴蜀文化、楚文化、吴越文化为主体，包含滇文化、黔文化、赣文化、闽文化、江南文化等亚文化层次而构成的庞大文化体系，构筑了中华文化多元一体的特质。大运河也是中华民族共同体认同的重要标志性符号。大运河流域是中国古代最长的人工河道，横跨海河、黄河、淮河、长江和钱塘江五大河系，贯穿北京、天津、河北、河南、山东、安徽、江苏和浙江八个省份，联结了京津文化圈、燕赵文化圈、齐鲁文化圈、中原文化圈、淮扬文化圈、江南文化圈等文化高地，是中华民族伟大创造精神的体现，彰显了中华文明的精神标识和文化精髓。

新时代下长江和大运河，一个是位于中国中部地区、连接东西的文化通道，一个位于中国东部地区、贯穿南北的文化纽带，不仅为铸牢中华民族共同体意识提供了重要的现实载体，而且成为游客追求身份认同的吸引物，为中华文化的繁荣发展提供了精神动力。高质量建设长江、大运河等国家文化公园，是推动新时代我国文化繁荣发展的重大工程，以此擦亮中华优秀传统文化的“亮丽名片”，以此来激活中华民族共同体的身份认同和集体记忆，展现中华文明，提升中国民族自信，塑造国家形象。

（二）从中华民族共同体认同视域下长江文化与大运河文化内蕴的共同情感价值

通过集中展示长江、大运河沿线最具代表性的中华文化重要标识，激活中华民族共同体的集体记忆，激发出中华民族的共同体情感。知识是一种量的积累，而情感则是在这种量的积累基础上，经过质的变化而产生的。长江文化、大运河文化内蕴着中华民族共同体意识的共同情感价值突出体现在如下方面：

一是均具有中华民族优秀文化的综合品质。“海纳百川，有容乃大”，长江文化极具兼容并蓄、融合汇通的文化特质和功能，它能吸纳一切优秀的文化成果，富于创新进取性。在长江文化发展的源头，楚文化、吴越文化均吸纳了中原文化以及其他少数民族文化的优秀文明成果而不断发展壮大，它不仅具有中华文化的共性，而且还有地域独有的文化个性和活力。典型如淮扬文化在形成初期就博采众长，将吴文化的精巧细腻、越文化的返璞归真、楚文化的汪洋肆意熔于一炉。大运河是一条贯穿中国南北的文化长廊，包括水利工程、漕运、船舶、商事、餐饮等多种文化形式。它汇集了京津、燕赵、齐鲁、中原、淮扬、吴越等地区的历史传统文化，为全国各民族各地区的交流与互动提供了重要的桥梁，成为中华文明发展的重要纽带。因此，长江文化、大运河文化均蕴含了铸牢中华民族共同体意识的共同文化基因。

二是均具有中华民族文化形态的开放特征。“不弃尘埃成其大”的成功离不开长江流域文化发展的开放性，它在中华文化重心南移的进程中，主动地接纳中原文化，表现出它开放性的包容态度；而在中华文化的近代化发展进程中，长江流域率先向西方学习先进文化，展示出它开放性的文化发展胸襟，令长江流域的近代工商业发展走在了全国前列。由于长江历史文化具有开放的特性，它在中国传统社会中发挥了重要作用，成为中华文化的重要核心；在中国式现代化进程中，长江历史文化始终保持领先地位，为我国社会的发展做出了积极贡献。大运河不仅仅是中国的运河，更是世界的运河。自古以来，运河一直是人类互联互通、信息共享、交流互鉴的重要象征。随着时代的发展，运河的运输交通属性已经不再像以往那样突出，但它所蕴含的包容性和跨文明合作仍然代表着国际社会共同追求。因此，长江文化和大运河文化都蕴含着一种强大的力量，即接纳性和开放型，这是培育中华民族共同体意识的重要思想基础。

三是均具有中华民族自强不息的文化特质。文化的自强精神是文化发展的基础，它决定着一种文化能否走在时代前沿，并且具有持久的影响力。长江文化就是一个很好的例子，它拥有自强的精神，可以激励人们不断前行，追求更高的目标。自强不息的文化内核，成为长江文化发展中极具活力的文化因子，在长江文化由落后变先进的发展历程中，显示了伟大的力量。典型如江南文化具有自强不息的文化动力，在很长时期得以绵延发展。近代以来，“开眼看世界”为江南人带来了巨大的机遇，他们不断学习和引入西洋工艺技术，为推动我国民族工业的蓬勃发展发挥了积极的作用。改革开放后，从上海浦东的开发开放到苏南模式的成功，江南以海纳百川的宏阔胸襟，引进、消化、吸收国外先进技术与管理经验，直接带动了从江南腹地到长江三角洲，乃至整个长江流域的经济发展。而大运河两千多年来持续地集中人力、物力，催生了一系列杰出的创造与发明，其中蕴含的创造精神和智慧勇气，成为中华民族拓展文明、创造奇迹的精神源泉。因此，长江文化、大运河文化均蕴含了铸牢中华民族共同体意识的团结凝聚、勤劳奋斗的民族精神。

（三）中华民族共同体认同视域下长江文化与大运河文化内蕴的共同价值理性

通过情感培育，中华民族群体形成了一种价值理性，这种理性不仅表现在认识和情感上，更是在持续反省和躬行探索的基石上，产生的内在自觉意愿，它反映了个人对主导意识形态或价值观的自觉性认识，构建了个人内心的社会价值标准与文化精神信仰，从而引导群体将这种人生价值理性转变为社会价值实践，从而为中华民族共同体意识的形成奠定了实践基础。当今，社会主义核心价值理念已成为中华民族共同的文化精神支点和信念，它承担着中华民族共同追求的理想，也是中华民族共同体意志的根本。为了坚定中华民族共同体基本认知意识，我们必须坚定践行社会主义核心价值观，深入挖掘长江文化、大运河文化中蕴藏的共同价值，引导和铸牢中华民族共同体意识。

长江是“中华民族的代表性符号和中华文明的标志性象征，是涵养社会主义核心价值观的重要源泉”，长江文化具有意识形态性。我们需要从国家、社会和个人的多重价值维度去认识长江文化的保护、传承与利用。长江文化彰显的精神情怀与社会主义核心价值观国家层面的价值目标契合，长江文化展示的人文风貌与社会主义核心价值观社会层面的价值取向一致，长江文化蕴含的理念态度与社会主义核心价值观公民个人层面的价值准则同频，因此弘扬长江文化有助于培育社会主义核心价值观。长江文化蕴含着丰富的中华优秀传统文化、革命文化和社会主义先进文化，而这三种文化是中华文化自信的来源，所以弘扬长江文化有利于坚定文化自信[①]。

大运河文化蕴含着丰富的社会主义核心价值观文化基因。大运河文化蕴含着勤劳勇敢、自强不息的民族精神，前赴后继、不怕牺牲的爱国情怀，厚德载物、自强不息的和合理念，道法自然、天工开物的思想智慧，经纬中国、运通华夏的统一信念，继往开来、复兴盛世的政治追求，大道之行、止于至善的文脉理想等核心价值与精神内涵，

长江、大运河交汇之地孕育了江南文化，江南文化历经几千年经久不衰，不断传承和裂变，已经成为长三角地区的共有基因和精神纽带。在经济建设上，江南文化所蕴含的开放包容、开拓创新的文化精神，成为推动长三角地区突破禁区、抓住机遇的最深沉、最持久的力量；在文化传播上，从西周仲雍让国南来，到春秋言偃北学南归、文开吴会，江南文化代代传承，逐步形成了“崇文尚学”“家风世泽”“兼容开放”的文化传统。崇文尚学的优秀家训家风更是让在社会主义核心价值观的培养养成上贡献出自己独特的力量。

因此，铸牢中华民族共同体意识，增强文化自信，需要深入挖掘蕴含社会主义核心价值观的优秀长江文化元素、大运河文化元素与江南文化元素，丰富以社会主义核心价值观为主题的优秀长江文化载体、大运河文化载体与江南文化载体，拓展蕴含社会主义核心价值观的优秀长江文化、大运河文化、江南文化的传播空间，落实弘扬优秀长江文化、大运河文化、江南文化，培育社会主义核心价值观的主体责任，以夯实价值认同之基，铸牢中华民族共同体意识。

---

① 瞿锦秀、许琳梓：《弘扬长江文化：价值认同与文化自信》，《文化软实力研究》2021 年第 6 期。

二、中华民族共同体认同视域下长江文化与大运河文化的纽带联结

所谓“纽带联结”，指的是共同体各个组成部分以各种社会纽带交织、关联在一起，从而在整体上呈现相互嵌入的有机状态。如果说要素重叠描述的是共同体组成部分之间的共同性问题，那么纽带关联描述的就是共同体组成部分之间的关联性与互嵌性问题。对于共同体而言，共同性的基础作用固然不可否认，然而共同体毕竟不是单纯的同质体，不同性质的共同体在内部要素所具备的共同性上也存在显著差异。共同体往往是一种同质与异质兼备的整体，凝聚成共同体的除了上文强调的要素重叠之外，还有要素之间的关联与互嵌。从共同体构成的有机性上来说，纽带关联对共同体的塑造和维持作用还要更甚于要素重叠。尤其值得注意的一点是，共同体的共同性往往是在要素关联、互嵌的过程中逐步融汇而成的。

（一）长江文化与大运河文化、江南文化的相互嵌入

数千年中华文明史是中华民族的互嵌性日益深化的过程，中华文明本就是多民族在交融汇聚中所形成的多元一体格局，在历史的发展中，中国各民族相互接触、混杂、联结和融合，同时也有分裂和消亡，“差异”和“同一”也就不断地弥合与产生。文化的整体性实质上是对文化之间有机联系的认识，虽然每一种文化本身都是完整的体系，但文化的活力和生命力恰恰在于其开放性和交往性，只有在与其他文化主体之间产生关联时，它自身存在的意义才能显现出来。①

1. 长江文化与大运河文化、江南文化的同质结构

长江文化的内在要素来自于四条“脉络”：“历史”文脉、“山水”文脉、“区域”文脉和“人”文脉。因此，长江文化由历史文化、山水文化、区域文化和以“人”为实践主体的文化（包括农耕文化、工商文化、科教文化、人居文化、技艺文化、饮食文化、红色文化等）构成，并且这些内在要素彼此有机统一，融合发展。大运河文化是流动的文化，也是运河城市群域性文化，与历代皇朝大一统的政治理念、中华民族融合息息相关。作为中国漕运实践中所创造的物质财富和精神财富的总和，大运河文化与长江文化一样，具有历史性、区域性和人文性，运河的历史、沿线的山水和城市群、古代人民的相关实践都是大运河文化的重要组成。长江文化与大运河文化的同质结构，突出体现在江南文化。从空间范围来说江南地区的物质和非物质文化元素都是江南文化的构成，从历史发展来看，江南文化是经历时代发展的文化的交融与积淀而形成的结合体，包含了楚文化、吴越文化、中原文化等不同风格的文化基因，宋代以后直至近代江南文化完全成熟稳定。江南文化的构成包括江南地域的山水文化以及“江南人”的文化，表征于江南的衣食住行、文学创作、园林建筑、民俗传统等方面。由此可见，长江文化与大运河文化、江南

① 阚侃:《文化间性的理论根源：从主体间性到文化间性》，中国社会科学网，http://news.cssn.cn/zx/bwyc/201906/t20190627_4925070_1.shtml，2023 年 3 月 10 日。

文化在文化的构成层面具有相同的结构，有形的物质和无形的意义都是三者的重要意涵。

2. 长江文化与大运河文化、江南文化的内在关联

长江文化与大运河文化、江南文化均由共有的水文化进行了相互间有效的沟通连接，长江、黄河与大运河则是实施文化承载的具体途径。江南处于长江和大运河十字交汇处，必然与长江文化、大运河文化存在紧密的联系。长江文化和大运河文化均存在自身的流域性和地域性特征，前者形成了以成都平原为核心的巴蜀文化、以江汉平原为代表的荆楚文化、以长三角地区为代表的江南文化等多样性的地域文化形态，后者则包括燕赵通惠文化区、北运河文化区、南运河文化区、齐鲁运河文化、中运河文化区、里运河文化区、江南运河文化区，将东南文化、岭南文化、江南文化、齐鲁文化、中土文化、江淮文化、黄河文化、燕北文化、西部文化融汇。由此可见，江南文化既是长江文化的一部分，同时也是大运河文化的一部分。

江南文化的形成亦离不开长江和大运河的孕育。江南文化经过魏晋六朝时期的起步、转型，唐宋元时期的飞速发展，至明清时期通过江南文化推动江南地区成为全国经济文化最为发达的区域，离不开发达的水路交通，长江贯通东西入海，而大运河联通南北，使得江南地区的社会、经济、文化得到了极大的发展，成为景物优美、经济富庶、文教发达的代名词，甚至承载了中国人对美好生活的某种向往和希冀。[①]。江南文化因地域性格而具有独特性，但也具有中华文化的共性：一是因江南地处巨大的水网之中，水文化如潮文化、运河文化、船文化等是江南文化的重点之一，这与长江和运河的滋养息息相关；二是江南通过长江与中国内陆相连，通过运河与北方政治中心相连，因此崇儒重教的中原文化也是江南文化的重要内核。

（二）中华民族共同体认同视域下长江文化与大运河文化、江南文化的纽带联结

所谓共同体是指以各种主客观共同特征为联结纽带而组成的人类群体，中华民族共同体认同视域下长江文化与大运河文化、江南文化有着同质的文化结构、内在的文化联系，三者相互嵌入的紧密性则基于共同的地理特征、文化特征和迁移特征。

1. 带状线性的地理空间是纽带联结的基础

长江文化和大运河文化既具有独特性，也具有共性，二者的共性在于绵延的线性地理空间：长江干流流经八省二市一区，全长六千多公里；京杭大运河流经四省二市、贯通五大水系，全长一千七百多公里，隋唐运河则以洛阳为中心，北至涿郡（今北京），南至余杭（今杭州）。可见，长江和大运河联结了沿岸不同的地域文化，并且将这些相异的地域文化通过相似的自然地理因素而联系起来，与文化区域相比，带状、线性的空间区域可以将文化从文化源地向外传播、扩散的分布范围更广，这也是如今国家大力提倡大运河文化带、长江经济带建设的基础和原因。地理空间的联系，不仅能够赋予不同的文

① 沈骅:《江南文化十六讲》，武汉：武汉大学出版社，2017年，第4页。

化群体以相同的地理特征，还能够便利人们的物质或非物质的往来、互通，从而带来多维度的思想、知识等的交流、融入，因此产生了跨区域的文化传播互动。在长江文化和运河文化的交汇联结中，大运河因为有长江的联动而具有更重要经济地位，长江也因为有大运河的连接而更多参与到国家政治中心的活动中，江南地处二者交点，因此是文化传播交流的中心，这也是江苏在大运河文化带建设和长江文化保护传承弘扬建设中都拥有很高地位的根本原因。[①]

2. 兼容并蓄的文化特征是纽带联结的核心

长江、大运河和江南地区都是开放的系统。从自然生态来看，长江处于我国“大陆—海洋型”地理环境的敞开面，与外界及周边环境不断进行着能量流动、物质循环、信息传递和价值转换；大运河则横跨南北水系，改变了我国水系的走向，因此均能够吸纳沿岸多民族文化的优秀文明成果，极具兼容并蓄、融合汇通的文化特质和功能。作为开放性的文化系统，长江文化、大运河文化能够在发展过程中始终保持旺盛的文化创造活力，典型如淮扬文化在形成初期就博采众长，将吴文化的精巧细腻、越文化的返璞归真、楚文化的汪洋肆意熔于一炉，包容并蓄的理念、对长江和运河的情感认同是地域文化发生联结的核心。

江南文化所包含的吴越文化是长江文化的源头之一，在春秋战国时期，魏晋南北朝时期，宋、辽、金、元时期和明清二代的民族大融合中形成，与其说是中原文化对江南的吴越文化产生了冲击，不如说江南主动吸收中原文化，进行地域文明的自我调整[②]，由此使经济文化重心不断南移。江南抓住了中原文化涌入江南的历史机遇，兼容并蓄，开放包容，正是这种文化精神使得江南文化最终形成；随着历史上商品经济的繁荣，江南文化在南北文化互动中逐步形成了风格独特、气质不凡的区域文化，较之传统儒家文化，她更具诗性智慧、经世务实的特点，兼具长江文化和大运河文化特色。

3. 商民迁移的历史潮流加强纽带联结功能

文化的根本是人，而长江文化与大运河文化、江南文化的纽带联结同样离不开人们的实践。古往今来，中华民族的每一个个体都是历史的创造者，文化的传播者和联结者，在长江和大运河的历史长河中为生存、为发展而不断实践和迁徙，从而创造出各类有形的文化形式及其内蕴的人际关系、行为方式、行为规范、道德准则、价值观念、精神意志等无形的意义形态，并将这些文化融入其所经之处。历代民众的跨文化行动一方面是被动的迁移，如“永嘉南渡”“靖康南渡”，发生在广阔时空的人口大迁移、文化大交融，加速了南北文化的融合发展，也让中原文化能在长江以南扎根生长；另一方面是主动的交流，长江、大运河一直以来都是中国的经济动脉，尤其是大运河关系着漕运、盐运，

① 笪颖、张晓蕊：《开启长江文化与大运河文化高质量建设新篇章》，《新华日报》2021年11月12日第14版。

② 陈国灿：《从南北文化互动看江南地域精神》，《中国社会科学报》2011年09月13日第11版。

往来的商人、文人、官员推动了文化的交融，这也是江南成为中国经济中心、文化中心的原因。故长江、大运河和江南的文化史，实际上也是区域经济的繁荣发展史，如唐朝对大运河在改良漕运方法设备和浚治运河河道等方面做了大量工作，使“江船达扬州，汴船达河阴，河船达渭口，渭船达太仓”。江南粮食运往关中，除大运河外，政府也利用江汉漕运转输江淮物资，使得嘉陵故水道在晚唐得以繁荣，长江与中原文化的关系也愈加紧密。长江、大运河都是人们对水利资源的征服和利用，从这个意义上来说，长江和运河水系对于江南地方的农耕文化也起到了重要的推动作用，使得“苏湖熟，天下足”，水文化、江南文化直接与国家的命运相连，从而三者的联系更加紧密。

因此，铸牢中华民族共同体意识，还需要进一步加强中华民族互嵌性的构建，深刻认识和理解长江文化和大运河文化、江南文化之间的联结纽带，将文化中的共同地域、共同理念、共同利益、共同身份作为地方人民文化认同的纽带，在相互联结的文化中进一步培育人们共同的精神，使不同民族成为利益相关、结构相连的共同体。[①]

三、中华民族共同体认同视域下长江文化与大运河文化的功能依存

所谓“功能依存”，指的是共同体各个组成部分通过相互支撑、相互协作来实现共同体的社会功能，从而满足自身的特定需求。功能依存描述的是共同体的共生性问题，强调共同体各个组成部分在功能实现与需求满足上存在一荣俱荣、一损俱损的关系。

（一）长江文化与大运河文化、江南文化的相互支撑

河流既是创造文明的动力，又是记录文明的载体，还是精神与物质的统一体。与其他文明古国相比，中华民族的江河文明具有六个显著特征：双条性、同体性、贯穿性、同向性、同形性、阴阳性。类比研究发现，长江和黄河是“双联体”，构成了中华文化基因的双股结构[②]。从中华民族的发展和中华文化传承看，长江与黄河更是一个整体统一于中国大地，不可分离。中华民族共同体正是由黄河、长江、大运河等多元载体共同钩织而成统一整体，在整体中，黄河、长江、大运河扮演着整体中的局部角色，各个部分彼此相互依托、相互支撑，共同构建了有机的中华民族整体。

1. 长江文化是中华民族文化的源流之一

长江和黄河一样，都是中华民族的根与魂。长江诞生于何时，现在还没有定论。但可以肯定的是，长江早于现代智人的诞生。奔腾不息的长江，滋养着华夏大地，哺育了中华民族，孕育了中华文明。长江和黄河是中华民族永续发展的源泉所系、血脉所依、根魂所在：一方面，黄河流域和长江流域都是中华民族先民早期最主要的活动地域。黄

① 郝亚明：《民族互嵌式社会结构：现实背景、理论内涵及实践路径分析》，《西南民族大学学报（人文社会科学版）》2015 年第 3 期。

② 李后强、李海龙：《从长江黄河“双联体”看中华民族文化基因》，《社会科学研究》2021 年第 1 期。

河流域出现了山西西侯度猿人、陕西蓝田猿人、大荔猿人、山西襄汾丁村早期智人、北京山顶洞人、内蒙古乌审旗大沟湾晚期智人的活动。长江流域发现了 200 万年前的巫山人，金沙江水系发现了距今约 170 万年的云南元谋人，四川发现了 4 万年的资阳人，浙江余姚市发现了距今 7000 多年的河姆渡人，安徽发现了距今约 20 万年的和县人。另一方面，黄河流域和长江流域是中国早期文化形态的主要诞生地。黄河流域形成了半坡文化、马家窑文化、齐家文化、裴李岗文化、大地湾文化、仰韶文化、龙山文化、大汶口文化等，长江流域孕育了宝墩文化、营盘山文化、三星堆文化、彭头山文化、屈家岭文化、河姆渡文化、马家浜文化等。

2. 大运河推动长江和黄河文化的统一

大运河在推动江河文明统一中起到重要作用。大运河是一条文化的河流，从某种意义上讲，文化就是人类思维方式的沟通，大运河串联了南北、沟通了长江黄河，对中华民族文化大一统格局的形成起到关键作用。隋炀帝大业元年开通济渠，“引河入汴，引汴入淮河”[①]，从而能到达江都（今扬州），隋唐运河的开通不仅从政治上完成了国土的统一，还在文化上形成了黄河文化与长江文化的相通，黄河与长江通过运河相连，黄河文化也与长江文化相互融合。大运河的开通与整修，不仅直接刺激与活跃了中国区域间的物流与人际交往，同时也影响了古代中国与世界的外交往来及其交通路径，为不同区域、国家的文化交流提供了通道。随着时代发展历史演进，运河文化的内涵也不断延伸、扩大、创新，使得运河文化也朝着多元化、大型化、国际化的方向发展。可以说，善于沟通、包容的宽广胸怀是运河文化的基本特征；扩散与开放带来的大交流是运河文化的另一特征；而不断扩大、延伸、创新和发展是大运河文化得以不断发展的又一特征。

3. 江南文化是因水而兴的城镇文化缩影

江南文化原本就因长江而诞生和发展，但在大运河开通后，南北文化的交流促使江南地区成为中国东西与南北交汇之处，中国的地理空间格局也发生重大变化。江南经济文化的发达是大运河沿线城市的缩影，南北商贸交通往来更加便捷，众多城镇乘势而起，不少城市成为手工业、商业贸易中心，沿岸人口增加。如隋唐时期江南各郡总人口从隋炀帝时的 12.1 万户增加到唐朝天宝年间的 69 万户，扬州、楚州等商贸城镇兴起，很大程度上受益于江南运河的开通。[②] 长江和运河文化的融合赋予了江南地区土地、人口、商品，都城、政区和文化区也因此形成，[③] 为人民提供了谋生、谋业的良好环境基础，从而促进不同民族、不同人们需求的满足。

---

① 康熙《朝城县志》卷 2《山川》，1920 年刻本。

② 朱偰:《大运河的变迁》，南京：江苏人民出版社，2017 年，第 66—67 页。

③ 王慧等:《站在交汇点，我们共读长江与运河》，《新华日报》2022 年 7 月 6 日第 11 版。

（二）中华民族共同体认同视域下长江文化与大运河文化、江南文化的功能依存

基于长江与大运河、江南地区的共同性和互嵌性所形成的共同体，应积极有效地满足共同体成员的利益需求，而需求的满足则通过特定的社会功能来实现。

1. 长江与大运河的社会作用

一是交通运输作用。长江是在我国内陆地区唯一能保持并形成良好航运状态，贯通东西部的水上交通线，且支流密如蛛网；而大运河的开通改变了中国自然地理的空间格局，至今全线通水，大部分航道仍然发挥着交通航运的作用。对于生产力较低的古代人民来说，水运是成本最低的方式，也因此在历史上水系的通航极为重要。

二是地方发展的作用。大运河的开通使得中国的政治中心能够直接与地方相联系，而交通的便利又推动长江和大运河沿线城镇的兴起。人口增加、城镇兴起极大地促进了大运河与大运河文化带的形成和发展，空间生产活动增多。随着大运河的淤塞与疏浚、改道与新凿、通航与停航等变迁，大运河与大运河文化带的时空分布格局不断发生着变化。明清时期，大运河基础设施的修浚和政府对漕运管理的重视推动着大运河航运的兴盛和沿线商贸往来的繁荣，济宁、淮安、扬州等沿线城市成为运河“漕运咽喉”，地位更加突出。如因运河而兴的城市济宁，居“水陆交汇，南北冲要之区”，“南通江淮，北连河济，控邳徐之津要，扼宋卫之咽喉”[①]。作为运河南北通衢之地，停靠等候过闸的船只多聚于此，“商贾之踵接辐辏者亦不下数万家”，成为“舟车临四达之衢，商贾集五都之市”[②]。

三是生产力进步和文化传播的作用。隋唐大运河开通后，文化生产逐渐向运河沿线城镇聚集，新的文化空间随之形成。京杭大运河促进了运河城市的经济、文化发展，衍生了许多与运河有着直接或间接关系的文化生产形态。如雕版印刷术、刺绣技艺、瓷器烧制技艺在扬州、苏州、绍兴等运河沿线城市的形成和传播促进了文化空间生产。元代会通河开通后，临清、济宁等城市因处运河漕运流转中心而成为南北交通要冲，商贸往来的繁荣加快了运河沿线的文化空间生产。如德州扒鸡制作技艺在京杭大运河开通后，开始随运河漕运向南北各地传播，并在大运河沿线不少地方形成与该技艺相关的饮食文化空间。得益于优越的地理位置和运河带来的繁盛的商贸交流，酱菜制作技艺、琉璃烧制技艺、鲁锦织造技艺等文化形态在济宁逐渐形成集聚型空间分布。

2. 长江文化与大运河文化、江南文化的意义感建构

人们选择成为一个共同体的成员，不只是要从中获取物质利益或安全保障，也在于这个共同体能够赋予他们意义感。从中华民族共同体视域来看，长江文化与大运河文化、江南文化也在向人们表明其身份的性质、联系，从而令人们基于意义感深化文化认同。

---

① 陈子龙:《明经世文编》，北京：中华书局，1962 年，第 395 页。

② 徐宗干:《济宁直隶州志》，南京：凤凰出版社，2004 年影印版，第 66 页。

一是“一方水土”的身份认知，自然环境是人们认识的基础，大运河对长江和江南地区自然环境的影响，不止于对本地水系的改造与拓展，还给人们赋予了与“水”的共同联系。二是“君住长江头，我住长江尾”的情感认识，长江、江南往往是人们文化记忆中的共同意象，在大运河的联系下成为普遍被认可的符号。三是人们的实践，通过对环境和社会的适应与改造，体现在不同时期沉淀的文化积累之中，[①] 从而形成了当下人们对于文化精神的感知与认同。

近代随着京汉和津浦铁路的修通、海运的畅通、运河河道的淤塞，大运河航运地位走向衰落，运河沿线城市不复往日繁盛，长江的空间生产与大运河的关联减弱。当下，要筑牢基于大运河文化与长江文化的中华民族共同体意识，必须高度重视文化的联系及意义的构建，通过赋予各民族以意义感和共同的联结感，就能在认同体系中居于优势。

四、打造长江大运河国家文化公园铸牢中华民族共同体意识

观古而知今，在实现中国式现代化的时代背景下，保护好、传承好、利用好长江文化、大运河文化，推进长江、大运河国家文化公园建设，打造中华文明的“金名片”，成为极其重要的时代命题。长江、大运河跨越时空之长、流经地域之广、历史遗存之丰、文化底蕴之厚、价值之珍贵，举世无双。把这些优质自然、文化资源充分地活化利用起来，努力建设长江、大运河国家文化公园，不仅是积极实施国家重大决策部署，也是推动新时代文化繁荣发展的重大工程。努力建设长江、大运河国家文化公园，对于发挥文化的引领和推动作用，充分呈现和传播中华文明精神标识，对于涵养生态环境、建设美丽中国，展现可信可敬可爱的中国形象，将产生巨大而深远的影响。

从涵养中华民族精神来看，长江和大运河都渗透着经久不息的文脉气韵。长江、大运河江运互济，形成了鲜明的中国东部、中部经纬相交的地理格局，涵养了特有的中华民族精神气韵。尤其是长江三角洲（历史时期的江南地区），汲中华南北文化之精华，取长江运河之灵秀，揽黄海东海之开阔，接齐鲁吴越之儒雅，得富饶平原水乡之养育。独特的人文地理环境涵养了江南地区无数的杰出英才，历史上名人辈出，灿若繁星，这里有科学家沈括、思想家顾炎武、探险家徐霞客……从“天下兴亡，匹夫有责”到“为中华之崛起而读书”，道出了中华儿女对知识的渴求以及柔怀天下的“济世”情怀。大运河与众多河道呈十字交叉，整齐规划，安宁平和。在江海河湖水道中航行，需要稳重守规，不能自行其是，否则就有覆舟之危。“漂母饭信”“一饭千金”的典故更是透露出中华儿女对这种方正守信水文化精髓的坚守。老子曰：“江海所以能为百谷王者，以其善下也。”（《道德经·第 66 章》）中华民族具有吸纳包容的品格特质，相应的民智绵长，柔怀天下，如水善万物一般。“内敛务实”的核心是实干兴邦。以江运交汇的江苏为例，江苏经济社

① 朱剑刚：《长江三角洲“人·地·水”关系中的运河要素探析》，《苏州教育学院学报》2016 年第 4 期。

会的发展，江苏的成功，无不凝结着实干兴邦的精神。如清末上海通商之后，大量的苏商在上海投资建厂，兴办实业，如南通张謇等，用自己的实际行动来救国。改革开放以来，从"春到上塘"的历史佳话到闻名远近的"耿车模式"无不透露着江苏创新开阔的视野和敢为人先的远大志向。江苏在气韵富含上既有"钟山风雨起苍黄，百万雄师过大江""万里长江横渡，极目楚天舒"大江大河般的英气豪迈，又有"烟笼寒水月笼沙，夜泊秦淮近酒家"朦胧婉约。也正是生生不息的长江、大运河塑造了江苏"水韵""书香"的人文特色，有"江左文人数"之美誉，而这种崇学之风一直延续到今天，在江苏大地孕育出的"好学聪慧、方正有信、开放包容、内敛务实、敢为人先"的江苏精神已经浸润人心，成为在新时代江苏人民推进中华民族伟大复兴的宝贵精神财富。

随着长江、大运河国家文化公园建设的推进，长江、大运河作为中华民族的代表性符号和中华文明的精神标识，被寄予了更多的期望、赋予了更多的功能。敬畏历史、敬畏文化、敬畏生态，提高文化自觉、坚定文化自信，深度挖掘长江、大运河文化的价值涵蕴和现实意蕴，融入新时代文化实践。

推进长江、大运河国家文化公园高质量建设具有重要价值和意义。建设长江、大运河国家文化公园是展示中华文明、彰显文化自信的重大载体；服务国家重大战略、促进城乡区域协调发展的重要途径；遵循新发展理念、推动高质量发展的有力抓手；践行"共抓大保护、不搞大开发"、引领高质量发展的强大动力；推进文化治理体系和治理能力现代化的创新探索。"要通过打造民族文化 IP、强化青年群体的知识普及、增强传播力与互动力"[①]。因此，建设大运河和长江国家文化公园，打造呈现江河交汇区的文化风貌、演进过程、空间结构和时代风采的保护传承弘扬体系，创造、传播更多承载中华文化和民族精神的价值符号和文化产品，为推进新时代中华文化自信自强，建设社会主义文化强国提供了极为丰富的活态载体、开辟了更为广阔的空间格局。

长江、大运河国家文化公园高质量建设担负着中国式现代化的重要使命。充分挖掘长江、大运河历史文化资源，提升文化遗产保护传承和利用能力，构建国家记忆体系，打造长江、大运河国家文化公园展陈体系。坚持文化引领、保护优先、活态传承，推动长江、大运河沿线文物和文化资源创造性转化、创新性发展，探索新时代线性文物和文化资源保护、传承、利用范式，把长江、大运河国家文化公园建设成为主题鲜明、内涵明确、功能完善、文化标识性强的线性世界文化遗产保护典型范例。确保当代工程绵延后世、惠泽人民，实现人与自然和谐共生的中国式现代化实践新篇章。让长江和大运河成为向世界讲好中国故事、长江故事、运河故事的精彩舞台，为促进中国和世界文明交流沟通、推动人类命运共同体建设贡献中国智慧。

---

① 林升梁、汪韵珂:《中庸思想下港澳台地区铸牢中华民族共同体意识研究》,《中华文化与传播研究》2022 年第 1 期

国家文化公园视域下长江精神价值诠释与传播研究

邹统钎[1, 2] 李 艳[1] 王怡宁[1*]

（1. 北京第二外国语学院中国文化和旅游产业研究院，北京，100024；

2. 丝绸之路国际旅游与文化遗产大学，撒马尔罕，140104）

摘　要：长江国家文化公园建设的重点任务之一是长江精神文化内涵的挖掘和精神价值传播。长江是中华文明多元一体格局的标志性象征，具有历史性和时代性，深入诠释其精神价值，才能实现传播中华文明的标志性符号象征与坚定文化自信的目的。为此，本文基于长江国家文化公园的建设视域，以人民网和微博数据为研究样本，采用 LDA 主题模型分析方法，分析和提取出长江国家文化公园的精神价值为民族文化精神和时代发展精神。针对长江精神价值提出提升和实践的传播路径，旨在推动长江精神在国家文化公园建设中的活化利用，提升中华文化标识的传播度和影响力。

关键词：长江精神价值；诠释与传播；国家文化公园

一、引言

习近平总书记多次提出推动中华优秀传统文化创造性转化、创新性发展，国家文化公园是新时代文化繁荣发展的重大工程，作为一种文化符号，中华民族集体记忆、身份认同的凝结，应运而生。国家文化公园建设的核心是文化，文化的生命力在于传播，传播需要有代表性的文化彰显和传播的核心价值。2022 年启动的长江国家文化公园，为长江精神的诠释和传播带来了新的机遇。当前长江国家文化公园建设中，长江精神文化内涵的分析提炼和精神价值传播，主要面临如下三个主要问题。

---

* 作者简介：邹统钎（1964— ），男，江西吉安人，北京第二外国语学院中国文化和旅游产业研究院教授，博士生导师，乌兹别克斯坦“丝绸之路”国际旅游与文化遗产大学教授。李艳（1979— ），女，湖北省恩施人，北京第二外国语学院中国文化和旅游产业研究院，博士，副教授，硕士生导师。研究方向：文化和旅游数字化、国家文化公园、遗产旅游。王怡宁（1999— ），女，河北省张家口人，北京第二外国语学院中国文化和旅游产业研究院，在读硕士研究生，研究方向：国家文化公园、文化遗产数字化、旅游目的地规划。

基金项目：国家社会科学基金艺术学重大项目“国家文化公园政策的国际比较研究”（项目号：20ZD02）、北京市社会科学基金决策咨询重点项目“统筹推进大运河、长城、西山永定河三条文化带建设研究”（项目号 22JCB014）。

第一，长江文化是涵盖了自然和人文的多元文化体系。对长江精神的理解包含公众以及国家在不同的时期、背景下做出的评价或论述，内容比较分散，涵盖的主题较多。

第二，长江国家文化公园建设范围涉及 13 个省区市，展现的长江精神的侧重点各有不同，系统地、深入地挖掘长江精神价值，提炼出完整鲜明的长江精神价值，统筹布局才能更好推动长江国家文化公园的价值实现。

第三，文化随着社会的发展不断演化，而数字时代精神和文化的传播生态凸显新的特点，数字技术呈现巨大潜力，互联网成为传播的重要载体，成为精神文化内涵的挖掘和精神价值传播的重要来源。

因此，整合长江精神原有知识和意义，结合现代社会发展带来的新知识、新意义[①]，定义新时代下的长江精神就显得尤为重要，这也是长江国家文化公园建设的重要内容之一。为此，本文借助 LDA 主题模型，旨在从国家投射和民众感知的两个角度，快速把握互联网上与长江精神有关的不同的文本关注的主题，明确长江精神价值。希望借助对长江精神价值分析，进一步提升中华文化标识的传播度和影响力，推动长江国家文化公园价值的实现、国家文化公园体系的完善和长江精神的传播。

二、长江精神价值历史回顾

（一）精神价值研究回顾

精神价值是人们经过精神生产和创造逐渐形成的，是满足人类社会的文化需要产生的。目前学界对于精神价值研究大都集中在思想政治教育[②]、文化精神[③]、时代精神[④]、体育精神[⑤]这些领域。内容上侧重研究精神价值内涵挖掘[⑥]、精神价值的彰显[⑦]、对精神价值的认同[⑧]、某一精神价值的发展历程[⑨]等方面。在研究方法上，多从国家投射、专家学者、文献

① 邹统钎：《长城国家文化公园精神价值的锚定与具化机制探索》，《河南大学学报（社会科学版）》2022 年第 6 期。

② 赵进祺：《思想政治教育的精神价值研究》，硕士学位论文，福建师范大学，2018 年，第 3 页。

③ 李维意：《中国共产党革命文化的本质内涵、精神价值和自觉弘扬》，《河北大学学报（哲学社会科学版）》2022 年第 6 期。

④ 胡文龙：《智能化时代的工匠精神：价值、意蕴与培育路径》，《中国职业技术教育》2019 年第 4 期。

⑤ Jerzy Kosiewicz, “Western Sport and Spiritualism,” *Physical Culture and Sport. Studies and Research*, vol. 62,no.1 2014, pp.73–82.

⑥ 杜地：《论长江、长城、长征的精神价值及新时代意义》，《江西社会科学》2018 年第 4 期。

⑦ 周晔、徐好好：《乡村教育优势及其精神价值的彰显》，《杭州师范大学学报（社会科学版）》2023 年第 1 期。

⑧ 陆莎莎：《当代大学生志愿精神价值认同研究》，硕士学位论文，广西师范大学，2018 年，第 13 页。

⑨ 杨家旭：《精神价值视域下对中国女排精神的研究》，硕士学位论文，广州体育学院，2020 年，第 14 页。

或历史资料去研究精神价值,普遍使用文献历史资料研究[①]、专家访谈[②]、案例分析[③]阐述提炼精神价值，对历史文献的研究方法较多。

互联网和社交媒体积累了众多精神价值的相关内容，隐含在文本折射的情感当中，成为精神价值研究的重要数据来源。此外研究精神价值最终目的是在公众中传播、弘扬和传承，因此研究国家对某一精神价值投射的同时，研究公众对于某一精神价值的理解和感受是至关重要的。目前针对某一主题或话题包含大量的文本数据，学界对于文本内容的情感分析关注程度也越来越高。[④]情感分析是利用自然语言处理、机器学习等相关技术研究文本中蕴含的主观情绪的课题。[⑤]目前情感分析的大数据研究方法，Elzayady 等人通过 Spark 框架对 Twitter 文本数据进行情感分类，[⑥] Özen İbrahim Akın 等人通过 ABSA 技术研究了技术支持的酒店客人对他们所获得的服务和产品的满意度。[⑦]

潜在狄利克雷分配（Latent Dirichelet Allocation，LDA），是 Blei 等人在 2003 年提出的生成式主题模型，是文档生成的逆过程，即以一定概率确定主题以及主题所对应词的文档主题分析。目前已广泛应用于数据挖掘、文本检索、文本聚类等多方面，克服了人工阅读造成文本遗漏失真的缺陷，从大数据中较为全面客观地把握整个文本主题，实现对语言文本价值性、思想性深入研究。[⑧]郑文文利用 LDA 模型探究红色家书的特点，白健等对网络舆情弹幕运用 LDA 模型探究网民情感倾向与关注焦点。[⑨]学界对于情感分析中尤其是主题模型应用较为成熟，为大数据方法运用到精神价值研究提供了充足方法理论支撑。

（二）长江精神价值解说述评

作为哺育中华民族的母亲河之一，长江从自然、人文等方面用实景、实物、实事为

---

① 肖希明、沈玲，刘奕:《中国图书馆学教育的西迁历史及其精神价值》,《图书情报知识》2022 年第 1 期。

② 管健民、钟永锋、胡亦海:《拳道精神价值核心要素解析》,《体育文化导刊》2017 年第 9 期。

③ 张丞润:《新时代中国女排精神价值的研究》硕士学位论文，苏州大学，2019 年，第 7 页。

④ Bo Pang, Lillian Lee, "Opinion Mining and Sentiment Analysis," *Foundations and Trends in Information Retrieval*, vol.2，no.1–2 2008, pp.1–135.

⑤ 戴宏亮、钟国金、游志铭、戴宏明:《基于 Spark 的舆情情感大数据分析集成方法》,《计算机科学》2021 第 9 期。

⑥ Hossam Elzayady,Khaled M. Badran, Gouda I. Salama, "Sentiment Analysis on Twitter Data using Apache Spark Framework," 13th International Conference on Computer Engineering and Systems(ICCES), Egypt, 2018,pp.171-176.

⑦ İbrahim Akın Özen, Özgül Katlav Eda, "Aspect-based sentiment analysis on online customer reviews: a case study of technology-supported hotels," Journal of Hospitality and Tourism Technology,vol.14,no.2 2023,pp.102-120.

⑧ David M. Blei,Andrew Y. Ng,Michael I. Jordan, "Latent Dirichlet Allocation," *Journal of Machine Learning Research*, vol.3, 2003, pp.993–1002.

⑨ 郑文文:《红色家书特点及大学生相关认知现状研究》，硕士学位论文，华北电力大学，2021 年，第 10 页。

中国精神做了全面、生动和客观注释。① 作为中国精神一部分，长江精神是长江水五千年来奔腾不息和中华儿女交流互动共同形成的。联合国教科文组织从自然角度诠释了长江之“博”，润泽万物，具有广纳百川，开放包容精神，“具有高度生物多样性，涵盖可能也是地球上生物多样性最丰富的区域”，“水资源、自然资源丰富，长江流域孕育了众多世界文化遗产”，“长江三角洲众多湖泊和无数河流构成了独特自然景观”，② 也展现了长江和合共生、创新创造精神。

国家领导人对长江精神都有其理解。毛泽东同志在中国革命和建设时期的诗篇中都有涉及长江，③ 如“更立西江石壁，截断巫山云雨，高峡出平湖”，体现长江自信豪迈、勇于拼搏精神。周恩来等党和国家领导人陪同200多位外国元首及重要领导人参观武汉长江大桥，展现了长江对外交流功能与开放包容精神。习近平总书记在全面推动长江经济带发展座谈会上强调：“长江造就了从巴山蜀水到江南水乡千年文脉，是中华民族代表性符号和中华文明标志性象征。” ④

学界从不同视角对长江精神价值做了解读。从民族视角出发，长江意味着生命、文明、天险、文化，这四个方面都和中华民族息息相关，⑤ 包含了交流融合、追求统一、传承发展等多种精神。⑥ 从历史视角看，长江形成上游三星堆文化、中游石家河文化和下游良渚文化，三个独立特色文明中心。⑦ 体现了包容开放，多元融合精神。从时代发展视角讲，长江经济带在绿色技术上创新，推动能源发展，⑧ 展现了开拓进取、创新创造精神。从文明角度看，数千年以来，人民借助长江宝贵资源，因地制宜，发展稻作农业、渔业，⑨ 展现了自强不息、和合共生精神。从生态角度看，当前长江国家文化公园建设，坚持要求共抓大保护，保护为主、抢救第一等原则凸显了革故鼎新、尊重自然精神。⑩

① 杜地：《论长江、长城、长征的精神价值及新时代意义》，《江西社会科学》2018年第4期。

② UNESCO World Heritage Centre:Three Parallel Rivers of Yunnan Protected Areas, https://whc.unesco.org/en/list/1083/,2023年2月5日。

③ 林杉：《中国共产党百年长江情 · 弄潮篇：搏击风浪无所惧 砥砺前行争上游》2021年5月16日，http://focus.cnhubei.com/dhgd/p/13795255.html?spm=zm1033-001.0.0.1.chuyRv，2023年2月21日。

④ 钱中兵：《习近平在全面推动长江经济带发展座谈会上强调 贯彻落实党的十九届五中全会精神 推动长江经济带高质量发展 韩正出席并讲话》2020年11月15日，http://www.xinhuanet.com/politics/leaders/2020-11/15/c_1126742700.htm，2023年1月8日。

⑤ 李胜杰：《大型思政公选课〈生命长江〉开讲》2019年4月10日，https://news.yangtzeu.edu.cn/info/1002/23021.htm，2023年2月9日。

⑥ 林丽萍：《民族文化视域下的“长江”影像书写初探》，《三峡大学学报（人文社会科学版）》2021年第6期。

⑦ 邱述学：《重构长江文明》，《西南民族大学学报（人文社科版）》2008第3期。

⑧ 欧阳友、汪发元：《绿色技术创新、能源发展对实体经济发展的影响——基于长江经济带2005—2020年数据的实证分析》，《统计理论与实践》2023第1期。

⑨ 王萍、殷京生、吕玲玲：《长江岸线南京段生态系统服务价值变化研究》，《江苏水利》2021年第11期。

⑩ 郑晓云：《推动长江国家文化公园建设》2022年6月10日，http://m.hbskw.com/p/57111.html，2023年2月7日。

综合上述讨论，长江精神价值体现在长江作为生命之源、生态之本、生产之要、文明之基和文化之根等五个方面。生命之源展现了长江广纳百川、润泽万物包容开放精神。生态之本体现了长江奔腾不息、和合共生奉献精神。生产之要表达了长江自强不息、百折不回拼搏奋斗精神。文明之基反映出长江革故鼎新、推陈出新的仁爱精神。文化之根融合了向善向美、厚德载物的民族品格。

长江国家文化公园建设是把长江流域中展现的中华民族文化基因及族群记忆、国家记忆以文化公园为载体进行保护、传承与内化，成为中华文化典型代表与中华民族典型象征。目前长江国家化公园建设仍对长江精神理解存在不一致、抽象模糊现象。在国家文化公园建设这个大的文化工程当中，长江精神价值急需要有更加完整准确提炼，促进长江国家文化公园建设，推动长江精神价值传播。

三、长江国家文化公园精神价值提炼过程

本文利用主题分析模型 LDA 分析互联网上与长江精神有关内容，以提炼精神传播重要场所——互联网上长江精神内容，完整全面表达数字时代下长江精神。主要包括三大步骤：第一步用 LDA 主题模型提取文本主题，基于连贯性曲线[①]多次调整主题数、特征词数等获得主题之间关联性小、区分度高最优主题，形成包含一定数量的主题词条的主题词表；第二步以词表聚类结构为主，分析主题词表显示的文本高频词，分析和归纳得到长江精神表征内容；第三步是对比公众和国家对长江精神关注侧重点，提炼整合长江精神。

（一）长江精神价值的主题及主题词表

选取国家权威官方网站人民网和国内大型社交媒体平台新浪微博，从国家与公众感知两方面理解长江精神，以“长江精神”“长江文化”等与长江相关词条为检索关键词，利用八爪鱼数据采集软件分别对两个网站话题相关内容进行采集。时间设置为 2022 年 1 月 1 日至 2023 年 1 月 1 日，删除无关、无效和重复数据后，得到有效人民网文本数据 2198 条和微博文本数据 3011 条。对数据文本经过清洗、分词处理基础上用 LDA 主题模型进行主题词提取并调整 LDA 模型得到最优主题，得到主题词条如表 1 所示，其中国家层面包含 5 个主题词条，公众层面包含 8 个主题词条。

---

① 唐运舒、朱研：《基于 LDA 模型的新文科研究热点主题分析》，《合肥工业大学学报（社会科学版）》2022 年第 6 期。

表1 主题词表

来源	主题	主题词
人民网	T1-0	文化，文明，遗址，中华文明，考古，历史，文物，交流，传统，三星堆
	T1-1	禁渔，执法，禁捕，水域，捕捞，十年，监管，鱼类，保护，江豚
	T1-2	创建，整改，文明城市，整治，管理，落实，提升，全国，部门，省
	T1-3	生态，建设，保护，文明，生态环境，绿色，环境保护，实施，产业岸线，建设
	T1-4	文明，实践，服务，群众，志愿，时代，创建，建设，教育，文化
微博	T2-0	生态，保护，建设，生态环境，绿色，文明，治理，湿地，产业，河湖
	T2-1	历史，华夏，文学，民族，艺术，故事，水，地球，奔腾，山水
	T2-2	气候，影响，最早，20年，鱼类，捕捞，王朝，政治，鱼，秦
	T2-3	文化，文明，历史，时代，博物馆，自然，传统，黄河，中华民族，传承
	T2-4	祖国，毛泽东，青春，青年，古代，英雄，书，学生，白求恩，奋斗
	T2-5	遗址，考古，文明，文物，三星堆，中华文明，青铜器，博物馆，出土，新石器
	T2-6	黄河，经济，河南，农业，植物，交通，河流，人口，一带，稻作
	T2-7	红军，伞，油纸伞，罗马，秦国，大桥，画卷，山脉，想到，西昌

（二）基于主题词表的长江精神内容

根据主题词表，国家与公众对长江精神理解划分为文明文化、发展、生态和红色四个层面内容。

1. 长江文明文化层面

LDA主题模型中T1-0、T2-1和T2-5中涵盖“文化”“文明”“考古”“遗址”“历史”“华夏”“博物馆”“传承”“新石器”“文物”等词语聚类出现，显示是围绕考古遗址发现长江历史文化文明来探讨主题，展示了长江精神中有关中华民族文化文明的要素。

历史上人类发展与河流是分不开的，有河流的地方，就有文明的足迹，有文化的存在，就会孕育精神。中华文明探源工程对长江上中下游考古过程中，发现长江是稻作农业文明起源。农业发展带来物质财富同时，精神生活也日益丰富，文明也就从这里起步。

茶叶、瓷器、油纸伞等“中国特产”，道家学说、宋明理学等思想学说，楚辞、唐诗、宋词等诗词文化，楚文化、吴越文化、巴蜀文化等，都曾以长江为起点，经过历史沉淀，将向善向美、明理重学的民族品格逐渐融入中华民族的血脉之中。

作为一条大河，长江一往无前、奔腾不息的海洋精神，以博大胸怀，不断形成、推进华夏文明，包容、吸纳各种文化，形成了多元一体长江文化，促进了中华文明和文化的形成和发展，蕴含广纳百川、润泽万物的包容开放文明理念，向善向美、厚德载物的民族文化品格。

2. 长江发展层面

LDA主题模型中T1-2、T1-4中“创建”“整改”“提升”“建设”“教育”“时代”，是围绕长江时代发展来探讨主题的，其中 T1-2 侧重长江周边城市整体发展水平，T1-4 侧重于长江流域人民精神发展。

新中国成立以来，长江作为“黄金水道”支撑着国民经济命脉，带领着长江人民脱贫致富。进入新时代，长江经济高质量发展，城市文明发展奠定了雄厚物质基础。各地争做长江大保护典范城市，人民争先建设精神文明风貌。不论发展长江经济，还是发展精神文明风貌，长江动若奔腾、一往无前精神激发着长江人民攻坚克难勇气，调动着劳动者的积极性和创造性，推动社会经济全面进步，展现了自强不息、创新创造的拼搏奋斗精神。

3. 长江生态层面

LDA 主题模型中 T1-1、T1-3、T2-0、T2-2 中“禁渔”“禁捕”“监管”“生态”“环境保护”“绿色”“生态环境”“绿色”等词语聚类，表明是围绕长江治水来探讨主题的，T1-1 和 T2-2 从维持生物多样性角度探讨，T1-3 和 T2-0 从保护长江水域整体环境角度探讨。

一方面，长江经济繁荣发展导致长江环境恶化生态失衡。近几年国家不断开展“十年禁渔”“长江大保护”等工作，公众自发开展“捕鱼者变护江人”“守护微笑天使江豚”等活动，人民和国家携手保护长江展现百折不回、和合共生精神，和团结一心的集体主义精神。

另一方面，长江水患频发，兴水利、除水害作为每个时代政治任务。从春秋时期的圩田、战国时期的都江堰、隋朝时期的南北大运河，到新中国成立后的荆州分洪、三峡水利枢纽工程等，中国人民从古至今在长江流域兴修若干水利工程，展现的治水理念，体现了天人合一、崇尚自然精神。应对长江水患抗洪、抗灾英勇行为，展现坚忍不拔、众志成城顽强精神。

4. 长江红色层面

LDA 主题模型中 T2-4、T2-7 中“毛泽东”“青春”“青年”“红军”“大桥”等词语聚类，围绕红色历史来探讨主题，说明长江和中国共产党、中华民族复兴是紧密相关的。

长江孕育了中华民族，又在一百年前见证了一群青年在民族危难之际开展的开天辟地大事变。中国共产党成立、武昌传播革命思想、汉口“八七会议”、万里长征路、渡江战役，它见证了中国共产党带领人民谱写壮丽史诗和关键时刻，承载民族团结、不畏艰难的崇高爱国主义精神。新中国成立后，以武汉长江大桥为首横跨万里长江干流的 115 座大桥、长江三峡工程，到“共抓大保护，不搞大开发”，展现了自强不息、敢为人先的时代发展精神。

（三）基于国家和公众关注侧重点整合提炼长江精神

基于上述内容，对人民网和微博主题词条当中涉及长江四大层面进行权重计算，探

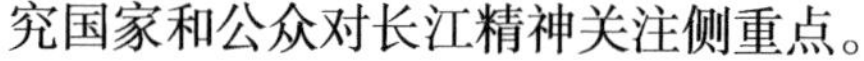
究国家和公众对长江精神关注侧重点。

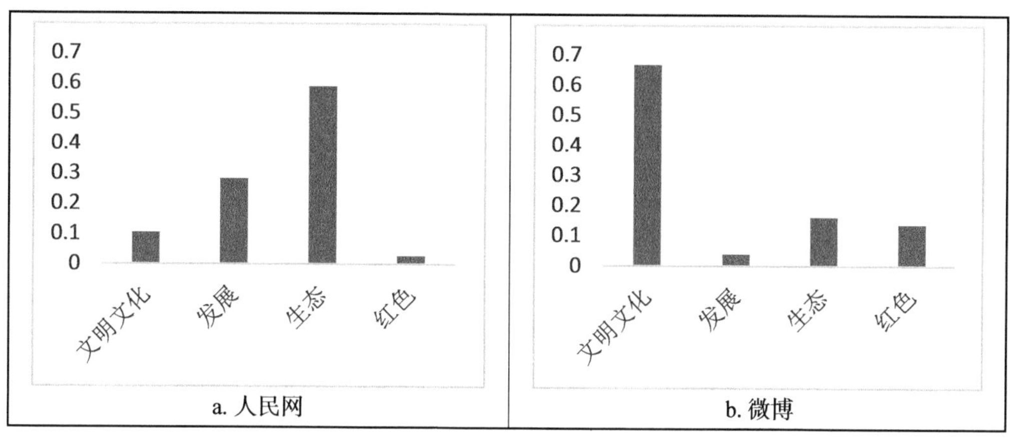

a. 人民网　　b. 微博

图 1　主题词权重

人民网主题词权重（图 1-a）反映了国家对长江展现的大国风度、社会教育整体时代发展精神把握。对于生态方面长江精神最为关注，主要是由于国家这几年对长江发展重心转移而呈现的，发展层面的长江精神其次，对于文明文化方面的长江精神也由于长江国家文化公园建设而逐步提升，对长江精神的红色部分没有非常突出关注。

微博主题词权重（图 1-b）反映了公众层面更多是从人文和历史视角理解长江。由于从小受到学校和媒体教育熏陶，长江一直作为母亲河被中国人广泛熟知和关注。其次是对长江生态关注，越来越多的人自愿加入长江保护中就是最好体现。近几年对红色精神传播也使得公众对长江精神中红色领域有所感知。发展层面的关注在其他三大方面中有所交叉导致对其感受有所欠缺。

综上，国家对长江生态、发展的时代发展价值的关注程度较高，公众对长江文明、文化和民族相关的精神价值更为重视。而民族和时代精神作为社会主义核心价值体系精髓，最终将长江精神价值归结为民族品格和时代发展精神价值的结合（表 2）。民族品格包括表现为广纳百川、包容开放、多元融合的文明层面，向善向美、明理重学、厚德载物的文化层面和团结一心、不畏艰难、爱国主义红色层面。时代发展包括表现为水形态的奔腾不息、一往无前、奋勇进取的自然层面，百折不回、和合共生、崇尚自然的生态层面和自强不息、不屈不挠、创新创造的发展层面。

表 2　长江精神价值提炼整合

精神提炼	精神价值分类	具体精神内容
民族品格	文明	广纳百川、包容开放、多元融合
	文化	向善向美、明理重学、厚德载物
	红色	团结一心、不畏艰难、爱国主义

续表

精神提炼	精神价值分类	具体精神内容
时代发展	自然	奔腾不息、一往无前、奋勇进取
	生态	百折不回、和合共生、崇尚自然
	发展	自强不息、不屈不挠、创新创造

四、长江国家文化公园下长江精神价值传播策略

数字时代发展加深了对传播理论、内容、方式的影响与渗透，数字技术进步、传播渠道多元化、公众力量增强，为精神文化等抽象内容传播提供了可实践的发展思路和提升路径。基于数字时代对传播影响，本文从提升和实践两个层面提出长江精神价值传播策略，提高传播效果。

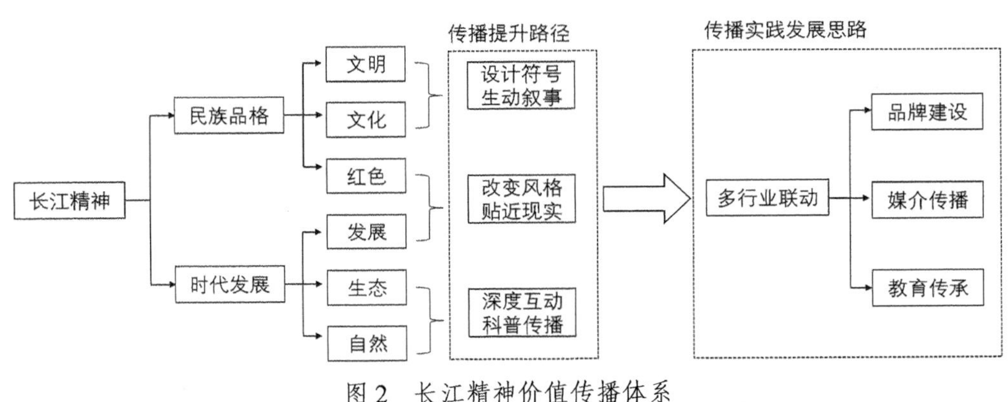

图 2　长江精神价值传播体系

（一）长江精神价值传播提升路径

1. 挖掘长江精神象征符号，打造长江精神叙事模式

长江五千年广纳百川，文明和文化凝结在一系列历史遗迹遗址、文学作品、民俗传统当中，蕴含丰富的故事。基于人物、故事情节将长江沿线遗址联系结合起来，把握内在叙事逻辑关联，搭载长江国家文化公园这一实物载体，打造独特文化文明叙事模式。根据符号交互理论“符号互动会突显人对意义的理解”，[①] 数字时代互动方式增多，让文物资源成为长江精神价值的象征性符号，通过符号传播，人们在和符号互动中形成认知理解，长江精神价值就得到了传播。

2. 改变宏大话语传播风格，生产温暖生动传播内容

由于红色和发展类的精神价值侧重于思政教育，传播风格也较为宏大、严肃和刻板，

① Nilgun Aksan,Buket Kısac, Mufit Aydın, Sumeyra Demirbuken, “Symbolic interaction theory,” Procedia-Social and Behavioral Sciences,vol.1,no.1 2009,pp.902-904.

不适应公众尤其是年轻群体对个性、体验审美等追求。借助传播学“使用与满足”理论，[①]把受众当作有特定需求的人，使用某种媒介传播方式满足其需求。数字时代传播媒介增多，红色、发展精神要结合公众个体需求，借助科技馆、博物馆等线下场所、网络视听等线上平台生产有温度的传播内容，营造情感交流氛围，通过生动有趣的互动体验、演示先进的创新技术，使被动教育的公众变为主动探索者，达到感兴趣—能理解—体情怀—受教育渐进式传播。

3. 加强长江与公众深度互动，全民参与生态保护科普传播

生态环境是人类生存发展的根基，保护长江展现和合共生之美，让子孙后代感受长江奔腾不息是每一个中国人的责任。第三人效果理论认为“公众认为大众传媒的信息对自身没有多大影响但对其他人有影响”[②]，但数字化出现可以加强媒介与受众互动，拉近公众和权威信息的距离。将数字媒介应用到长江生态保护当中，从趣味性、参与性加深公众和长江的互动，通过短视频、直播长江水环境和生物科普、设计视、听、触一体化长江宏大场景影视、游戏产品等方式，感受长江自然生态的精神力量。

（二）长江精神价值传播实践发展思路

长江精神价值传播涉及文化、科技、传媒等多个领域，多行联动形成传播合力优化传播效果，在长江精神不同层面具体传播方向基础上，由点到面，基于长江国家文化公园建设视角，提出传播实践路径，提升长江精神价值传播范围和目的。

1. 打造长江品牌建设，实现长江形象有效传播

围绕长江故事内容提炼长江精神品牌内涵，提高文化遗产利用率，从整体和细节两个角度打造民族品格和时代发展长江国家文化公园传播品牌。整体上打造统一文化视觉标识，创建官方品牌网站，打造长江品牌 IP 创意综合项目。细节处以展现文物资源历史真实性、风貌完整性、文化延续性为目的，依托长江文化、艺术、民间节日[③]等表现形式，将长江品牌嵌入长江文化主题园区、长江历史文化街区等场馆建设当中，创意策划围绕长江品牌的演艺演出、旅游线路、主题展览等，增强公众对长江品牌的认同感。

2. 传播主体受众一体化，扩大媒介渠道多元化

“人人皆媒”时代出现为长江精神传播提供了丰富传播渠道。除官方沟通渠道，社会、民间都是长江精神价值传播重要渠道。[④]根据“沉默的螺旋”理论在数字时代下意见气候

---

① Elihu Katz, Jay G. Blumler, Michael Gurevitch, “Uses and Gratifications Research,” *The Public Opinion Quarterly*,vol.37,no.4, 1973-1974pp.509-523.

② W. PHILLIPS DAVISON, “The Third-Person Effect in Communication,” *Public Opinion Quarterly*,vol.47,no.1 1983) pp.1–15.

③ 张婷:《民间节日艺术与社会主义核心价值观传播策略研究》,《中华文化与传播研究》2022 年第 1 期。

④ 王长潇、杨立奇、张丹琨:《人类命运共同体理念在“一带一路”沿线国家传播的困境与路径》,《中华文化与传播研究》2022 年第 2 期。

的强化，[①] 推进线上和线下相结合传播模式。线上侧重宣传，加强双向互动和分众化宣传，选取网络社群形成的圈层和打造有长江知识储备的 UGC 平台主播等群体为目标受众，借助媒介平台传递给网民促进二次传播，扩大信息覆盖，做到裂变式传播，加深对长江精神认同感。线下利用数字技术打造长江主题媒介产品，诸如场馆设计中应用多媒体系统互动体验、虚拟展厅等多元化手段，加深体验者对长江精神的感受，增强公众参与提高传播的效果。

3. 重视青年传播群体，实现教育传承价值

精神价值挖掘传播最终目的是让前人的精神信念、价值追求跨越历史长河，为新时代前进的后人注入力量并传承下去。因此在传播过程中，对于长江精神教育和传承价值不可忽视。青年人是提升国家文化软实力的主力军，也是长江精神教育传承的主力军。要结合当代青年活泼、广泛、猎奇的交流习惯，提高线下传统博物馆、科技馆等场馆的枯燥体验，发挥高校的引领作用，让长江精神进课堂，开展国际交流增强民族自信心。采用长江品牌 logo 或网页设计、动漫制作、开设互动开放的栏目等多样化教育传播形式，缩小“数字鸿沟”打破文化壁垒，提高对长江精神和国家文化公园的关注度。

① Elisabeth Noelle-Neumann, “The Spiral of Silence A Theory of Public Opinion,” *Journal of Communication*, vol.24,no.21974, pp.43-51.

形象、链接与问题：黄帝文化现代表达研究

张　剑*

（湖州师范学院人文学院，浙江湖州，313000）

摘　要： 黄帝文化是中国优秀传统文化的重要组成部分，在其历史演进过程中存在神话、图腾和庆典三种面向，这些面向建构了黄帝文化的内涵和外延。在新时代文化自信的背景下，黄帝文化的现代表达存在认知错位、传播形式落后、嫁接赋形等能力不足和遭遇现代性挑战的四大难点。本文通过对黄帝文化的内涵的理解，结合现代精神的阐释，认为自强不息创造精神、建功立业有为精神和无私奉献民族精神的展示是黄帝文化现代表达的核心意涵。

关键词： 黄帝文化；现代表达；形象；问题；策略

中华优秀传统文化是中华民族的突出优势，也是文化自信的核心要义[①]。根植于每个中国人心中，展现于各类古籍文典中的黄帝文化是中国传统文化的优秀代表，它在中国历史演进过程中扮演着重要的角色。黄帝文化之所以成为中国文化的"向心力"，最为重要的原因是黄帝文化在追祖敬宗和民族融合中的积极意义。正是有对黄帝这一"人文初祖"的认同，中华民族，包括海外侨胞都视自身为"中国人"，不管我们的祖国经历多少苦难，不管我们的人民经过多少飘零，不管我们的土地经过多少蹂躏，不管我们的文化经过多少肢解，我们仍有"中国""中国人""中华民族"的认同意识，究其原因乃是有包括黄帝文化在内的诸多"根文化"之支撑。黄帝文化作为中国的"根文化"，它的传播有其特殊性，即黄帝文化的传播需要"场所"，需要用"场所精神"来支撑和阐释黄帝文化，中国历史上有关对于黄帝的祭祀就是黄帝文化场所精神的最好体现。事实上，"场所精神"是来自希腊的"舶来品"，在中国的传统文化中并没有此类概念。但中华民族更加善于用行动来阐释"场所精神"，不管是泰山封禅，还是黄帝祭典都是场所精神的最好注

---

* 作者简介：张剑（1986— ），男，浙江杭州人，湖州师范学院人文学院讲师，历史博士，研究方向：徽商、文化史。

① 刘沫潇、李虹：《中华优秀传统文化的国际传播策略研究——基于共情理论的视角》，《中华文化与传播研究》2022 年第 1 期。

脚。在黄帝文化的现代表达过程中，自然需要对黄帝文化的场所精神加以体现。我们认为黄帝祭祀为代表的黄帝文化现代传播样态是目前来说最有纪念和文化意义的现代表达，这也是黄帝文化“场所精神”的最好阐释和尊重。需要说明的是，“尊重场所精神并不表示抄袭旧的模式，而是意味着肯定场所的认同性并加以诠释”[①]，也就是在现代视域下，特别是现代精神文化视域的角度来再现和融合黄帝文化的内核，正如雷尔夫对场所精神的理解那样，需要给予现代的人体会场所精神的空间[②]，建构精神文化场所，在文化场域中传达出所感悟到的场所精神[③]。因而，黄帝文化现代表达过程中应在阐释和延续“场所精神”的基础上，加入更多现代因子，让黄帝文化和现代精神能够有机融合，呈现出“日日新，苟日新”的文化气象。而为实现这一目标，黄帝文化的现代表达可谓刻不容缓。

一、三种面向：黄帝文化现代表达中的现象

黄帝文化的现代表达从其本质上来说是黄帝文化的现代传播。众所周知的是，传播得以实现的需要六大要素，即信息源、传播者、受众、讯息、媒介和反馈。在文化传播中最为重要的乃是传播内容和传播价值。因而，黄帝文化的现代表达需要厘清黄帝文化的传播内容和传播价值。就黄帝文化的传播价值而言，其最为重要的价值乃是它为中华民族共同体所做的贡献。这种贡献从思想上来说，就是让中国人以及海外侨胞对中华民族的价值认同和心理认同。这一点从晚清到近代中华民族所经历的苦难波折，仍能形成统一的多民族国家可以得到证实。正是中国先民在黄帝时代已经被打上了统一的文化因子和心理因子，因而不管历史如何演变，过程如何曲折，道路如何艰难，中国统一大势不会变，这一切可以归功于在黄帝时代奠定的多元一体和统一融合的文化和历史基础。正是这种根植于集体记忆深处的情感认同，根植于血缘深处的人生归宿，让黄帝文化，也让中国的民族认同生生不息，日日流传。就黄帝文化的传播内容而言，在五千年文明历程中，黄帝文化经历了三个维度，其一是以神话为中心的黄帝，在神话维度中黄帝是半人半神的形象，他的出现带有浓厚的神秘主义色彩，是巫术时代文化的典型；其二是以图腾为中心的黄帝，在图腾维度中黄帝的出现往往伴随着龙文化的影子，他的出现具有鲜明原始宗教的意味，进而引申出中国道教的意涵；其三是庆典维度中的黄帝，在庆典维度中，黄帝成为中国历代政府和民间共同尊奉的先祖，黄帝成为维系皇权统治合法性的标志形象，也成了中国民众追祖敬宗的偶像，具有沟通政府和民间的价值意义。因而，黄帝文化其实是以神话、图腾和庆典这三种形象出现在历史典籍和民众心里。而这三种黄帝文化的形态正是黄帝文化现代表达的基础点和突破点。

---

① 诺伯舒兹：《场所精神——迈向建筑鲜香学》，施植明，译，北京：中国建筑工业出版社，2010 年，第 182 页。

② Relph, E. *Place and Placeless*，London, England: Pion Limited，1976，pp141.

③ 章俊华：《LANDSCAPE 感悟》，北京：中国建筑工业出版社，2011 年，第 86 页。

其一，神话视域下的黄帝文化。黄帝在绝大多数中国人的心中乃是神话人物。与黄帝有关的神话包含黄帝降生长寿山、黄帝升天等内容，这些神话成为黄帝文化的重要组成部分，也是黄帝文化传播的重要内容。事实上，神话中往往带有现实的影子。著名人类学家弗雷泽就对“神话”的发生发展，历史演变做过深刻研究，其巨著《金枝》中就明确提出了这样一种现象，即不管是在东方传统世界，还是在西方古代社会中，总是存在部落酋长拥有双重身份——即部落酋长既是部落国王，还是祭祀首领，这种现象在弗雷泽看来，“在早期社会，国王通常既是祭司又是巫师。确实，他经常被人们想象为精通某种法术，并以此获得权力”[①]。将弗雷泽的研究引入和对照黄帝文化，其实就是解释了为何黄帝会以神话的样态出现在中国文化之中。这其实是原始社会较为普遍的现象，即国王也是“神王”的社会现象。事实上，中国学者李泽厚也关注此事，他在《说巫史传统》一书也有类似的结论，他认为“以黄帝为代表远古时代的人物是集政治统治权与精神统治权于一身的大巫”[②]。作为神话中的黄帝从传播视角来看，具有更多诠释空间，也就是说黄帝文化可以作为一种传统的“巫文化”呈现在民众面前。而这种“巫文化”是中华文化底色，是原始蒙昧时期的典型文化样态。随之而来的是，在黄帝神话引领下，中国道教起源的生发，特别是“道法自然”[③]的思想贯穿中国中医文化的全过程。这也就是说，作为神话样态的黄帝，其实是黄帝文化中最为基础，也最为神秘的样态，它让黄帝文化在现代传播中拥有了诸多想象空间，也让黄帝文化在现代表达中拥有了更多“先手棋”，让黄帝文化的现代表达更有意境。

其二，图腾视野下的黄帝文化。“图腾”作为一个古今皆有、古今互为传播的信息一直存在于人民的观念之中。中华民族对于图腾崇拜具有“先验性”。在黄帝的不断征战过程中，收集各大部族图腾之部分，结合本部族的图腾，形成了中华民族最伟大，也最深入人心的图腾——龙图腾。黄帝飞升的历史典故让黄帝和龙图腾存在着天然而紧密的联系，因为黄帝文化在某种意义上来说具有龙图腾或龙文化的特征。而事实上，关于图腾的意涵，法国宗教学家爱弥儿·涂尔干有过清晰的表示，他认为“这些原始社会中的重要因素，都来自一种共同的神秘力量，即图腾本原，也就是原始宗教背后特定的社会形式和道德力量”[④]，而图腾的道德力量和文化意义的来源，则是因为原始人认为，这些图腾（主要是动植物）是其部落的亲属，是其部落的祖先或者是部落的保护神，所以原始人会加以崇拜，进而延伸出图腾文化。而黄帝与龙图腾的紧密关系，让黄帝文化拥有了图腾文化的内涵。究其本质来说，黄帝的图腾文化是原始社会对“敬天（包含动植物）”和“敬祖”文化的再次衍变。而这种衍变的文化动因和内在力量乃是如爱弥儿·涂尔干所指

① 詹·弗雷泽:《金枝精要——巫术与宗教之研究》，刘魁立译，上海：上海文艺出版社，2001 年，第 14 页。

② 李泽厚:《说巫史传统》，上海：上海译文出版社，2012 年，第 10 页。

③ 耿春红:《道家的“道法自然”与中医十二时辰养生》，《中华文化与传播研究》2018 年第 1 期。

④ 爱弥儿·涂尔干:《宗教生活的基本形式》，渠敬东、汲喆，译，北京：商务印书馆，2016 年，第 153 页。

出的那样，原始人认为：“每个个体都具有双重本性，在他之中并存着两个存在者：一个是人，一个是动物。”[①] 这其实蕴含了朴素的“万物齐一”的平等生命观和对于人之“社会性”和“动物性”的综合理解。以此理论去理解黄帝，我们可以发现，黄帝以部落首领身份出现，特别是黄帝乘龙飞升的传说，印证了黄帝的“图腾”特征。作为图腾样态的黄帝，让黄帝文化在现代表达过程中有了更多可能性，这让黄帝文化在现代表达中有更为广阔的视野和思路。

其三，庆典样态的黄帝文化。黄帝文化在中国历史中更为常见的样态是以黄帝祭祀为代表的庆典。于以黄帝祭祀为代表的庆典活动而言，马克斯·韦伯强调它是“有意义的人类行为，确切地说是人们认为有社会意义来理解的行为”[②]，而尤根·哈贝马斯则指出，当“庆典文化成为一种现实的权力形式，社会已经开始依靠文化的力量来影响他人与政治权力，权力也要借助文化为自己的‘合法性’进行辩护”[③]。这让以黄帝祭祀为代表的庆典活动自其“出生”开始就带有浓厚文化和政治意味。黄帝庆典仪式不仅是中华历史文化的集中体现，也是中华思维习惯和与之相适应的文化模式的侧面反映。纵观中华民族国家产生和发展历程，都无法忽视社会主观选择记忆下的特定事件的“盛大叙事”作用。正是在黄帝祭祀的宏大叙事之下，让中国历代政府成为黄帝祭祀的主角，需要指出的是，黄帝祭祀的庆典活动还隐含了中国政府与中国民众互动的意义。在中国历代政府强调黄帝祭祀庆典活动政治性的同时，中国民众在庆典活动中展示其“情绪化”意义。正如韦伯所指出的那样，庆典活动是“行为人受感情和情绪影响的‘情绪化’行为。其中，合理的工具理性和价值理性行为最重要，而非理性的传统行为和‘情绪化’行为居于边缘和次要地位”[④]。黄帝祭祀庆典仪式提供的正是兼具理性诠释和“情绪化”释放的平台，结构性的天然弥合价值理性和工具理性，来表达功能层面的共同体意识。这是从仪式和意识两个层面实现文化认同和精神源头认同。这是黄帝现代表达最为重要的面向，就目前而言，黄帝祭祀是黄帝现代表达较为典型的案例。

二、古今相合：黄帝文化与现代精神的链接

黄帝文化的现代表达一方面是因黄帝文化作为一种文化类型，要适应时代发展而不得不进行“自我革命”，另外一方面，也是更为重要的原因是黄帝文化与现代精神具有“强链接”。黄帝文化在现代表达过程中呈现出“古今相合”的特点。我们认为黄帝文化的内涵中至少三点，即“自强不息的创造精神、建功立业的有为精神和无私奉献的民族

① 爱弥儿·涂尔干：《宗教生活的基本形式》，渠敬东、汲喆，译，北京：商务印书馆，2016 年，第 181 页。

② 彭立群：《论广义公共领域的内涵、类型和价值——对哈贝马斯公共领域概念进行扩展的一种尝试》，《学术界》2008 年第 4 期。

③ 刘群、孟永：《马克斯·韦伯的社会分层与文化》，《巢湖学院学报》2005 年第 6 期。

④ 王锟：《工具理性和价值理性——理解韦伯的社会学思想》，《甘肃社会科学》2005 年第 1 期。

精神”是契合新时代的文化内核，是黄帝文化现代表达重要方向和内容。

（一）自强不息的创造精神

在黄帝文化内核之中，自强不息的创造精神显得特别突出。众所周知，黄帝的发明创造是“层累”形成，据不完全统计，目前在古籍文献中黄帝的创造之物有 60 多项，笔者将其归纳制表，以便清晰认知，如下表：

表 1　古籍中记载的皇帝的“创造之物”

序号	文献	内容
1	《史记·封禅书》	黄帝时为五城十二楼。
2	《史记·历书·索隐》	黄帝时占日、占月、占星气、造律吕、作甲子、作算数、发明了《调历》。
3	《轩辕本纪》	黄帝筑邑造五城；黄帝作灶；黄帝“令孔甲作盘盂，以代凹尊坯之朴”。
4	《易经·系辞下》	刳木为舟，剡木为楫……服牛乘马……断木为杵，掘地为臼……弦木为弧，剡木为矢……
5	《世本》	轩辕子苗龙，为画之祖；黄帝穿井；黄帝作旃；黄帝始制嫁娶；黄帝使素女鼓瑟。
6	《古史考》	黄帝始蒸谷为饭，烹谷为粥；黄帝始造釜甑；黄帝作弩；黄帝作车，引重致远。
7	《新语》	黄帝乃伐木构材，筑作宫室，上栋下宇，以避风雨。
8	《路史·后纪五》	棺椁之作，自黄帝始。
9	《物原》	黄帝作碗碟。几创始自黄帝也。
10	《通鉴外纪》	蚩尤为大雾，军士昏迷，轩辕作指南车以示四方。
11	《黄帝内传》	玄女为帝制司南车当其前，记里鼓车当其后；玄女为帝制夔牛鼓八十面。
12	《路史·疏仡纪》	黄帝“命大容作承云之乐，是为云门”；“命西陵氏劝蚕稼”。
13	《庄子·天下》	黄帝有《咸池》之乐。
14	《古今注》	短箫铙歌，军乐也，黄帝使岐伯所作也。
15	《通纂》	黄帝使伶伦造磬。
16	《初学纪》卷九引《归藏·启筮》	黄帝作《枫鼓之曲》。
17	《水经注》卷十五引《竹书纪年》	黄帝东巡河过洛，修坛沉璧，受龙图于河，龟书于洛。
18	《通典》	黄帝封禅天地，则郊祀之始也。
19	《黄帝内经》	黄帝筑圆坛以祀天，方坛以示地，则圆丘、方坛之始也。

从上表中可以明确感知到黄帝及其所处时代是中华民族的奠基期，是中华民族发明

创造的集中爆发期。这种发明创造的精神与现代社会创造精神息息相关。这是黄帝文化中最为突出的内核，黄帝的创造性就是中华民族创造发明的底色。现在，我们依然延续着这种创造精神，不管是高铁的四通八达，还是中国的登月计划，都是这样创造精神的延续。就从黄帝本人而言，在这种创造发明精神的照耀下，他已经成为一种符号，一种具有首创精神的文化符号，一种具有以创造凝聚民族的力量符号，更是成为中华民族的团结融合的精神符号，在这一点上，黄帝文化中的创造精神与现代社会有机链接，成为贯穿古今的精神脉络，闪耀在历史文化的长廊之中，生辉在中华民族的精神世界。

（二）建功立业的有为精神

黄帝是中国历史上的有为君主，不管是他代神农氏而成为天下共主，还是他与蚩尤之战，都能说明黄帝建功立业的精神。就黄帝文化而言，其内涵必然包括建功立业上的有为精神。在典籍的记载中，黄帝的功业颇多，笔者将其制作成表 2，如下：

表 2　典籍记载的黄帝功业

序号	文献	内容
1	《史记 · 五帝本纪》	诸侯咸尊轩辕为天子，代神农氏，是为黄帝；置左右大监，监于万国，万国和。
2	《管子 · 五行》	黄帝得六相而天下治，神明至。
3	《吕氏春秋 · 勿躬》	大桡作甲子，黔如作虏首，容成作历，羲和作占日，尚仪作占月，后益作占岁，胡曹作衣，夷羿作弓，祝融作市，仪狄作酒，高元作室，虞姁作舟，伯益作井，赤冀作臼，乘雅作驾，寒哀作御，王冰作服牛，史皇作图，巫彭作医，巫咸作筮，此二十官者，圣人之所以治天下也。
4	《帝王世纪》	黄帝以风后配上台，天老配中台，五圣配下台，谓之三公。
5	《路史 · 疏仡纪 · 黄帝》	黄帝立四辅、三公、六卿、三少、二十四官，凡百二十官，有秩以之共理，而视四民。
6	《商君书 · 画策》	黄帝作君臣上下之仪，父子兄弟之礼，夫妇妃匹之合。
7	《拾遗记 · 轩辕黄帝》	黄帝置四史以主图籍，使九行之士以统万国。九行者，孝、慈、文、信、言、忠、恭、勇、义。
8	《淮南子 · 览冥训》	昔者黄帝治天下，而力牧、太山稽辅之。治日月之行律，治阴阳之气；节四时之度，正律历之数；别男女、异雌雄，明上下，等贵贱。

从上述表 2 中可以知道，黄帝建立了中国历史上第一个酋邦性质的国家机构。换句话来说，黄帝是中国第一个建立国家的人，也就是说，黄帝是国家的发明者，其建功立业的有为精神可想而知。在新时代中国，现代精神中不需要我们再去建立国家，但是需要我们发挥有为精神，成为社会主义有为建设者，成为实现中华民族伟大复兴、实现中国梦的有为者。正是这一点，让黄帝文化和现代文明能够“强链接”，有为精神不仅是

黄帝文化的内核，也是现代精神的要求。这契合了时代发展的内容，这对黄帝文化的现代表达具有积极意义。事实上，黄帝文化中的有为精神，可以看作中华民族“有为文化”的源头，正是黄帝践行有为的人生观，让中华文化中蕴涵了诸多有为思想，才有“达则兼济天下”的宏伟思想和社会实践，从这一点上来说，黄帝的皇皇不世之功跟现代的践行社会主义发展观具有相同之处，这是黄帝文化与现代精神的融通之处，古今相同，混一而来。

（三）无私奉献的民族精神

黄帝文化包含了无私奉献的民族精神。目前，关于“无私奉献”的理解主要集中于个人角度，事实上，如果将“无私奉献”放置在黄帝所处时代，他的“无私奉献”的受益人是中华民族和中华族群。而今，习近平同志创造性地提出了“人类命运共同体”的理念，这一理念从人类族群的角度来说，两者具有相通，乃至相同之处。从文献典籍来看，黄帝的一生是为中华民族团结融合奋斗的一生，应该说，黄帝所做的努力，所取得的成果，都奉献给了中华族群，这种无私奉献蕴涵了伟大的民族精神，为中华民族，为中华族群的崛起做出了贡献。在新时代，我们依然需要“无私奉献”的民族精神。在人类命运共同体的理念下，在诸多民族、诸多文化交流碰撞的视野下，每一个中国人都应该具有“无私奉献”的民族精神，为中华民族的再次崛起，为中华民族的再次屹立在世界民族之巅而努力。正如黄帝给中华民族带来更为先进的物质文化和精神文化，不顾妻子、母亲的安危，为中华族群取得“普罗米修斯之火”，更为了族群的发展，不惜以身犯险，与蚩尤恶战九次。这种“无私奉献”的民族精神能够更好地链接现代社会，更好地启发现代社会，更是现代社会中精神文明中的重要内容。

三、四大难点：黄帝文化现代表达的问题与对策

正如上文所述，黄帝文化在现代表达过程中存在神话、图腾和庆典三大形象，这三大形象是黄帝文化的三个侧面，它们所隐含的是中国人民对于黄帝文化的认知，更是文化基因，是黄帝文化现代表达的基础。于今而言，在黄帝文化现代表达过程中存在四大难点，不利于黄帝文化的现代表达。

（一）黄帝文化认知错位，阻碍黄帝文化的现代表达

黄帝文化源于中国，传于世界，是中华优秀传统文化组成部分，体现中国人民对“祖脉”的深刻认知和对美好生活的向往。学界认为黄帝文化本质是对原生文明和对祖根文明的认知，从另一个角度来说，则是对于文明创新和文明固守的发展与继承。因而黄帝文化的现代表达应在文明“创新和发展”的领域进行。正因对黄帝文化本质内涵理解的偏差以及只重视经济利益的驱动下，未能真正发掘出黄帝文化的价值，在黄帝文化的现代表达过程中呈现出吸引眼球和赚取人气的“政绩工程”，这些“政绩工程”中缺乏对黄

帝文化的认知，特别是对黄帝文化在神话、图腾和庆典三大面向的基本认知，导致黄帝文化在传播过程中存在“虚、空、假”之状况，这不利于黄帝文化的真实传播。与此同时，在普罗大众中，黄帝文化的传播同样存在认知差异。在人民群众中出现两极化倾向，一是无限拔高黄帝文化的内涵和价值，出现“唯黄帝文化为宗”“言必称黄帝文化”的状况；一是无限抵制黄帝文化，认为黄帝文化是无中生有，黄帝文化是封建糟粕，这对黄帝文化的传播颇为不利。更有甚者，对黄帝文化进行曲解和杜撰，在部分小说、戏剧、影视作品中，将黄帝塑造成暴力的代名词，或是淫秽的代言人，这些作品不利黄帝文化的传播和传承。需要指出的是，不管是官方行为，还是大众传媒，抑或是自媒体，在黄帝文化的传播过程中始终要坚持提供积极、健康、向上的黄帝文化内容，始终要坚持黄帝文化的神话、图腾以及庆典三大方向，有机融合的传播。认知是黄帝文化的基础，只有在认知明确清晰的基础上传播黄帝文化，传播价值才能得以凸显，才能在黄帝文化的现代表达中得以站稳脚跟，才能赢得更多黄帝文化现代表达的空间。需要再次强调的是，黄帝和黄帝文化作为一种文化样态，在明确认知的基础上，进行文化传播或者现代表达是在新时代背景下、在文化自信的战略下，必然要走之路、必然要做之事、必然要行之略。

（二）黄帝文化传播形式落后，阻滞黄帝文化的现代表达

目前而言，黄帝文化的传播形式较为单一，黄帝祭典是黄帝文化传播最为主要的形式。这种传播方式是政府行为，所针对的对象主要集中于政府机构、学术研究团队和部分群众，这样的传播方式在传播数量上具有限制性。需要指出的是，黄帝文化的现代表达不仅需要来自政府层面的支持，更加需要民间社会的支持。黄帝文化的现代表达是系统性的工程，单一面向的传播收效甚微，事倍功半。在黄帝文化现代表达的展示过程中，应是多视野、多角度，多元化的传播和表达。在文化层面，要依靠诸多专家学者，依托他们开展黄帝文化的学术研究，定期举办研讨会，将黄帝文化作为重要的研究对象，让黄帝文化成为研究热点。与此同时，也要依靠地方学术机构、民间团体持续开展黄帝文化的研究、黄帝文化遗迹的探索、黄帝文化传说故事的收集等；在教育层面，要将黄帝文化放入当地中小学的乡土教材之中，让黄帝文化成为孩子喜闻乐见的文化类型，通过黄帝文化课本和图书的传播，加之各类教师的讲授，让黄帝文化成为最为基础的文化类型，让更多的民众接受、了解和传播黄帝文化；在自媒体和数字化传播层面，黄帝文化的传播需要使用数字化技术和自媒体的传播策略。目前，世界已进入信息化时代，甚至已是“元宇宙”时代，黄帝文化的现代表达需依托数字化技术和自媒体。就黄帝文化的自媒体传播，其本质是建立黄帝文化现代表达的“基本盘”，即通过自媒体策略，让黄帝文化有较为充分的受众。而数字化技术则是将黄帝文化放置在更为宽广的传播领域之中，同时让黄帝文化的现代表达更具有科技感和现代感。如将黄帝文化和网络影像数据库进行集合，创造出黄帝文化资料库，通过影视化和可视化手段，将黄帝文化呈现在更多年

轻人的手机中，甚至是“眼中（可视化装备）”。与此同时，还可将黄帝文化的精神内核，诸如创造精神、有为精神、奉献精神进行提取，并加以编码，用数字化的方式加以传播。就传播手段而言，除上述数字化手段之外，传统的传播方式——网络短片、手机小说、语音微博、广播电视、报刊文章等方式亦不可放弃使用，传统的传播方式仍有相当数量的受众人群，在传统媒体中传播黄帝文化仍是可行方式。综合而言，通过政府、学术团体、新媒体和数字化技术以及传统的传播方式，让黄帝文化传播改变单一的传播模式，促进黄帝文化现代化的多元表达。

（三）黄帝文化嫁接、赋形等能力不足，滞后黄帝文化的现代表达

黄帝文化的现代表达其实蕴含两重含义，即物质黄帝文化的现代表达和精神黄帝文化的现代表达。就目前而言，黄帝文化的现代表达过程中，嫁接、赋形等能力不足，滞后黄帝文化的现代表达。黄帝文化的嫁接策略是针对黄帝文化的内核而言。黄帝文化从本质上来说是农业文明的文化。因而，在黄帝文化的现代表达中要寻找到黄帝文化和现代社会的联结点。我们认为黄帝文化的创造精神、有为精神和奉献精神正是黄帝文化与现代社会之契合点。故而要将这“三种精神”嫁接到现代社会生活之中，要将这“三种精神”移植到现代人熟悉和熟知的生活方式和生活样态之中。如将这“三种精神”放置在小说阅读或者游戏生活之中。这是黄帝文化现代表达过程中嫁接策略之一，也是黄帝文化现代表达过程中不断加强的方式。

赋形策略亦是针对黄帝文化的三大精神内核。即将黄帝文化的三大精神内核，通过城市景观、城市雕塑、城市发展定位等内外形式加以融合，展示黄帝文化的现代表达。具体而言，要以黄帝文化三大精神内核，打造“黄帝文化之城”，通过“黄帝文化之城”的建设将黄帝文化赋形于城市的各个角落，不管是物质上的城市景观，还是视觉上的城市设计，抑或是精神的“黄帝文化元宇宙”，都让黄帝文化有效赋形，让黄帝文化深入城市肌理，促进黄帝文化的现代表达。

（四）黄帝文化遭遇现代性挑战，阻碍黄帝文化表达

目前来说，黄帝文化现代表达遭受市场化、大众化和全球化的挑战。就是市场化而言，著名的“经济人假说”仍影响黄帝文化的现代表达，即经济功利主义让黄帝文化的现代表达也具备功利色彩。“经济人假说”让黄帝文化的现代表达受到“双重打击”，其一是在市场化的影响下，在追求利益最大的诉求下，对于黄帝文化的建设处于较为薄弱局面；其二是对于黄帝文化的开发过程中，忽视对黄帝文化的保护，这些对黄帝文化现代表达而言，都具有“致命性”。就大众化而言，黄帝文化已然陷入“怪圈”之中。黄帝文化是中国的“根文化”之一，之所以是“根文化”，一方面是说明黄帝文化的重要性和奠基意义，另一方面则是展示黄帝文化的深刻性和“曲高和寡”，也说明普罗大众对黄帝文化了解较少。而大众性的文化是受到人民大众热爱与追捧，显而易见，黄帝文化目前

还不具备被广大人民群众热爱与追捧的条件。而且大众性的文化在某种程度上具有局限性，即会迷失在大众的追捧之中，而失去大众文化所本身拥有意义，眼下特别流行的“网红文化”是最为典型的大众文化，其弊端显而易见，这构成了对以黄帝文化为代表的精英文化的消减。与此同时，大众化对黄帝文化的现代表达还有“同构”的作用，即在追求黄帝文化大众化的过程中，不自觉会失去黄帝文化本身特殊性，让黄帝文化成为大众文化的一部分，这本是好事，然随着时代演进，大众化对“黄帝文化”的“同构”会让黄帝文化失去其独立性，进而失去黄帝文化本质特征，这一点需要在黄帝文化现代表达过程中加以防范。就全球化而言，黄帝文化的现代表达仍然受到挑战。黄帝文化是中国独有的文化类型，是所有中国人，乃至海外侨胞共同尊重的文化偏好。在全球化发展的背景下，黄帝文化随着国际航道在世界范围内具有一定影响力，但全球化也意味着中西文化的不断冲突与融合，黄帝文化在现代表达过程中自然受到来自西方文化的压力。文化的竞争其实也是“你死我活”和“你中有我”。黄帝文化在直面西方文化的挑战过程中，对其现代表达构成挑战。特别是黄帝文化在海外传播过程中，西方文化力量过于强大，黄帝文化“有所失真”也在所难免，从黄帝祭典过程中，必须着西服这一点，可以管中窥豹，发现端倪，可见黄帝文化现代表达还是受到全球化之挑战。面对西方文化的强势，黄帝文化现代表达出路在哪里，这都是黄帝研究者需要思考的问题。

乡村振兴与中华文化传播研究

主持人语

乡村振兴需要我们“以社会主义核心价值观为引领，深入挖掘优秀传统农耕文化蕴含的思想观念、人文精神、道德规范，培育挖掘乡土文化人才，弘扬主旋律和社会正气，培育文明乡风、良好家风、淳朴民风，改善农民精神风貌，提高乡村社会文明程度，焕发乡村文明新气象”。文章《陕西关中乡村传统文化的传播与传承研究——基于张载故里的田野调查》，用田野调查的方法，考察名人故里的宗教信仰、丧葬文化、婚俗文化、节庆文化、伦理道德与人生礼仪，探讨乡村传统文化的精神标识与时代意义，直面现代化进程中乡村传统文化传承与传播的困境与问题，为乡村传统文化的传承与传播寻找对策。乡村优秀传统文化的传扬需要技术赋能，在创造性转化与创新性发展中发挥时代价值。文章《VR 传播乡村红色文化的现状、困境与对策——以广东省惠州市中洞村为例》，探讨 VR 技术赋能乡村红色文化的现状、困境与对策，为数字技术赋能乡村传统文化振提供了典型个案。传统村落是中华民族的“家园”，是中国农耕文明留下的最大遗产，具有重要的历史、文化、科学、艺术、审美、经济等多种价值。现代化城市化进程让传统村落一度衰落，旅游经济的飞速发展，又让传统村落的产业化开发成为时代的热点与痛点。如何打造文化遗产空间？如何在文化价值与商业价值之间找到平衡支点？时代之问值得审思！文章《乡村振兴背景下传统村落文化的传承与保护研究——基于洛阳市卫坡村的考察》映射乡村振兴背景下传统村落文化传承与保护的困境，从文化传承保护与产业化开发中寻找对策。

（贵州师范大学国际旅游文化学院　田素美）

乡村振兴背景下传统村落文化的传承与保护研究

——基于洛阳市卫坡村的考察

郭周卿[1]　何　星[2,3*]

（1. 四川省社会主义学院，四川成都，610041；2. 西华师范大学管理学院，四川南充，637002；3. 四川省研学旅行发展研究中心，四川南充，637002）

摘　要：传统村落是中国数千年悠久历史的见证者与承载者，凝聚着中国传统文化的精华，是维系华夏民族身份认同与文化认同的纽带。近年来，伴随着现代化和城市化进程，乡村地域文化受到巨大冲击，乡村传统文化的传承和发展面临重大挑战。文章通过对中国传统村落——洛阳卫坡村在旅游开发与保护进程中现存的主要问题、需求，分析卫坡村在旅游开发与文化保护中遇到的瓶颈和选择的路径，对于卫坡村传统村落文化复兴与对外传播对策的研究具有现实的指导意义。在乡村振兴国家战略背景下，研究认为从传统村落文化传承与创新角度思考传统村落保护与发展具有现实性，通过文化与旅游的融合创新发展和不断拓宽传统村落文化遗产的媒介传播路径，有助于传统村落的活化与发展、增强民众的地缘归属和文化认同，更能向世界展示和传播中国传统优秀乡村文化。

关键词：乡村振兴；传统村落；旅游开发；卫坡村

村落民俗文化是聚居的民众在长期生产生活实践中沉淀下来的，在乡村发展过程中不断创造和传承下来的风俗习惯与生活方式，有着重要的经济、社会、文化、艺术价值。

---

* 作者简介：郭周卿（1988— ），男，河南洛阳人，博士，四川省社会主义学院讲师，研究方向为民族民间文化遗产与保护研究；何星（1990— ）通讯作者，男，四川营山人，博士，硕士生导师，研究方向为民族文化旅游研究。

基金项目：四川省社科规划 2022 年度项目（项目号 SC22C026）、四川省哲学社会科学重点研究基地四川民族山地经济发展研究中心项目（项目号 SDJJ202224）、四川省高等学校人文社会科学重点研究基地四川研学旅行发展研究中心 2022 年度项目（项目号 YX22-38）、四川省社会科学重点研究基地四川旅游发展研究中心 2022 年度项目（项目号 LY22-40）、西华师范大学研学旅行理论与实践创新团队（项目号 SCXTD2022-6）、西华师范大学 2021 年度博士启动项目（项目号 21E002）阶段性成果。

传统村落作为独具民族风格的乡村民俗文化承载体，是推进乡村振兴的重要力量，保护与规划传统村落对于传统村落的乡村振兴有重大意义，通过保护和规划传统村落，可以改善当地的人居环境，助力传统村落的生态、产业、文化振兴，传承传统村落的文化遗产。[①] 自 2012 年住房和城乡建设部、文化部、国家文物局、财政部联合下发《关于开展传统村落调查的通知》，全国各地开启了对传统村落的调研、记录和整理工作。截至目前，我国已经先后公布了四批传统村落名录，4153 个村落被纳入保护范畴。被列入国家名录只是传统村落保护的第一步，面临城镇化进程、旅游开发、现代农业技术、社会转型等多方面因素的影响下，许多传统村落的保护与开发之路走向了误区，原有的村落文化在逐渐被肢解、异化和歪曲。本研究关注的是第二批列入国家保护名录的传统村落——洛阳市孟津县朝阳镇卫坡村，这里保存着一片三百多年的清朝建筑，传统民居与传统建筑文化构成卫坡村最重要的文化资源。近年来，卫坡村借助旅游开发带动当地居民脱贫致富，实现传统文化的创造性转化与创新性发展，对传统村落的活态保护具有重要借鉴意义。

一、研究对象卫坡村概况

据卫坡村《卫氏家谱》记载，卫氏祖居山西阳城县，后迁居垣曲县峪子村，明洪武年间避乱迁居济源县清上乡无根里，后又迁居济源轵城镇，卫氏第七世天禄于顺治年间由济源轵城镇迁居现住地兴家置业，因姓氏及地形起村名卫家坡。乾隆年间，卫氏族人在朝中做官，成为一方望族，开始营建卫氏宅院，后经近百年修建，形成了集祠堂、私塾、绣楼、南北老宅于一体的较完整的封建官宦家族宅院。改革开放以来，村民们纷纷从老宅里搬出，古民居已基本无人居住，如今的卫坡村古民居尚存 16 座 248 间，院落窑洞 26 孔，民居内以一条长 150 米、宽 10 米的东西向小街为界，分南北两部分。街南现存 7 所宅院，街北现存 9 所宅院，宅院青砖瓦舍，布局对称，宅院内保存有大量木雕、砖雕、石雕及匾额上都刻有中国传统孝道文化故事，以及悬挂在显要位置的楹联，诉说流传百年的家风家教，展示了清代民间建筑的艺术风格。[②] 这些老宅是中原传统农耕文化的延续，挖掘其文化价值有利于卫坡村在美丽乡村建设中守护文化根脉。[③] 经过历史沉淀，卫坡村旧民居在布局和建筑样式上都形成了独特的结构与经典符号，具有极高的审美价值，吸引周边各地游客、摄影师乃至省内外各界专家的关注。近年来伴随城镇化进程，卫坡村居民生产生活方式在传统农业生产的基础上发生了变化，呈现出空心村和老龄化特征。一方面，村子很多年轻人逐渐适应了脱离土地的生活方式，通常选择在每年春节过后到全国各地打工，家中只有老人和小孩，因此也衍生出诸如老人养老和留守儿

① 廖军华:《乡村振兴视域的传统村落保护与开发》,《改革》2018 年第 4 期。

② 张艳庭:《卫坡——时光雕刻的河洛古村》,《旅游》2017 年第 5 期。

③ 苗菱:《新农村建设经验总结——卫坡村“美丽乡村”建设》,《农民致富之友》, 2016 年第 10 期。

童教育等问题。另一方面，地方政府越发重视对卫坡村的旅游开发与文化保护工作，试图利用旅游开发、招商引资、自主创业等多种途径吸引外出打工村民抓住发展机遇，回到村子里把握发家致富的良机，以实现村落文化的活态保护。笔者到卫坡村，看到排列整齐、庄严古朴的古建筑与旁边新建的砖房形成鲜明对比，时有年迈的老人依偎在门口的门槛上，在夕阳的余晖中尚显落寞。这让笔者思考，在传统与现代之间，如何实现保护与发展之间的平衡，这是卫坡村未来发展面临的重要问题，历经五年探索，在政府、旅游公司、村民等各方力量的参与实践中，逐渐摸索出一条与卫坡村自身特征较契合的发展道路。

二、卫坡村在传统村落保护中的实践

文旅融合发展有助于推动城乡融合发展与乡村全面振兴。旅游是文化传承保护的重要渠道，发展旅游可以增强文化的活力，也极大促进了传统优秀文化资源的保护、传承和发展，游客希望到乡村地区旅游，企业愿意到乡村地区投资旅游业，旅游利用的外生动力已经形成；采用内源式（ 村民自发、社区主导 ）或者外源式（ 外部资本主导 ）旅游利用策略，将传统村落景观资本化、文化产业化，借助城市的消费市场，建立传统村落与现代城市的互动系统（图 1），这样就形成传统村落的旅游利用内生动力。

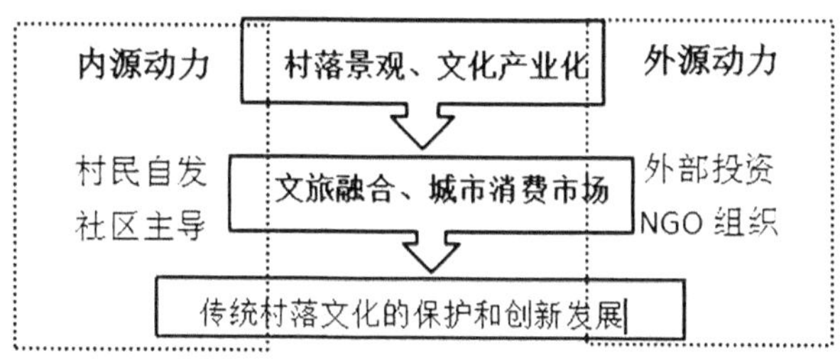

图 1　传统村落与现代城市的互动系统

卫坡村地理位置优越，文化底蕴浓厚，百年古民居的生活方式和文化观念共同铸造了当地独有的文化特质以及巨大的旅游开发潜质。卫坡村属于邙山陵墓群展示旅游区，该旅游区紧邻洛阳市区、孟津县城和朝阳镇区，连霍高速横贯东西，243 省道和 020 县道纵贯南北，交通便利，区位优势明显。该旅游区同时包含有文昭皇后陵、魏孝文帝长陵、卫坡民居、后李遗址、朝阳烈士陵园和瀍沟遗址等第一批被列为国家或升级重点文物保护单位的遗址遗迹，文物资源优势突出。但是在旅游开发之前，卫坡村旧民居破旧不堪，有的甚至年久失修，成为安全隐患。卫坡村 2013 年被列为国家传统村落保护名录之后，才迎来发展的机遇。2014 年 6 月，由辉煌集团投资、洛阳市魏紫旅游开发有限公司开发的卫坡村“中国传统村落暨美丽乡村”文化旅游项目全面展开，项目本着保护、利用、开发的理念，积极探索政府引导、社会参与的美丽乡村建设新模式，利用特色资源培植文化产业，同时，卫坡村与周边的官庄、高沟在旅游产业上互动发展，卫坡村逐渐摸索出一条与自身特征相契合的发展道路。

（一）修旧如旧，固态保护

固态保护是指保护古民居的原有样貌，修旧如旧，尽可能保护古建筑的历史特色和原有结构。天井窑院和古旧居都是在原有的地基上重新建造，专家在修复之前进行了专业的勘查和走访，尽量保证原汁原味。值得注意的是，往村西走，还存有六七十年代留下来的当时生产队的文化室，墙上有毛主席语录、毛主席画像、红色标语和口号，这些装饰仍旧被完整地保存下来，成为具有时代印记的文化景观和村民适应时代的最好反映。通过修旧如旧的固态保护方式将卫坡村的古建筑群完好地呈现在世人面前，其文化价值首先从外在形态上已得到较好体现。村民对现今卫坡村老房子被拿来进行旅游开发之用持乐观态度。传统建筑的修旧如旧、固态保护总体而言利大于弊，但越来越多的利益驱动力量参与也导致修复古建筑群变成一种获利手段。[①] 旧民居成为一种可以随时被村民和游客感知的历史记忆，这也是村民适应时代的最好反应。

（二）与时俱进，活态传承

村落文化不是博物馆里的展示物，而是一种“活态”的人文资源，是乡村地区摆脱贫困、构建文化和经济的新方式，促进发展的内在需要。[②] 卫氏家族在历史上是名门望族，卫坡村现存的古民居能够完整地保存也得益于卫氏对待房屋“许住不许卖，许修不许拆”的族规以及卫氏家族世代良好的家风。身处卫坡村，可以找到时代的印记，能够看到传统的生活方式仍然生动地出现在人们面前，让村里年轻人了解过去的生活，让老一辈人回味过去的自己。每逢传统节日，村里的文化展演活动层出不穷，花灯节，烟花会、灯笼会，看戏喝茶吃水席，民间婚礼等一系列民俗活动为卫坡村注入了新活力，传统文化的种子不断在人们的心中生根，在卫坡村这片土壤上发展壮大。每个年龄段的人来到这里都能够融入村落的文化氛围中，使人深刻地感受到村落的传统与古朴，使当地成为中原传统民间民俗文化的根据地。

（三）创新旅游文化产业

旅游项目的开发对卫坡村村民来说既是机遇也是挑战，有的村民能够抓住机遇，依托旅游开发项目开店售卖特色小吃，传承传统手工艺，表演传统文化节目，一方面让更多游客了解本村，另一方面传承了传统文化，也有助于村民自身对传统生活方式的反思，

---

① 车震宇：《传统村落的旅游开发与形态变化》，北京：科学出版社，2008 年版，第 87 页。

② 何星：《少数民族村寨旅游文化展演的保护机制研究——以贵州省西江千户苗寨为例》，《中华文化与传播研究》2018 年第 1 期。

传统文化要实现创造性转化和创新性发展，才能给村民带来长久的效益。卫坡村通过民宿产业的发展，吸纳了村民就地就业和返乡创业，带动了当地农副产品销售和第三产业发展。以 2021 年为例，卫坡村村民人均纯收入为 1.76 万元，是 2016 年的 3 倍；常住村民也比 2016 年增加了 510 人。洛阳市通过推行“旅游 +”“生态 +”等模式，深度盘活境内传统村落资源，推进农业、林业与旅游、教育、文化、康养等产业深度融合，大力发展休闲度假、旅游观光、养生养老、农耕体验、农业创意、乡村手工艺等产业，打造一批繁荣农村、富裕农民的新业态。卫坡村也相继荣获全国乡村旅游重点村、中国传统村落、中国美丽休闲乡村、全国文化文明村等荣誉。旅游开发不但提升了当地人的生活水平、增加了村民的收入，也受到政府部门和民间各界人士的关注，获得了国家和地方政府的财力物力支持。卫坡村以古民居参观为主题，民间文物展示交流为补充，名家书画创作展示、拍卖为特色，民风民俗演示为风格，商业购物为内容，集旅游、休闲、度假、购物于一体的国内一流传统村落的全新规划建设和实践已有序展开。游客既是体验者又是传播者，在参观体验的过程中，通过手机、相机等技术设备将不可再生的传统村落记忆传播至网络平台，提升了传统村落的社会影响力，借助旅游开发还促进了当地餐饮业以及农产品、文化产品、特色民族产品的销售，带动地方经济增长[①]。

三、旅游发展过程中卫坡村面临的困境

关于传统村落保护，学术界的一种观点将传统村落的保护等同于传统民居建筑的保护；另一种观点则坚持采取切实可行的措施保护传统村落的生产生活方式，确保传统村落宜家宜居，防止村落空心化。[②] 乡村振兴的主体是农民，随着城镇化步伐加快，大量农村劳动力外出就业创业，“空心村”“空壳村”比比皆是，存在传统建筑自然破损、村落文化谱系缺失等问题。[③] 卫坡村传统村落文化传承乏力；传统村落激活方式大多以乡村旅游为主体，存在激活方式同质化、旅游品位低端化、景点过度商业化等问题，且容易出现建设性破坏、村落传统文化断层缺失等问题。受现行农村土地政策和产权制度的制约，农村集体建设用地使用政策与传统村落发展中的土地利用存在供需矛盾。乡村民宿的发展，推动了传统村落古民居保护利用和乡村旅游转型升级，但囿于产权及非标准住宿设施准入等因素，外来投资者存在顾虑。因此，卫坡村在利用传统村落发展乡村旅游过程中，也面临诸多困境。

（一）过度商业化

卫坡村传统村落拥有较高的历史文化价值和传统文化氛围，在保护和开发的过程中

① 伽红凯：《中国传统村落保护的矛盾与模式探析》，《中国农史》2016 年第 6 期。

② 陈庚、王禹：《四川省传统村落保护与发展的研究探析》，《城市地理》2016 年第 8 期。

③ 吴晓庆、张京祥、罗震东：《城市边缘区“非典型古村落”保护与复兴的困境及对策探讨：以南京市江宁区窦村古村为例》，《现代城市研究》2015 年第 5 期。

如何挖掘其历史文化价值和传统民俗文化内涵是第一位的。但实际的旅游开发中，不可避免地走向商业化。调查发现卫坡村的旅游开发区域，虽然有中原地区独特的文化样态如石碾、石磨、古建筑群、窑院，但是比较显眼的还是处处可见的商铺和全国各地都随处可见的旅游产品和小吃。在旅游企业进行的旅游项目开发中，把古迹当景点，把遗产当“卖点”，出现了一批风格不协调、体量庞大的农家乐、民宿，导致村落乡土建筑被损坏、传统风貌被侵蚀、传统文化被异化。当地的特色文化如何创新与转化，才能体现其深厚的文化底蕴，如何能够去商业化强民俗化，让更多人看到传统生活方式活态的展现与传承。

（二）旅游服务基础设施不健全

卫坡村乡村旅游尚处在开发阶段，村内相应配套措施还很不健全，从 2011 年开发至今，十年过去了，但很多项目并未按时开放。村民为了追求利益最大化，到了旅游旺季就会回到村里摆摊做生意，旅游淡季选择外出打工补贴家用，这无形中改变了村民的生活方式，但至今仍然没有规范的常态化的发展模式和旅游特色，游客去卫坡旅游，除了看到两排古建筑，其他的就是拥挤的人群和吵嚷乱糟糟的街道。调查发现卫坡村平时人流量较少，但逢年过节，游客数量剧增，游客产生的生活垃圾无处放置，路边随处可见塑料袋、饮料瓶、餐盒等生活垃圾，也没有完善的处理方式，直接影响了村落的生态环境和居民的生活环境。[①] 村内游览区域内也没有固定的停车场,缺乏合理的景区管理措施，导致游客人数集中也导致村寨的交通严重堵塞。

（三）旅游开发过程中利益相关者的矛盾

旅游开发虽然保护了传统的建筑和民俗文化，改善了卫坡村的经济状况，但也带来了一些问题，如：古民居的旅游开发使原本属于私有的住宅群，如今变成了对外公开的旅游参观景区，民居内有村民的祖先牌位，祠堂等神圣的区域也要变成公共参观之地，使村民心有余悸而无法言说，政府的补贴金额更是不足以安抚村民的心；旅游开发为当地许多无业村民提供了工作岗位，如保洁员，保安，还有街边商贩，但是随之而来的是村民对有限的工作岗位的竞争，导致村民之间，本村与外村之间产生利益纠葛。利益纠纷使得人心涣散，不利于村落的发展。本村的人虽然获得了利益，住进集体搬迁的房屋，但是利益分配不均仍然值得重视。政府和企业的介入也许只能解决表面问题，深层次的纠纷和争论仍然会以各种形式继续着，这是一种必然，也只有在不断的纷争中找到平衡，最终才能够实现良性发展。

---

① 车震宇、楚珊珊、郑溪:《游客行为与传统村落游览区域适度控制研究：以西递村、東河古镇为例》，《旅游科学》2010 年第 2 期。

（四）传统村落文化空间失真困境

由于政府和旅游公司对卫坡村开展了一系列的商业开发和古居保护，与此同时也给村民新建了现代化民居。由于古民居年代久远，基础设施较差，大部分村民不愿意居住，导致大部分古民居空置，成为纯观赏景观，因此带来一系列问题。外来旅游者想要体验的是传统的民居生活，而通过旅游开发呈现出来的却是“展演”的文化碎片。这对卫坡村长远的可持续发展带来阻力。当人们无法看到传统生活方式活态展现，就只会是一次性的游客。旅游消费的减少直接影响卫坡的村民收入和长远发展。只有充分意识到“文化失真”的问题，才能够在保护传统民居的基础上，提升其文化吸引力。让人们身临其境地去感受传统生活方式，体验到乡村与城市的差异，体会到中国传统古建筑民居的风采，不搞千篇一律、千村一面的开发模式，才是卫坡村的出路。

四、卫坡村传统村落保护的未来发展方向

随着乡村旅游的快速发展，越来越多城市活力人群进入乡村，让艺术、设计、教育等资源进入乡村，乡村旅游不再是单纯的以美食与民俗体验为主的模式，而是进入乡村为目的地、乡村居住旅游时代。[①]习近平总书记指出，“绿水青山就是金山银山”看得见山，望得到水，记得住乡愁即要记住仁义礼智信的价值观念，能够记住文化核心，才能使我们在变革中守住本心，用优秀传统遗存面对未来[②]。对于卫坡村而言，这些传统民居，就是凝聚着乡愁的文化符号，也是卫坡村的文化资本。因此，传统村落文化遗产在乡村振兴战略中具有重要价值，要全方位、广角度、多渠道推进传统村落文化遗产的传播，努力走出一条具有新时代中国特色的传统村落文化遗产传承、保护与开发之路。

（一）全面保护、系统设计，加大保护利用传统村落的政策、项目和资金支持力度

提高传统村落覆盖率，推广先进经验。进一步推动传统村落保护规划编制，按照《云南省传统村落保护办法》要求，对入选云南省传统村落名录的村落应编尽编，定期选取编制保护发展规划、实施成效较好的案例，总结相关经验并予以推广，提升全省传统村落整体保护水平；优化保护方法，推动标准化工作。组织编制传统村落保护规划，结合云南省传统村落的认定标准和资源特征，建立重点突出、系统全面的传统要素保护体系，明确保护对象，优化保护方法，推动传统村落保护工作清晰化、精准化，形成一套科学有序的标准化流程，确保传统村落保护规划落地落实。在能保即保、应保尽保前提下，严禁大拆大建和破坏性开发建设，合理挖掘利用传统村落的历史、文化、科学、艺术、社会和经济价值，形成保护与利用的良性循环。在保护利用中要强化系统思维、整体观

① 李亚娟、陈田、王婧：《中国历史文化名村的时空分布特征及成因》，《地理研究》2013 年第 8 期。

② 夏语檬：《乡土中国“礼”的影像记录及其价值传播——以纪录片〈记住乡愁〉为例》，《中华文化与传播研究》2018 年第 1 期。

念，坚持村落结构肌理与山水格局保护并重，使望得见青山、看得见绿水、记得住乡愁成为卫坡村传统村落最鲜明的标识。[①]

（二）以“文化自信”为引领，传承卫坡村历史文脉

传统村落的核心价值在于存续和弘扬优秀文化基因。要以“文化自信”为引领，突出村落特色，以乡土教育为重要内容，挖掘村落历史环境遗存的故事感、情绪感，植入非遗的动态表演、活态体验，做好村落文化创新性发展。通过网络技术实现“互联网+”“物联网+”的传播和营销应用于乡村文化旅游，以数字化建设整合信息资源，面向行政管理部门、企业、从业人员等进行交流合作。通过有线和无线网络、通信和办公平台，针对旅行社、旅游交通、饭店等旅游媒介以图片、文字等多种形式呈现旅游信息，为旅游管理者、经营者、旅游者提供当地旅游产品和信息服务。通过文旅结合等业态重构，重启村落内源发展动力，再建村落文化共同体，传承延续优秀文化。

（三）以新业态带动传统村落复兴和文化遗产的传播

准确判定村落发展定位，宜居则居、宜游则游、宜农则农、宜商则商，合理利用传统文化资源，多元化引导产业与乡村文化有效融合。首先，创新表现形式，推动传统民俗文化的现代化、多样化、生动化表达。在保护的基础上，发挥古村落、乡村景观、农业文化遗产的人文辐射作用，建设“乡土博物馆”“乡村美术馆”等文化设施，修整或重塑祠堂、宗庙、学堂等乡土文明的载体，传承并弘扬优秀宗族文化和乡贤文化。其次，积极引导社会力量参与，大力发展乡村旅游、康养度假、文化教育、非遗文创等特色产业，实现静态保护向活态传承转变。要以项目为抓手，把生态农业作为传统村落的基础，发展并建立生态循环有机农业、特色农业品牌；把传统手工业作为传统村落的特色，鼓励支持传统手工业，提高附加值；突出发展民宿、旅游、康养、度假、休闲、“互联网＋”等新产业模式。再次，广泛运用各种媒体渠道，以线上与线下相结合的方式，大力促进传统村落文化遗产的传播创新，扩大接受面与参与度。将传统文化与现代信息技术相结合，引进数字化模拟技术，搭建智慧化解说服务平台，利用现代科技手段，创新传播方式，给游客带来更好的视听感受，提升其文化体验，依托乡村旅游文创基地，将特色民俗技艺、传统工艺打造成可供体验、观赏、消费的旅游产品，使乡村民俗文化既得以妥善保护，又可以提升经济价值。

（四）尊重当地居民主体地位和参与意识。乡村振兴和旅游可持续发展关键在人

当地村民是传统村落的创造者和主人。做好传统村落的永续保护和利用，必须让农民深度参与。要以乡村旅游为载体，加大传统村落保护宣传力度，最大限度地将传统资源保护与产业发展、环境改善相结合，重塑乡村活力，鼓励干部和乡村能人积极返乡，

① 夏周青:《中国传统村落的价值及可持续发展探析》,《中共福建省委党校学报》2015 年第 10 期。

带头参与村落传统建筑保护利用，鼓励年轻人回村创业，以政策和环境吸引人才，以业态和项目留住人才；在传承传统村落“乡愁基因”的基础上积极改善人居环境，极大地满足村民的现代化生活需求；强化利益链接，引导村集体和村民以资金、土地、林地、房屋入股，参与经营和管理，推动资源变资产、资金变股金、农民变股东，增强乡村振兴内生动力。

五、结语

保护和利用好传统村落，对于留存乡村记忆、保护农村生态、拓展农业形态、建设美丽乡村具有重要意义。就其价值而言，村落见证着中华民族漫长的历史演进和人口迁徙历程。[①]作为人类社会的基本聚居形式，传统村落展现的是人与环境相互作用所创造的空间环境综合体，乡土建筑、村落建成环境、地域文化景观以及村落社会网络结构的维持及其在当代社会的适应性转变都是保护对象。活化被认为是实现传统村落保护和利用双重目标的重要途径。[②]在传统村落“整体性保护”和“活态传承”理念指导下，村落保护的探索展现出越来越注重文化价值意义的“人文”转向。传统村落作为农耕文明的典型代表，是以村民为主体，以农业生产生活方式为核心，以聚落形态为空间依托的文化综合体，即它是包含人、文化遗产、空间形态和人居环境等因素的文化生态实体。[③]因此，传统村落的发展、建设在注重物质环境的同时要兼顾人文主义的精神内涵，不仅包括传统村落空间形态与环境，还包括村落文化和社会交往体系，以及在此基础上形成的地域性特色[④]。

传统村落留给我们的远不只是一排排古色古香的建筑和文物，更多的是蕴含着深厚传统文化的土壤，是守护文化根脉，是中国的文化之根。卫坡村承载的历史文化与传统生活方式的回归是通过旅游开发的形式得以彰显，卫坡村的实践有其独特意义，让我们看到传统村落从“未被保护”到“被保护”的历程。时代在变迁，传统的生活方式在现代技术和多种媒体的干预之下已经发生变化。[⑤]应加强新时代传统村落文化遗产传播的队伍建设，拓展传播渠道，提升传播效果，促进乡村振兴。进一步促进城乡融合，打造城市与乡村之间的便捷通道，将城市的先进理念、生活观念与信息传播方式等引入乡村，开阔乡村的眼界和视野，找到更多传统村落文化遗产的传播路径，带动乡村的发展。卫坡村昔日的辉煌画卷在文化繁荣发展的当今社会又重放异彩，越来越多的人选择回归传

---

① 史英静:《从“出走”到“回归”——中国传统村落发展历程》,《城乡建设》2019年第22期。

② 王美、陈兴贵:《传统村落“整体活化”理路分析》,《云南民族大学学报（哲学社会科学版）》2020年第6期。

③ 吴开松、郭倩:《文化生态视域下传统村落活态保护研究》,《湖北民族大学学报（哲学社会科学版）》2022年第3期。

④ 林莉:《振兴传统村落的资本逻辑与文化逻辑及其治理导向》,《探索》2021年第6期。

⑤ 麻勇恒:《传统村落保护面临的困境与出路》,《原生态民族文化学刊》2017年第2期。

统，追求原生态的生活方式，这本身也是文化发展的一个方向，在不断的传统回归与仪式重演中重构人们的情感共同体和精神家园。传统村落的保护和发展过程中面对许多悖论和矛盾，如何才能在保护中与时俱进，在发展中不忘初心，找寻和挖掘中华传统文化之魂，需引起更多学者的探索和思考。

陕西关中乡村传统文化的传播与传承研究

——基于张载故里的田野调查

丁 丽 杨 琳*

（西安欧亚学院，陕西西安，710065；西安交通大学，陕西西安，710049）

摘　要：中华民族素以拥有传统文化而闻名于世界。在其悠久的五千年文明史中，传统文化在思想和行为上对人们产生了强烈的影响和指导，同时也为后人留下了丰富的精神文化财富。由于乡村具有相对固定的文化圈和封闭的地理环境等原因，几千年来传统文化始终在该地区得以传播和传承。因此，研究乡村传统文化的传播与传承对保护、继承和发展我国传统文化，以及乡村文化振兴具有重要意义。通过田野调查法和访谈法，本文实地调研了乡村传统文化传播的现实困境，并提出了具有针对性的对策建议。

关键词：乡村；传统文化；传播；田野调查

基金项目：本文系国家社会科学基金重大项目“乡村振兴视角下新媒体在乡村治理中的角色与功能研究”（项目编号：21&ZD320）、陕西省艺术科学规划项目“激活乡愁文化：陕西乡村振兴的路径研究”（项目编号：2022HZ1712）阶段性成果。

乡村传统文化的传播与传承在全面推进乡村振兴中发挥着重要作用。党的二十大明确提出：“全面推进乡村振兴。坚持农业农村优先发展，坚持城乡融合发展，畅通城乡要素流动。扎实推动乡村产业、人才、文化、生态、组织振兴。”[①] 乡村文化振兴作为乡村振兴的五大方面之一，不仅要发挥文化调适功能，还应具有经济、政治、社会、生态等多重功能。实际上，乡村文化振兴与乡村振兴的多重价值目标耦合，确实有益于乡村产业、

* 作者简介：丁丽（1981—　），女，陕西眉县人，副编审，现任西安欧亚学院数字出版专业负责人，主要研究方向：文化产业、出版产业。杨琳（1965—　），女，陕西渭南人，博士，西安交通大学教授，博士生导师，主要研究方向：大众传播与社会发展；文化传播、跨文化传播。

① 习近平：《高举中国特色社会主义伟大旗帜，为全面建设社会主义现代化国家而团结奋斗——在中国共产党第二十次全国代表大会上的报告》，http://www.gov.cn/gongbao/content/2022/content_5722378.htm，2022年10月16日。

人才、文化、生态和组织的全面振兴。在此背景下，研究乡村传统文化的传承与传播为乡村文化振兴提供智力支撑，为全面推进乡村振兴提供重要内容。

一、研究背景及缘起

陕西眉县横渠镇D村是一个有着悠久传统文化的地方。宋代大儒张载曾经在此地生活和讲学，此地现留存的“张载祠”就是他当年讲学的书院。张载，字横渠，关学的创始人，一生教书育人，关心国事民生，卓有贡献。他病逝后，人们为了纪念他，将他讲学的崇寿书院改称为横渠书院。笔者生于斯、长于斯，得益于家乡浓厚的文化熏陶而倍感自足。家乡民风淳朴、乡亲热情善良，人人都恪守着自己的一套为人处世的哲学，与人为善，自给自足。但是近年来，随着经济的快速发展，乡间民风与昔年相比已有巨大变化，传统的道德标准和礼仪文化正在接受着巨大的挑战。乡村所拥有的优良传统正在慢慢消解，传统文化的传播与传承面临着严重的危机。在这样的背景下，笔者针对乡村传统文化传播与传承的问题，选取张载生活和讲学的陕西眉县横渠镇D村作为调查地点，采取田野调查法和访谈法深入探究，获取了第一手资料，在研读了大量文献的基础上，结合实际提出了具有针对性的措施，并从实践的角度进行论证，具有一定的可行性。

张载是北宋时期著名的思想家、哲学家，他创立了关学学派在当时独树一帜，产生了很广泛的社会影响。关学尊儒崇礼，他们把躬行礼教作为处世原则，试图通过克己复礼的途径来改善当时的社会风气和社会制度。张载在横渠设书院讲学，前来求学的人员众多，这一举动对启发民智，改善民风起到重要作用。他的横渠四句：“为天地立心，为生民立命，为往圣继绝学，为万世开太平”（见图1）令众多文人志士望风而拜，成为后世重使命、有信仰、肯担当的读书人修身的最高准则，冯友兰称其为“横渠四句”。王夫之把张载思想奉为儒学正宗、道学真传。

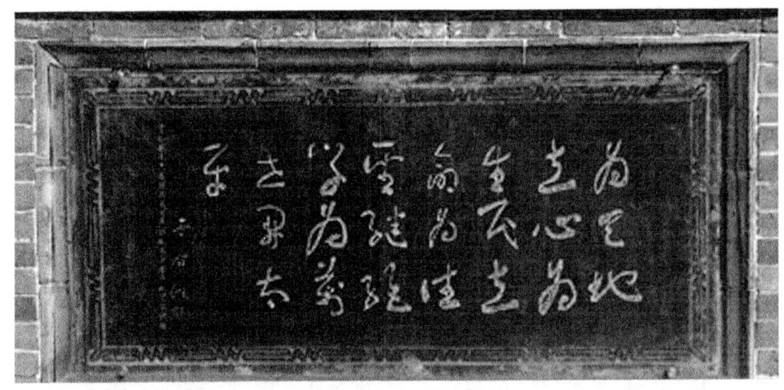

图1　现存张载祠内于右任先生题写的“横渠四句”

二、研究思路与方法

本文主要采用田野调查法进行研究，笔者将调查地点选在张载曾经生活和讲学的地方——陕西眉县横渠镇D村。根据社会发展变化，结合当地实际情况，以时间发展为轴，分别调查了五个细目：宗教信仰、丧葬文化、婚俗文化、节庆文化、伦理道德与人生礼仪文化。具体调查提纲见表1。

表1 陕西眉县横渠镇D村传统文化立体调查提纲

<table>
<tr><td colspan="2" rowspan="5">调查内容</td><td>宗教信仰</td></tr>
<tr><td>丧葬文化</td></tr>
<tr><td>婚俗文化</td></tr>
<tr><td>节庆文化</td></tr>
<tr><td>伦理道德与人生礼仪</td></tr>
<tr><td colspan="2" rowspan="4">立体考察</td><td>纵向：主要是关于某一文化事象的成因及承传，演化的史料记载，传说与其他解释</td></tr>
<tr><td>横向：主要是某一文化事象与周边文化形态的关系，这一文化事象的精神与物质效果对人们思想观念与生活实践的影响</td></tr>
<tr><td>主体：主要是某一文化事项的形成、产生、应用、发展及活动情况（包括活动器具、活动内容、运用经籍、活动场境、各种摆设、活动程序、主持者、参与者等）</td></tr>
<tr><td>客体：主要是某一文化事项的客观效果，包括自然的实际效果及主持者、参与者、未参与者的情态及心理反应</td></tr>
<tr><td>调查细目</td><td>宗教信仰调查</td><td>信仰和崇拜对象
信仰和崇拜产生、承传、演变的解释，包括史料记载和民间传说及其他解释
信仰和崇拜习俗，对象与其他教种、其他形象（神话形象、历史人物等）的交融关系
神职人员
宗教法器
宗教经籍
宗教仪式：（1）时间、地点和场境及选择方式；（2）祭品的类型、产生及来源；（3）主持者和参与者；（4）主持者和参与者的情态反映
宗教信仰中的禁忌
宗教信仰的现实情况</td></tr>
</table>

续表

调查细目	丧葬文化调查	人临死前的准备工作
		守灵、入棺的全过程
		安葬种类
		葬点选择
		安葬程序（含葬后祭祀活动情况）
		超度习俗（规模、形式、用品、亲朋参与等情况）
		超度习俗产生、承传、演变的解释（史载和民间传说）等
		超度主持者
		超度所用的器具（法器、乐器等）和使用情况
		超度经籍
		超度仪式:（1）时间、地点、场境（祭位、停棺情况）和上述选择情况;（2）供品种类的产生、来源及摆设;（3）活动程序与活动内容;（4）主持和参与者在各个活动程序中的情态
		丧葬习俗中的禁忌
		丧葬活动与周边文化交融关系及现实状况
	婚俗文化调查	恋爱方式
		恋人的选择方法及选择标准
		各种信物及所包含的意义
		说媒与提亲有关人员
		说媒与提亲的礼物来源和摆设
		说媒与提亲的程序
		定亲程序:（1）礼物种类、来源、摆设情况;（2）敬酒、付八字、离席等过程;
		婚礼日子的择定方式
		送亲：伴娘和送亲人员；陪嫁物品种类及来源；送亲全过程
		迎亲：迎亲人员及活动；迎新全过程
		拜堂程序
		婚礼后回拜娘家及各方亲朋（此后的婚姻状态、离婚等列入“伦理道德”中考察）
		婚礼中的禁忌
		婚恋习俗与周边文化的交融关系及现状

续表

调查细目	节庆文化调查	节日概览。各个节日时间、活动环境、活动内容及节日来源概要
		节庆的准备工作
		节庆的参加人员
		节庆的主要内容、活动器具（此部分主要考察游乐、文体、竞技活动）
		节庆的活动程序
		节庆与历史、相关民俗和宗教的关系
		节庆与周边文化的交融以及对人们观念和生活的影响
	伦理道德及人生礼仪调查	家庭结构的历史与现状
		家庭关系：（1）直系亲属称谓与关系（含继养、入赘等关系）；（2）旁系亲属称谓与关系（含叔伯、姑姨关系）
		家规与家法
		家庭教育
		乡规民约
		民间社会教育（不含学校教育）
		出生、成人、寿辰等仪式及仪式过程、仪式摆设、主持和参与者；仪式的心理目的等
		社会生活礼仪与禁忌

三、调研结果及分析

本调查以时间为轴，通过对比改革开放前与改革开放后当地人的宗教信仰、丧葬文化、婚俗文化、节庆文化、伦理道德与人生礼仪文化的现状和变化，来反映传统文化在微观层面的传承与传播现状。

（一）宗教信仰：由单一到多元

改革开放前，D村人主要以信仰道教为主，这有着悠久的历史。从20世纪90年代开始，D村的宗教信仰渐渐呈现多元化趋势，人们不再单一地笃信“大教”（道教），也不再热衷于庙会，庙也年久失修，渐渐丧失了香火和人气。与此同时，村里信仰基督教的人越来越多。据调查，全村160余户人家，400余人，有近1/4的人信仰基督教，有的甚至全家男女老少都信仰。信仰基督教的多为家里的女人，占总信教人数的90%，但牧师、讲道者则为男人。他们一般周日要去参加固定的大礼拜，周四晚上参加小礼拜。笔者参加了一次基督教的大礼拜，对为什么信仰基督教做了访谈。根据访谈，笔者将信仰基督教的原因整理如下：（1）认为信基督教能得到平安和救赎；（2）信徒在家庭或个人处于非常困难的时期接触到了基督教，参加了基督教的集体活动，觉得很充实，内心得到安慰，从而信仰基督教；（3）最初信仰的是别的教，但没有效果，后来参加基督教活动，得到了安慰，从而信仰；（4）家里发生了祸事或不顺利的事，尝试来做礼拜，之后感觉时来运转，从而信仰基督教；（5）自己或家庭成员生病，所有办法都没有用，试着信仰基督教后，感觉病情好转，从而信仰基督教。从中可以看出，基督教徒们几乎都有现实功利主义思想，他们力求通过参与宗教活动，找寻到心灵寄托的方式或解决现实问题的路径。

（二）丧葬文化：由互助到雇佣

著名社会学家费孝通先生[①]指出，中国乡土社会以宗法群体为本位，人与人之间的关系是以亲属关系为主轴的网络关系，是一种“差序格局”。而围绕这一人际关系格局，衍生出的一系列礼节和习俗，建构出了农耕时代的乡村社会图景。随着时代的变迁，原有的礼俗秩序几近崩塌。在调查过程中，笔者发现，D 村丧葬文化变化最大的就是人们的心态以及具体事项全都和金钱挂钩。

在之前的丧葬程序中，D 村人与人之间是一种互相帮助的状态，但现在，村里有人要打圹、抬棺、下葬、填埋等几乎全都需要雇佣和付酬。过去的人情及人力交换已被简单的金钱关系取代，这在丧葬这种充满悲情的仪式中显出了一丝人情的冷漠和程式感。

除了丧葬礼仪与金钱挂钩外，传统的丧葬程序也有了很大的简化，守灵、入棺、安葬、超度等流程尽量简化。除此之外，还兴起了用现代化娱乐方式代替传统的现象。例如，有些人家里老人去世，请的不再是传统的秦腔剧团，而是歌舞剧团，唱的都是流行歌曲，跳的都是现代舞。乐人也不请唢呐匠了，而是请吉他、萨克斯、小号大号演奏者们现场演奏流行歌曲，这与过去的庄严肃穆形成了强烈的反差。

（三）婚恋文化：由重情感到重物质

婚恋文化与过去相比同样大受冲击。主要表现在以下几个方面：

1. 传统的“婚聘六礼”（纳采、问名、纳吉、纳征、请期、亲迎）基本难以为继。年轻一辈在城里打工，谈了对象，生了孩子，再回家补办婚礼的大有人在，甚至办不办婚礼都成为自由选择，与过去婚聘嫁娶的庄重慎重相比是一大变化。

2. 婚姻与金钱的关联越来越紧密。乡村男女青年比例失衡，男青年在本地找对象越来越难。基于婚姻嫁高娶低的原则，乡村条件差不多的女孩子基本都嫁到城里去了，这给本来就男多女少的农村男青年婚娶更增添了一份严峻。这种现状便催生了高价彩礼的产生。

3. 婚姻关系不稳定。因乡村男女青年比例失衡，女少男多，所以一般经媒人介绍，双方没意见的话，家长就会催结婚，男女青年从相亲到结婚平均时间为半年左右。因缺乏婚前的了解过程，婚后较容易产生矛盾。夫妻矛盾、婆媳矛盾不断出现，加之结婚时的债务和婚后养孩子的费用使得家庭经济捉襟见肘，导致离婚率攀升。据笔者调查，D 村青年男女离婚率近 3 年达到 17%，这在过去是不可想象的。

① 费孝通：《乡土中国》，北京：商务印书馆，2011 年，第 25 页。

（四）节庆文化：由重形式到重生活

作为中华优秀传统文化的重要组成部分，民间节日是中华儿女共享的文化仪式，它们诞生于中华民族漫长的发展历史之中。[①] 在节庆文化和传统习俗里，人们能感受到中华民族深沉悠久的历史。但根据调查，现在乡村有很多传统节日已经名存实亡了。D村原有的十二个传统节日保留到现在的仅有：春节、清明节、中秋节、十月一、除夕等五个节日，而保留到现在的五个节日的过节习俗和过去相比也是简单了很多。

与过去相比，春节是唯一存在的最具仪式感的节日了。春节发挥的作用是家庭的“黏合剂”。但传统的节庆习俗已经削减了很多。人们不再很早就准备年货、扫除庭院、喜气洋洋地迎接新年了。正月初一也不互相拜年、不穿着新衣服到处走动，不敲锣打鼓围在一起热闹了。取而代之的是自己家人围坐在一起过“小年”。家家闭门闭户，互相不串门，邻里之间少了很多温情，多了各自过小日子的“陌生人”感。有的家庭，孩子在外地回不来，老人就去孩子所在的地方过年，有的家庭，孩子已经成家且已分家单过，则是各过各的年。一家人在短暂的团聚之时，更多的是年轻人拿着手机玩，老年人坐着看电视，共同语言越来越少了，过年互相走亲戚也显现出更大的随意化，亲戚们之间不再是你来我往的提礼物看望，而是相互商量好选一天大家在一起聚一聚。春节，跟过去相比发生了很大的变化，但这个节日还是为日益原子化的社会提供了载体，让昔日人情往来密切、充满温情的乡土社会不至于彻底土崩瓦解。

（五）伦理道德及人生礼仪文化：由“道义”伦理到多元生长

在传统乡村社会，人口几乎没有流动性，人们生于斯、长于斯、老于斯，形成了费孝通先生所说的乡土社会。但当前的乡村，由于现代文明制度的冲击以及城乡一体化的逐渐推进，乡村传统伦理道德体系开始变形，吞噬着靠老一辈人以“道义”维持着的伦理。

1. 家庭结构以核心家庭为主。目前国内学者对家庭结构分类主要按代际层次及亲属关系和家庭结构完整性两个维度来分析。从代际层次及亲属关系来看，中国乡村家庭主要包括核心家庭、主干家庭、单身家庭和联合家庭等。主干家庭也称直系主干家庭，是指父母和一个已婚子女及未婚兄弟姐妹生活在一起所组成的家庭模式；核心家庭指由一对夫妇及其未婚子女组成的家庭。根据调查，20世纪90年代后，D村的家庭结构产生了较大的变化，最明显的是由以前的以主干家庭为主变为了以核心家庭为主，这种变化反映出人们思想观念的变化。核心家庭的家庭关系相对单纯，不易产生矛盾，家庭关系一般比较和谐。

2. 家庭教育受重视程度不够。这个时期的家庭教育也有了较大变化。随着经济的发展，孩子除了读书这条出路之外，还可以去外地打工，所以家庭教育多采取顺其自然的

① 张婷：《民间节日艺术与社会主义核心价值观传播策略研究》，《中华文化与传播研究》2022年第1期。

方式。能升学深造的孩子，家长一般会支持，但升学无望的孩子，家长会让其完成九年义务教育后出去打工，基本都是到了婚嫁的年龄再回来，建立了小家庭之后继续外出打工，有了孩子后将孩子留在家里由老人照顾。

3. 生育意愿淡化。生育方面与过去最大的不同在于年轻人生育意愿淡化。过去乡村家庭一家至少有两个孩子，但现在独生子女家庭不在少数。重男轻女的现象有所改观，但没有根本变化。即使现在男孩找对象很困难，但人们还是希望生男孩，这种观念导致乡村男女比例悬殊进一步加大。

4. 养老困难重重。在乡村，老人是真正的弱者。乡村老人的生存状态以身体是否健康划分为两种不同的状态。老人的生活来源以政府补贴、劳动收入和家庭其他成员供养为主。身体健康的老人一般能过上正常的生活，他们一般会帮助看护孙子、干农活，70、80 岁仍在继续劳作的老人并不少见。身体状态不好的老人则比较难过。一般乡村老人一旦生病则是重症，如果治疗，不用多久就会因病致贫。所以绝大部分家庭都会选择保守治疗，据调查，在 D 村，生了重病的老人平均存活期只有 3 个月到半年时间。

四、乡村传统文化传播与传承困境分析

奥格本认为大多数社会变革都是由物质文化的变革，特别是科学技术的变革引发的，一旦物质文化发生变革，非物质文化的制度文化即价值观、规范和意义、社会结构等也发生变化[①]。

（一）乡村文化与城市文化二元失衡

经济的快速发展使城市文化和乡村文化发生了二重性突变，出现城乡文化二元分割和结构失衡，冲击了传统文化的价值观和根基[②]。经济发展使贫富差距加大，人们不再以道德来衡量一个家庭，而是以贫富来衡量一个家庭的发展状况。传统的家庭结构和组成客观上被打破和逐渐解体，传统的和睦友善的邻里关系由于价值观的改变而缺少了存在的根基。

1. 乡村传统文化的根基受到破坏。乡村传统文化的根基是安土重迁的乡土观念，而今，经济的快速发展使得安土重迁的观念受到冲击开始淡化。乡村的青年劳动力走向城市后流失过多，在这种环境下，安土重迁的观念发生了变化，而由此产生的传统社会心态也日渐土崩瓦解，给人们的社会生活和行为产生重要影响。

2. 乡民物质生活水平与精神文化水平不匹配。随着经济的发展，乡民的生活水平逐渐提高，但精神文化受到物质水平的冲击显示出某种错乱。在实用主义的指导下，他们

---

① 王栋、缪鸿儒：《春节习俗变迁与中国传统文化传承的关系分析——以江西省永修县虬津镇红桥村为例》，《艺术文化交流》2016 年第 4 期。

② 文宇、凌佳亨：《乡村振兴视域下农村优秀传统文化的传承困境与政府责任》，《广西农业机械化》2019 年第 3 期。

发现传统的道德观念在获取金钱面前功能不显，相反，仁义礼智信有时反倒会阻碍金钱的获得，由此，对传统文化的传承发展产生了负面影响。

3. 传统文化不受重视。事实上，乡村的传统文化蕴含着丰富的价值，但开发不足、价值不显，受重视程度不够，导致传统文化传承遭遇重大挫折。作为传统文化传承主体的农村青年群体，越来越多地离开自己的家乡走进城市，接受城市文化的改造，使乡村传统文化与城市文化出现严重失衡。

（二）乡村传统文化被“连根拔起”

克莱德·M. 伍兹认为，变迁一般是由社会文化环境或自然环境的改变引起的。[①] 随着城镇化的加速，人口流动，现代交通的发展，大众媒体的沟通，各种现代文化和生活方式与传统文化碰撞，互相取代、相互同化，城镇化进程的加速发展动摇了传统文化的基础。中国乡村文化发源于传统农耕社会，费孝通[②] 认为：中国社会是乡村性的，中国文化是土地里长出来的。乡土社会的特征就是经济活动附着在土地上，形成一个超级稳定的乡土社会结构。但目前，乡村正在城镇化的道路上加速前进，将会对乡村经济文化产生一系列影响。

1. 城镇化发展势必影响乡村传统的生活方式。乡村千百年来流传下来的许多优秀文化传统都与农业生产节律相一致，农业生产节律一旦改变，其乡土秩序也就随着节律的改变而改变。

2. 城镇化快速发展对乡村的自然和生态环境产生严重影响。城镇化快速发展使大量乡镇和村庄开始衰败消失，这些乡镇和村庄是乡村传统文化生长的基础，其消失意味着乡村传统文化将无处扎根、无迹可寻。

3. 城镇化发展不排除对乡村文化的否定。文化的进化原理[③] 揭示，“优势”文化容易扩散，而文化的优势与否与经济的发达程度密切相关，从这个意义上来说，乡村文化作为一种“劣势”文化，其价值受到轻视，甚至被扭曲和否定，而以城市文化为标准对乡村文化进行改造就有了依据，结果导致乡村文化的整体衰败，并逐渐被城市文化所同化。

（三）农村传统文化主体的局限性

马克思主义认为，物质文化和精神文化之间是相互作用的。乡村赖以为本的传统文化是建立在自然经济的基础上的，自然经济则会造就以自然经济为特征的思维，在当代社会经济和文化环境中就陷入了深刻的危机。乡村传统文化的主体是农民，其思维和行为方式在某种程度上影响了传统文化的传承和传播。

---

① 王栋、缪鸿孺：《春节习俗变迁与中国传统文化传承的关系分析——以江西省永修县虬津镇红桥村为例》，《艺术文化交流》，2016 年第 4 下期。

② 费孝通：《乡土中国》，北京：商务印书馆，2011 年，第 25 页。

③ 戴元光：《关于文化传播学的理论问题》，《兰州大学学报（社会科学版）》，1995 年第 4 期。

1. 保守性思维。中国传统文化特别是儒家文化有一套完整的道德准则，乐天知命、安贫乐道被认为是美德，由此形成了农民的保守性思维。他们往往胆小怕事、信奉“宿命论”；惯于逆来顺受，安于现状，不敢创新与突破，这种思维方式限制了传统文化的继续发展。

2. 依附性思维。长期以来，在以自然经济为主的经济状态下，农民对自然的依赖决定了个人对以血缘关系和地缘关系为纽带的群体依赖和依附。农民对土地和群体的依附导致他们个人主体地位的丧失，无法发挥主观能动性，这种思维方式对传统文化的创新传播造成了一定的影响。

3. 经验性思维。在以前的农耕时代，人的生产和生命都是建立在家族之上的，而一个家族就是一个生命单元和一个经济单元，农民在漫长的农耕实践中，不仅积累自己的经验，而且积累别人的经验，形成社会共同的经验。然而，经验性思维却有一个很大的限制，它实质获取的是已成事实的知识，而非对事物本质的揭露。这种思维方式对传统文化的创新传承造成了一定的影响。

五、乡村传统文化批判性继承的对策

保护是利用的前提，传承是创新的保障。[①] 乡村文化振兴是实施乡村振兴的重要内容和力量源泉，是乡村文化振兴的重要组成部分（见图 2）。面对当前乡村传统文化传承传播的困境，采取有效的措施是重中之重。

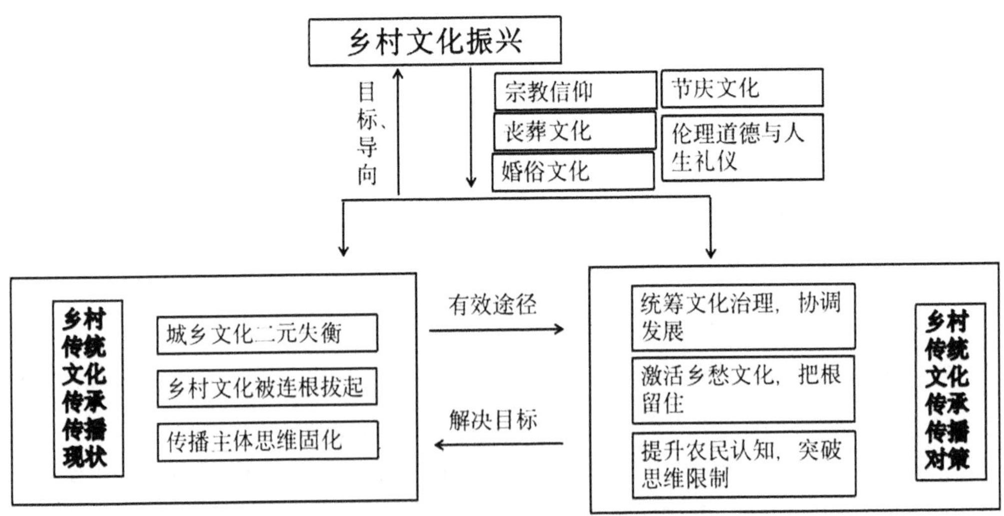

图 2　乡村传统文化与乡村文化振兴的互动内涵

① 和曼、雷江琳：《数字技术赋能背景下中华优秀文化典籍跨文化传播的优化路径》，《华夏传播研究》2023 年第 1 期。

（一）统筹文化治理，协调发展

传统文化资源呈现出“乡村现代文化发展、传统文化萎缩，城市文化发展、乡村文化萎缩”的失衡状态[①]，打破城乡文化二元结构的失衡现状为当务之急。

1. 联动多元主体协同治理。一方面，加强政府机关、企业事业单位、专家、农民之间的多主体合作，建构多元化治理平台，推进治理乡村优秀传统文化的社会效益最大化。另一方面，需要聚集新乡贤、乡村大学生、农民工、村干部、传统手艺人等多主体的力量，鼓励和支持文化人才回乡发展，增加对乡村优秀文化的认同感和自信心[②]。

2. 加大对乡村优秀传统文化的宣传力度。策划以乡村优秀传统文化为主题的教育产品、影视、文化节目，提升对乡村优秀传统文化的自信心。以D村为例，张载的“民胞物与”思想反映了他对天人关系认识的新高度和新水平，他主张万物、万事、人人之间平等和谐相处，具有很强的超前意识。他以一种人道主义情怀来观照世界、观照宇宙，增强了人们对世界的归属感和对宇宙的认同感，也为我们提供了处理人际关系的范式。应加大对这种优秀传统文化资源进行挖掘和宣传，增强人们的文化自信具有巨大的推动作用。

3. 加大对乡村优秀传统文化的扶持力度。应以政府为主导，在政策上对乡村传统文化建设给予必要的倾斜，通过加大乡村传统文化专项资金投入、加强乡村传统文化业务骨干培训、建设乡村传统文化队伍、开展乡村文化活动、加强乡村文化设施的管理和使用等措施，积极扶持乡村优秀传统文化。

（二）激活“乡愁”文化，把根留住

乡愁是内心深处一种对家乡、对曾经生活过的地方的记忆、怀念与向往，是内心深处一份柔软的情感和精神需求[③]，它来源于人们对故乡的思念和留恋。在城镇化快速发展的今天，以激活“乡愁”文化作为切入点，可以在一定程度上解决城镇化快速发展过程中乡村优秀传统文化面临的“连根拔起”的现状。

1. 注重保护传统村落原有风貌。传统村落是优秀传统文化的重要组成部分，也是承载乡愁情思的重要载体，同时，传统村落的发展需要将乡愁记忆作为内在推动力。以D村为例，该村位于关中平原，交通便利，村里有历史悠久的古建筑——张载祠，其村落布局为典型的关中民居风格。在进行基础设施改造过程中，应该充分考虑将改善村民居住环境、提升村民幸福感和恢复保护传统古村落风貌相结合，使其成为乡愁文化的载体和天然标本。

---

① 王丽琼、李子蓉、张云峰：《乡村振兴战略下农村环境协同治理关键因素识别研究》，《中国生态农业学报》，2019年第1期。

② 文宇、凌佳亨：《乡村振兴视域下农村优秀传统文化的传承困境与政府责任》，《广西农业机械化》2019年第3期。

③ 刘沛林：《新型城镇化建设中“留住乡愁”的理论与实践探索》，《地理研究》2015年第7期。

2. 注重传承乡村民俗民风民情。民风民俗是传统乡土文化最为生动的表现形式，也是最容易勾起人们乡愁情思的催化剂，传承乡村优秀民风民俗对当地的文化传承以及精神文明建设具有重要意义。以D村为例，其拥有丰富的节庆民俗传统，如锣鼓比赛、舞狮子、踩高跷、闹社火等，应该继续发扬此类民俗传统，赋予其新的时代内涵和现代表达形式，激活其生命力。因其具有鲜明的地域特色，会增强人们的文化认同感、归属感和自豪感。

3. 注重现代文化与乡愁文化的创新性融合。文化传承不仅要注重传统文化的赓续，还需要吸收利用现代文化，实现现代文化与传统文化相结合，以满足对文化的多样性需求，从而进一步激发乡愁的文化价值。以D村为例，可以利用现有文化资源，挖掘精髓，打造关中传统文化品牌。一是推出以关中传统文化为主题的文化节，开设传统文化大讲堂。二是加强对文化产品的开发。如特色文具、摆件、日常用品、字画、书籍等，还可以将张载祠里众多碑刻进行临摹、制作拓本再开发。三是大力发展旅游业。根据现有优势，在已有的旅游规模上再加强特色树立、管理和引导，使旅游的附加值进一步增大，将会更好地促进当地以文化为特色的旅游业的发展。

（三）**提升乡民认知，突破限制**

提升乡民认知，促进乡民思想意识的转变是一个复杂的过程，需要多措并举。

1. 实施学历补偿教育。学历补偿教育是提高乡民文化知识水平、提升乡民学习能力、思维能力、智力水平，增强乡民自信心的有效渠道。让广大乡民享有学历教育的机会和平台，使得他们能够提升对市场经济的适应能力，对传统文化的认知水平，在乡村产业结构调整的大环境下做到与时俱进，也使乡村经济发展、文化传承拥有了坚实的人才保障。

2. 加强乡民文化自信代际传承教育。乡村文化的传承和创新需要发挥乡民的主体作用，增强乡民对乡村文化的自信心，在乡村文化传承模式中，应由单一主体传承转向多元主体传承，从少年、青年、中年、老年不同阶段来实现代际传承，实现农村文化的延续发展。

3. 提升乡民的数字素养和技能。结合数字乡村建设，通过培训学习等帮助乡民提升对数字化“新农具”的使用能力。同时，通过数字技术对乡村传统文化的种类、特色文化保护数量进行共享；对农产品赋予文化特色，将乡村优秀传统文化融入农产品中，将传统文化的寓意内涵与农业多元结合；引进国内外乡村文化保护数据，进行传承、发展与创新。

VR传播乡村红色文化的现状、困境与对策
——以广东省惠州市中洞村为例

林秀瑜　王雅婷　王　芹　向东梅　李惠燕*
（华南师范大学教育信息技术学院，广东广州，510630）

摘　要：利用红色文化资源，传播红色文化，对革命传统教育和爱国教育具有重要作用。随着数字化技术的发展，一些革命遗址较多的乡村地区，采用了虚拟现实（VR）新媒介传播红色文化。本研究调查了在VR技术赋能乡村红色文化传播中，受众接收红色文化的现状与问题，从外在形式到内在内容认同进行相关的统计分析。结果发现，VR技术具有自身独特的优势，能够让受众跨越时空障碍，感受乡村红色文化。但在传播中也出现了沉浸感与交互感不强、内容设计创新不足、宣传基础较弱的问题。本文据此提出了一些解决对策以供参考，可以通过完善技术、优化供给、矩阵传播等途径让VR赋能乡村红色文化传播。

关键词：虚拟现实技术；VR传播；乡村红色文化

基金项目：本文系华南师范大学课外科研课题项目“VR赋能乡村红色文化传播：从‘新’外在延伸到内化认同”（项目号22JXKA06）阶段性成果。

一、背景

很多现存的红色文化遗址分布在乡村地区，因此乡村的红色文化传播在革命传统教育、爱国主义教育方面具有重要意义。VR作为数字化进程中的前沿技术，其想象性、交互性、沉浸感等特点在文化传播中具有重要优势。“VR技术的优势对更真切、更深刻地

* 作者简介：林秀瑜（1982—），男，广东湛江人，博士，华南师范大学教育信息技术学院高级实验师，硕士生导师，研究方向：新媒体、广播电视；王雅婷（1998—），女，福建泉州人，华南师范大学教育信息技术学院硕士研究生，研究方向：广播电视、乡村传播，影视教育；王芹（2000—），女，山东德州人，华南师范大学教育信息技术学院硕士研究生，研究方向：广播电视编导，文学传播；向东梅（2000—），女，四川达州人，华南师范大学教育信息技术学院本科生，研究方向：传播学；李惠燕（2000—），女，广东梅州，华南师范大学教育信息技术学院本科生，研究方向：传播学。

传播地方性红色文化具有重大的意义。”[①] 但是将该技术应用在乡村红色文化传播的现实案例仍比较稀缺。在 VR 传播乡村红色文化的具体案例选择上，最终聚焦在广东省惠州市高潭镇中洞村，该村在东江革命历史上被称为“红色心脏”，全村共有革命遗址 20 多处。中洞村依托省、市、县级政府的支持，采用新媒介技术进行传播。如惠东县文化广电旅游体育局打破传统旅游模式，利用“互联网 + 景区 +VR 全景”新模式优势，制作并发布了“惠东 VR 智游”；广东省委党史学习教育领导小组办公室联合腾讯公司开发制作“打卡广东红”的 VR 打卡小程序。中洞村的 VR 小程序，人气达 53.33 万，打卡人数并不少，具有一定的传播基础，所以本文以广东省惠州市中洞村为例探析 VR 传播乡村红色文化的现状、困境与对策。

二、VR 传播乡村红色文化的现状

VR 传播乡村红色文化，具有强大的技术优势。VR 小程序分享便利，社交化传播成本低，拓宽了红色文化公共参与空间；VR 开启革命文物和遗址浸入式移动浏览，拓展乡村红色文化的接触新场景；VR 传播形态能丰富乡村红色文化的传播渠道，有效提升传播效能。本文通过实地考察、访谈和问卷调查，从受众的角度分析传播现状。

（一）问卷设计与收集

本研究的问卷围绕五个部分，从技术交互、技术接受、具身共感、心流体验、文化认同的维度进行设计和编制。技术交互性的测量是基于 Liu (2003) [②]; McMillan (2002) [③] 和 Hwang (2002) [④] 所编制的交互性量表，技术接受变量参考 Rogers (1973) [⑤]、Davis (1989) [⑥] 和 Venkatesh (2003) [⑦] 的量表，包含了技术易用性、有用性和趣味性三个维度；具身共感参考 Schubert (2001) [⑧] 所编制的被较多研究者使用的 VR 技术下具身性体验量表，其中具身性的变量包含三个维度：空间沉浸感、卷入程度和真实感；测量心流体验的量

---

① 雷波：《地方性红色文化的 VR 影像传播》，《电影文学》2018 年第 15 期。

② Liu Yuping, “Developing a Scale to Measure the Interactivity of Websites,” *Journal of Advertising Research*, vol. 43, (March 2003), pp.207-216.

③ McMillan, Sally J, “A Four-Part Model of Cyber-Interactivity: Some Cyber-Places Are More Interactive Than Others,” *New Media and Society*, vol.4, (February 2002), pp.271-291.

④ Jang-Sun Hwang, “Measures of Perceived Interactivity: An Exploration of the Role of Direction of Communication, User Control, and Time in Shaping Perceptions of Interactivity,” *Journal of Advertising*, vol. 31, (March 2002), pp.29-41.

⑤ Everett M. Rogers, *Diffusion of Innovations*, New York: Free Press, 1973, pp.316..

⑥ Davis F D, “Perceived usefulness, perceived ease of use, and user acceptance of information technology,” *MIS Quarterly*, 1989, pp.319-340.

⑦ Venkatesh, V., Morris, M.G., Davis, G.B., et al, “User Acceptance of Information Technology: Toward a Unified View,” *MIS Quarterly*, vol. 27, (2003), pp.425-478.

⑧ Schubert et a, “The Experience of Presence: Factor Analytic Insights,” Massachusetts Institute of Technology, vol. 6, (October 2001),pp.266–281.

表来源于 Inal Y, Cagiltay（2007）① 和 Webster J,Trevino（1993）② 的心流体验量表,包含挑战、目标、专注、时间感的流逝、故事性、好奇、情感性。文化认同量表是参考 Suinn R M 等人（1987）③ 和 Benet 等人（2002）④ 开发的文化认同量表,总共设置了三个维度:认知、情感和行为三个维度。量表题目采用 5 点李克特量表，从“1= 非常不符合”到“5= 非常符合”。本研究使用 SPSS 软件进行探索性因素分析，使用主成分分析作为提取方法和 Kaiser 标准化最大方差正交旋转法，五个因素解释的累积方差为 73.438%。在本研究中，将问卷分为五个变量进行分析，这与提出的结构的预期是一致的。而且，经过验证性因子分析，所有 CR 值都在 0.738 至 0.933 之间，超过了 0.7，五个维度的 Cronbach 的 α 值范围从 0.813 到 0.931，所有值都大于 0.6，表明问卷是可靠的。因此本研究的问卷参考了权威量表，经过检验，整体具有信效度。同时，我们也实地考察中洞村的红色文化发展情况，以半结构化访谈的形式对当地的一些游客和村民进行调查了解。

本次问卷采取随机抽样的方式，为了确保数据的真实性与有效性，所有的参与对象在填写问卷前均被要求体验 VR 传播的乡村红色文化，一共有效回收了 356 份问卷。其中，女性为 302 份，占比 84.8%，男性 54 份，占比 15.2%。受教育程度高中及以下占比 13.4%，为 48 人，受教育程度为本科的数量占比 62.4%，为 222 人，硕士研究生及以上占比 24.2%，为 86 人。基于问卷的数据分析和实地考察访谈的结果，从受众的技术期待、内容体验和文化认同三个方面分析中洞村 VR 传播乡村红色文化的现状。

（二）受众的技术期待：技术交互与接受

根据调查的结果，中洞村红色 VR 小程序的技术交互和接受总体较强。技术交互的沟通性、控制性、响应性的符合及非常符合的比例分别为 81.4%、84.8%、86.5%。就整体而言，大多数受众认为与 VR 小程序里红色文化景点的双向沟通很容易，可以自主控制浏览进度，有很大的控制权。同时，在实际使用这个 VR 小程序之后，大多数受众认同这个 VR 小程序可以很快响应其红色文化景点的页面请求。此外，用户对 VR 技术接受有用性的符合及非常符合的比例为 89.9%，认为 VR 小程序对红色文化的现实场景还原度高。技术接受易用性的符合及非常符合的比例为 84.8%，大多数受众认为 VR 技术的体验途径是容易获得的，不需要烦琐的过程，使用成本低，对技术、设备要求低。技术接受

---

① Inal Y, Cagiltay K, “Flow experiences of children in an interactive social game environment,” *British Journal of Educational Technology*.vol.38, (March 2007),pp.455-464.

② Webster J, Trevino L K,R, yan L, “The Dimensionality and Correlates of Flow in Human-computer Interactions,” *Computers in Human Behavior*,vol.9, (April 1993),pp.411-426.

③ Suinn R M, Rickard Figueroa K, Lew S, et al, “The Suinn-Lew Asian self — identity acculturation scale: An initial report,” *Educ Psychol Measurement*,vol.47, (February 1987),pp.401.

④ Benet Martinez V, Leu J X,Lee F.,et al, “Negotiating biculturalism-Cultural frame switching in biculturals with oppositional versus compatible cultural identities,” *Journal of Cross-Cultural Psychology*, vol.33, (May 2002),pp.492-516.

趣味性的符合及非常符合的比例为93.3%，大多数受众认同利用VR技术传播红色文化，给人新奇和趣味性。综上所述，VR传播红色文化能够带来新奇的红色文化沉浸体验，改善红色文化传播的固有模式，拓宽红色文化的传播受众，吸引人们体验红色文化。

（三）受众的内容体验：具身和心流体验

由于VR小程序中采用了360度全景图，通过技术或设备模拟出一个可交互的、虚幻的三维空间场景，真实地、直观地再现了当地的建筑及风景，受众能主动选择任意角度观看场景，实现全方位的观看效果。VR小程序还能同步移动手机设备模拟走路，使旅游者的身体能够嵌入旅游情境。这也促成了74.1%的受众认为这些不是一些简单的图片，86.5%的受众都体验到了真实感，且认为自己仿佛来到了实地，86.5%、74.8%的受众认为小程序展现出的内容能够带来帮助，引起情感的共鸣。89.9%的人表示好奇以及非常好奇接下来发生的内容。在84.8%的受众看来，VR小程序通过展示中洞村一系列的文化遗址、文物遗产、语音讲解能使他们初步了解到当地的红色故事。72.5%和79.8%的受众认为自己在使用VR小程序过程中，能够感到专注以及时间感的快速流逝，不会轻易被外在事物干扰。“VR/AR等数字技术在文化传播领域的渗透，带给受众沉浸式参与和互动式体验。”[①] 总体来说，VR小程序中地图导航、全景图片、语音解说等元素的设计能够吸引用户的注意力，让用户进入心流体验，消除游客对红色文化的陌生感与距离感，利于学习、了解、接受红色文化。

（四）受众的文化认同：认知情感和行为

受众对乡村红色文化认同的整体态度是偏高的，调查结果显示，红色文化认同维度的均值为4.2，认同和非常认同的比例达79.8%。整体而言，当受众通过VR体验乡村红色文化时，通过VR创建的场景、呈现的红色文化遗址、声音的讲解等多种形式的交互，传达红色文化的信息，受众能够在其中与历史对话，了解红色文化的内涵和价值，实现虚拟环境与真实环境、历史与当下的互动，在交互中认知乡村红色文化。在访谈过程中，访谈对象对革命文化有自身的理解和认知，但都表现出对红色文化的认同情感和对红军精神的赞颂。VR传播形式让受众从中获得具身认知、联想到自身已有的红色文化知识经验，跨越时空体验其中，如同重走红军路，能够产生情感的体验和历史共鸣，形成对乡村红色文化认同的情感基础。由于身体的感知觉会影响人的行为表现，受众在基于VR技术的红色文化传播中所建构的认知，也会对以后的行为产生某种潜在的影响。受众在VR技术支持下的新媒介环境中，获得红色文化的认知以及产生情感共鸣，有助于红色文化认同行为的形成从而促进对乡村红色文化的整体认同。

---

① 和曼、雷江琳：《数字技术赋能背景下中华优秀文化典籍跨文化传播的优化路径》，《华夏传播研究》2023年第1期。

三、VR 传播乡村红色文化的困境

运用 VR 媒介技术传播乡村红色文化，具有其自身的传播优势，能够给受众带来便捷、跨时空对话、具身性的心流体验。但是根据调研、问卷调查、访谈的情况，这种传播技术、内容设计和宣传等也存在一些待解决的困境和不足，这些不足会影响受众对乡村红色文化的体验和接收。

（一）现有的 VR 传播技术：沉浸感和交互性有待加强

目前 VR 技术在中洞村红色旅游中的应用形式较为单一，缺乏互动性与参与感，大多仍处于乡村实景的视觉为主，不足以满足广大游客对乡村旅游 VR 技术体验的需求。受众缺乏参与感，VR 呈现的图景并不能引起受众足够的兴趣，受众的卷入度不够高，只有 69.9% 的受众认为有吸引力，31.1% 的受众觉得较为无聊。有中洞村游客提到"线上 VR 在体验的时候，有一种疏离感，情感体验不如线下那么浓厚"，30% 以上的人并不认为自己完全被 VR 呈现的红色文化景点吸引住。这也同样说明了沉浸感不够强，受众体验的专注度不是特别高。通过问卷数据的统计结果显示：人机交互的沟通性符合程度比控制性和响应性少了 3%—5%。这也表明中洞村红色 VR 小程序难以满足用户对红色文化对话的需求，用户产生相关疑惑时不能及时得到解决，这些也反映出 VR 技术开发与应用方面有待加强。

（二）现有的 VR 传播内容：设计感和创新性有待提升

经过调查，仍有 42.1% 的受众并不认为中洞村的 VR 小程序能够带来挑战性。39.3% 的受众在体验 VR 小程序时没有一个清晰而明确的目标，难以调动游客的主观能动性并发挥主体性作用。由此可见，中洞村线上的 VR 小程序中所形成的心流体验带给观众的仅仅是浅层次的体验。乡村红色 VR 产品的内容设计、结构和宣传形式简单，未有效形成深度开发的系列产品体系。比如由于革命文物资源本身的体量小、分散度高的特质，各个遗址展现的文化资源较为零散，造成红色文化内容故事感不足的缺陷，游客难以在短时间对当地的历史与文化形成较深的印象。只有将 VR 技术与当地特色相结合，以人民喜闻乐见的形式传播乡村红色文化，与时俱进，增加游客的体验感，才能紧跟时代的步伐。

（三）现有的 VR 传播基础：建设性与传播度有待把握

通过 VR 传播红色文化，需要一定的资金、技术、知识和人才，这对于中洞村等村庄来说，成本的付出也是一个需要考虑的问题。现有的 VR 红色文化平台，大多依托政府组织建设的，由政府牵头出资。但是宣传渠道不足，乡村旅游业在吸引客群方面有局限性。即使合作研发了便捷的"互联网 + 景区 +VR 全景"技术，但中洞村景点没有配套的技术体验或者辅助活动。另外，VR 体验采用图文宣传的方式较多，推文和新闻稿占比大。这表明 VR 体验的宣传大多依托静态媒介进行推广和扩散，尚未体现前沿媒介的传播独特性。在中洞村的 VR 传播红色文化中，整体宣传渠道比较少，吸引力不足，传播范围不广，引流不足，容易造成传播效率低下、传播范围分散。

四、VR 传播乡村红色文化的对策

针对中洞村运用 VR 技术宣传红色文化所面临的困境和不足，下文从内容、形式、渠道对 VR 在红色文化的应用提出相应的对策，以充分利用红色文化资源，增强受众对红色文化的认同。不仅是中洞村，全国其他乡村运用新媒介技术传播红色文化都会存在一些共性的问题，这些对策希望能够提供一些参考和完善的方向，结合多元力量，共同促进乡村红色文化的传播和乡村文化振兴。

（一）完善 VR 技术，强化受众体验

对于中洞村来说，让受众产生沉浸式感知以及心流体验，离不开强大的 VR 技术支持。因此，技术方面应充分考虑用户的视觉期待，完善 VR 旅游产品的技术形式，尽量避免不良的视觉眩晕体验，根据用户的心理体验构建出虚拟仿真场景，让用户形成真实的感官刺激。第一，将心流理论引入 VR 技术设计实践中，以情感为设计出发点，注重用户自身的情绪体验和内在动机，利用交互性和丰富的感官体验，让游客提升专注度，产生沉浸式的游玩状态。第二，对游客产生心流体验的状态跟踪，根据反馈不断调整，注重用户自身的情绪体验和内在动机，提升用户的使用体验，增加其愉悦度与满意度。第三，适当的感知挑战与正向的感知控制是影响消费者沉浸体验的重要因素，因此要优化用户与 VR 产品的互动沟通性和参与性，让用户可以参与探索和发现好玩的景点，进而提高对该地文化的认同。

（二）优化供给质量，促进内容创新

"技术的变革并没有改变'内容为王'的媒体本质。"① 使用 VR 媒介传播乡村红色文化的体验突破了以往的多感官体验，能有效吸引更多的年轻用户，弥补传统传播媒介存在的一些不足。但是注入新的媒介技术并不是简单地做加法，而是应该为红色文化内容的表达做铺垫。避免只是单纯图景式再现红色文化，也不能只为了追求较刺激的感官体验而忽略红色文化内容本质。因此 VR 传播乡村红色文化需要注意内容与体验并重，打通线上线下场景互动链接。中洞村 VR 小程序的内容设计要注重红色文化元素的重构和讲好红色文化故事，根据虚拟旅游产品因地制宜，通过目标感、交互反馈等延长用户的专注时间，让用户在体验中获得沉浸式的旅游体验。例如，将心流体验融入 VR 虚拟旅游产品的设计原则和内容原点，通过游戏关卡等交互项目，提升用户参与度，从而达到

---

① 任广镇:《以农为本：乡村传播视角下县级媒体融合的审视与对策》,《中华文化与传播研究》2021 年第 1 期。

红色文化沉浸式传播的目的。

（三）借助矩阵传播，拓展宣传渠道

“惠东 VR 智游”的小程序需要加大力度进行线上线下的双宣传，形成覆盖线上、线下的红色文化传播网。“线上应打破传统媒介传播的单向模式，成为一个共享、反馈的多维交互立体传播模式，使红色文化的传播范围更广泛、效率更高。”[①]鼓励去过红色基地的人在微博、微信、抖音等社交媒体发起宣传，引导公共空间的讨论，带动红色文化在互联网上的传播。“借助全媒体场景体验，让受众在场景化、沉浸式、交互式的传播中形成文化记忆，获得红色文化认同感。”[②]在 VR 赋能乡村红色文化的未来发展中，需要整合 VR 体验资源，改变 VR 在传播红色文化中的资源比较分散的局面，形成 VR 传播红色文化的整体合力。而在线下，政府可以进一步完善中洞村的交通等公共服务设施，丰富景点的配套体验活动。同时，乡村可以吸引更多社会生产要素，展开产业间广泛连接，对于绿色生态资源丰富的村庄，可以开展“红绿结合”的旅游产业建设，实现社会效益和经济效益统一。

五、结语

“在媒介学看来，一种媒介的出现实际上就已经传递出了一些重要信息。”[③]VR 传播乡村红色文化能够让更多的受众足不出户、具身性地了解真实的乡村红色文化景点，通过受众对这种技术的期待、接受，人与技术的交互融合，顺利达到红色文化接触的初级阶段和入口，增加红色文化的信息接收量。而 VR 带给受众的具身认知和心流体验能够加强其自身对乡村红色文化的认知与文化记忆从而促进乡村红色文化认同。但是，由于乡村地区和技术发展的一些原因，VR 技术的沉浸式交互感、宣传力度和效度、红色资源利用与建设较为不足，所以，在未来，通过完善 VR 技术，优化内容，借助矩阵传播等方式让 VR 媒介技术能够深度赋能红色文化传播，从技术“包装”到内容“本质”都能够得到提升，以增进乡村红色文化认同，推动乡村文化振兴和发展。

---

① 李艳、宋舒扬:《重塑“物—人”联结交往体系：革命文物新媒体传播的转译困境与融合路径》,《传媒观察》2022 年第 9 期。

② 周莹:《全媒体语境下沂蒙红色文化的场景传播策略》,《青年记者》2021 年第 12 期。

③ 王梓涵:《技术、文化与集体记忆——从媒介学视角看侨批与潮汕文化的传承与嬗变》,《中华文化与传播研究》2021 年第 2 期。

贤文化与组织传播研究

主持人语

历代先哲对圣贤思想之论述可谓包罗万象、蔚为大观。而对历代贤哲圣贤思想之传继发扬、因革损益、深入研究，亦是中华民族传统文化实现伟大复兴的题中之义。本辑五篇文章皆围绕圣贤文化之理论和实践问题展开论述。其中，《“忠恕”之道人性论根基的再反思——从马克思人的本质理论视角》一文从传统文化和马克思主义相结合的视角考量，以马克思人的本质理论作为参照对“忠恕”之道的传统人性论根基进行反思，以期完善和弥补传统理论的缺陷与不足;《儒家生命教育观的历史实践》从宏观方面叙述了儒家生命教育观动态的、历史的实践过程，意为当下生命教育的开展提供思想资源和启迪;《论陆象山为学工夫》系统阐述了象山先生“学当有所主、为学以实、为学以正、为学贵有师友以及为学以变”的为学工夫，力图使读者能够借鉴象山先生为学之方，为己所用，日进己功;《言传与身教：身体传播视域下〈论语〉中的学习系统》则引入传播学的理论和研究方法，从“与人学”和“与己学”两个维度，探讨言传身教系统的形构与合理性，以及《论语》智慧对今人学习的启示。《〈管子〉尊贤思想实践分疏——兼从管理哲学角度解读和反思》运用现代管理哲学的方法和致思路径，探讨了《管子》的尊贤思想、历史实践及其对当下社会治理的意义。

以上诸文虽研究视域各异，但殊途而同归，旨在为圣贤文化在当下社会生活各领域的传播和应用提供思想资源与实践参考。文虽朴质，疏漏难免，但吾辈学人，意承圣贤之志，拳拳之心，谨当存之守之。

（中国闽台缘博物馆副研究馆员 周丽英）

“忠恕”之道人性论根基的再反思

——从马克思人的本质理论视角

周丽英 *

（中盐金坛博士后工作站，江苏常州，213200；厦门大学哲学博士后流动站，福建厦门，361005）

摘　要：“忠恕”之道是孔子践行其“仁”学思想的重要方法和一贯之道，但孔子并未详述其价值必要和现实可能性。孟子从“性善论”出发确立了“忠恕”之道的价值正当性和现实可行性。汉代董仲舒的“天人合一”论将“性善论”与“天命论”结合，转化为“性三品”说，则为“帝王盗天”埋下了伏笔，使“忠恕”之道逐渐沦为政治统治的工具。宋明儒家从先验的“天理”和“本心”中探寻其根据，但过度的抽象化和教条化使“忠恕”之道脱离实践，在日常生活世界中体现为软弱的道德呼唤。马克思从现实的社会生活实践出发，揭示了人的本质“是一切社会关系的总和”，这一深刻论断可为理解“忠恕”之道提供合理补充和新视角。

关键词：“忠恕”之道；人性论；马克思；人的本质

“忠恕”之道是孔子践行“仁”学思想的重要方法和一贯之道，也是传统儒家成圣成贤的修身之法。《论语·里仁篇》记载：“子曰：‘参乎！吾道一以贯之。’曾子曰：‘唯。’子出，门人问曰：‘何谓也？’曾子曰：‘夫子之道，忠恕而已矣。’”① 在论述“仁”的时候孔子又说：“夫仁者，己欲立而立人，己欲达而达人。”（《论语·雍也篇》）② “仲弓问仁。子曰：‘己所不欲，勿施于人。’”（《论语·颜渊篇》）③ 孔子从正反两个维度对仁的论述对应的

* 作者简介：周丽英（1979— ），女，山西宁武人，中盐金坛博士后工作站和厦门大学哲学博士后流动站联合培养博士后，中国闽台缘博物馆研究部副研究馆员，主要研究方向：传统文化与现代化、闽台历史文化、博物馆学。

基金项目：本文系2020年江苏省博士后科研资助计划项目阶段性研究成果（项目号2020Z344）

① 杨伯峻译注：《论语译注》，北京：中华书局，2006年，第39页。

② 杨伯峻译注：《论语译注》，北京：中华书局，2006年，第65页。

③ 杨伯峻译注：《论语译注》，北京：中华书局，2006年，第123页。

是“忠恕”之道的两种表达。“己欲立而立人，己欲达而达人”从正面积极倡导以我之所欲推及人他之欲；“己所不欲，勿施于人”则从反向做出限制性规范，即我之不欲不可施于他人。内容为“欲”或“不欲”，落实到行动上强调的是“推己及人”这一行为。[①]《卫灵公篇》载：“子贡问曰：‘有一言而可以终身行之者乎？’子曰：‘其恕乎！’”[②]朱熹总结为“尽己之谓忠，推己之谓恕。”（《论语集注》）但如何向内行走，做到“尽己之心”，并向外发散实现“推己及人”？也即“忠恕”之道何以必要，何以可能？孔子并未给出更多叙述，后世儒家试图从人性论的角度予以解释。

一、传统儒家对“忠恕”之道人性论根基的论述

孔子关于人性的论述较少，耳熟能详的是“性相近，习相远也。”（《论语 · 阳货》）[③]孔子意识到人的本性天生相近，后天习染使个体出现差异，后天习染包括个体赖以生存的、自然的、社会的主客观条件，其中社会环境的不同是造成人性差异的主要原因。除此之外，孔子对人性问题并未详述。如其学生子贡所言：“夫子之言性与天道，不可得而闻也。”（《论语 · 公冶长》）[④]正因如此，也为后世儒家对这一问题的铺陈展开和深入探讨提供了广阔的理论空间。

孟子从人禽之辩出发，以性善论为理论基础，试图为“忠恕”之道的合法性和可能性提供内在依据。他认为人的本性可区分为“本能”和“善性”：前者是与动物属性相同的自然性，后者是专属于人的善性，是人与动物的本质区别，这一“善性”是与生俱来的。“人性之善也，犹水之就下也。人无有不善，水无有不下。”（《孟子 · 告子上》）[⑤]此善性即人皆有之的“恻隐之心、羞恶之心、恭敬之心、是非之心”。“四心”作为善端扩而充之、推而广之形成仁、义、理、智四常德。这便是“忠恕”之道何以可能的人性论根基和生发机制。在孟子看来，恶的产生是因为没有保存善性，而非没有善质。“人之所以异于禽兽者几希，庶民去之，君子存之。”（《孟子 · 离娄下》）[⑥]君子“求则得之”，庶人“舍则失之”（《孟子 · 告子上》）[⑦]。君子与庶人的差异就在于能否保存和充分发挥人之善性。那么，善性从何而来？孟子认为：“性，天之所予我者。”（《孟子 · 告子上》）圣人君子“尽其心则知其性，知其性则知天。”（《孟子 · 尽心上》）[⑧]“万物皆备于我矣。反身而诚，乐莫

① 周丽英：《孔子圣贤思想的实践方案及其困境——以“忠恕”之道为中心（上）》，《中华文化与传播研究》2022 年第 1 期。

② 杨伯峻译注：《论语译注》，北京：中华书局，2006 年，第 166 页。

③ 杨伯峻译注：《论语译注》，北京：中华书局，2006 年，第 181 页。

④ 杨伯峻译注：《论语译注》，北京：中华书局，2006 年，第 46 页。

⑤ 杨伯峻译注：《孟子译注》，北京：中华书局，2005 年，第 254 页。

⑥ 杨伯峻译注：《孟子译注》，北京：中华书局，2005 年，第 191 页。

⑦ 杨伯峻译注：《孟子译注》，北京：中华书局，2005 年，第 259 页。

⑧ 杨伯峻译注：《孟子译注》，北京：中华书局，2005 年，第 301 页。

大焉；强恕而行，求仁莫近焉。”（《孟子·尽心上》）[①] 孟子为善性安置了一个先验基础。他认为善性是天赋予人并内在于人的，尽心、知性便可知天，落实到行动中便是尽己之心、推己及人，这是对超越性价值源头的一种有益探索。此外，孟子认为圣人不断涵养善端，扩充善性，尽心、知性，进而知天。圣人存有不忍人之心，将王之欲推己及人为民之欲，进而行不忍人之政，因此王道即是圣人治政。孟子从先验的性善论出发为其圣人治政学说提供了合理的解释。

这就隐含了“忠恕”之道的践行只能被部分具有较高思想觉悟的圣人君子垄断的理论缺陷。圣人或君子人格作为一种道德范畴，在缺失制度规约和机制保障下是否能够推己及人似乎并无保证，更何况为了基本生存而疲于奔命的劳苦大众。其次，在封建专制社会里，但凡人性与上天的结合，都很难绕开帝王以天子之名而盗天命的历史命运，进而从根源上斩断了“忠恕”之道的超越性价值源头。统治者利用无限扩张的权力谋取一己之私，满足不断膨胀的个人欲望，使得“以君之欲推及民之欲”的理想化模式落成一纸空文。儒家内圣外王的理想也消解于王者即圣的世俗规则中。同样，孟子对人性中恶的来源也缺乏有说服力的解释，因此也无法保证“忠恕”之道的人伦日用中的具体落实。

汉代董仲舒汲取阴阳五行家的思想，用“天人合一”观点解释人性中善恶的来源。他认为，人是天的副本，人的行为根据存在于天，天有阴阳二气，人有贪仁二性，即善恶两性。董仲舒认识到了孟子人性论的不足，即并非人性皆为善，那就应该有一套制度来规范人性，三纲学说作为保障社会伦理秩序的理论应运而生。为了美化和迎合统治者的需要，他更进一步提出“性三品”理论，把人性分为不同等级，即“圣人之性”“中民之性”和“斗筲之性”（《春秋繁露·实性》）[②]。按照其五行学说，统治者属阳，具有永恒善性，被统治者属阴，性恶是理所当然。“君臣、夫妇、父子之义皆与诸阴阳之道，王道之纲，可求于天。”（《春秋繁露·基义》）[③] “君不名恶，臣不名善；善皆归于君，恶皆归于臣。”（《春秋繁露·阳尊阴卑》）[④] 遵守三纲五常便是天命，在这个纲常等级系统中天为大，帝王次之，所以要“以人随君，以君随天……故屈民以伸君，屈君以伸天”（《春秋繁露·玉杯》）。[⑤] 反观历史，不难发现被盗的是天、被伸的是君、被屈的是民，其理论为封建等级制度辩护的目的溢于言表。正如谭嗣同所言：“君以名梏臣，官以名轭民，父以名压子，夫以名困妻，兄弟朋友各挟一名以相抗衡，而仁尚有少存焉者得乎？”[⑥] 仁者爱人、推己及人在董仲舒“序尊卑，别贵贱”的礼制框架下落空，实践中纲常之纪等同并取代了一切道德原则，使推己及人的“忠恕”之道沦为彻底的不可能。董仲舒“功及子

---

① 杨伯峻译注：《孟子译注》，北京：中华书局，2005 年，第 302 页。

② 曾振宇注说：《春秋繁露》，开封：河南大学出版社，2009 年，第 271 页。

③ 曾振宇注说：《春秋繁露》，开封：河南大学出版社，2009 年，第 305 页。

④ 曾振宇注说：《春秋繁露》，开封：河南大学出版社，2009 年，第 283 页。

⑤ 曾振宇注说：《春秋繁露》，开封：河南大学出版社，2009 年，第 127 页。

⑥ 谭嗣同：《谭嗣同全集》，北京：中华书局，1981 年，第 299 页。

孙，光辉百世，圣人之德，莫美于恕”的理想，在缺失平等社会机制的保障下陷入了可言而不可为的吊诡之中。

宋明理学派另辟路径，重新为“忠恕”之道寻找合理的理论基础。张载从气本论的宇宙观出发，提出“天地之性”和“气质之性”的二元人性观。他认为“天地之性”是人有形体之前就具有的本然之性，是人共有的纯一善性；“气质之性”则是人有形体之后禀有的，“气质之性”的不同是人之善恶的根源。因此，人应该经过后天学习、修养道德，改造“气质之性”使其升华为“天地之性”。

二程继承张载的理论，提出天命之性和气质之性，认为天命之性由理派生，气质之性由禀气清浊决定。万物都有天命之性即对生命的倾向，天命之性构成天地之“仁”，万物之间的内在联系表现为“恻隐之心”“不忍人之心”，这就是“忠恕”之道的内在根据。现实中之所以很难做到推己及人是由于本心被私欲遮蔽，因此，将本心从私欲中解蔽出来并以诚敬存之，才能与天地合一。所以程子曰：“忠者，天道；恕者，人道。忠者无妄，恕者所以行乎忠也。忠者体，恕者用，大本达道也。”（《河南程氏遗书》卷十一）

朱熹承上启下，系统地论述了“天命之性”和“气质之性”，把人性论推向了理学的高峰。他认为，天命之性源于天理，“性者，人生所禀之天理也。”（《孟子集注·告子章句上》）[①] 天理是至善的，天命之性“大则君臣父子，小则事物细微”（《孟子集注·尽心章句上》）[②] 无有不善，作为天命之性的仁义理智“亦何尝有不善？”（《玉山讲义朱文公文集》卷七十四）人皆有天命之性，也就皆有善性，基于这一共同的善性，推己及人就具备了合理可靠的人性论根基。人性恶只是因为禀气清浊，只要能用心统性情便可践行“忠恕”之道。因此，朱熹说“尽己之谓忠，推己之谓恕。”（《论语集注》）[③] 理学派追寻上行路线希望从天理中探寻推己及人的根基，但是一味地探讨天理、去除人欲，使“忠恕”之道成为纯粹的道德理论议题，与丰富的现实生活世界渐行渐远，进而失去了应有的生命力和实践性。

陆王心学意识到了这一点，试着把人性从天上拉回人间，从人心内部出发寻找善的价值源头，“宇宙是吾心、吾心即宇宙”[④]，心是宇宙的立法者，也是一切道德原则的根基，一切心皆有良知，人的本性就是明德、致良知，只要按照良知的指引去除私欲就可以成仁成圣，只要能致良知、尽己之心，就可以推己及人。正所谓“格物、致知、诚意、正心、修身、齐家、治国、平天下”，从良知出发，通过格物、致知实现诚意、正心的内在修养，通过个体修身修德的工夫实践推而广之到家、国、天下，这便是“忠恕”之道的具体展开。心学派把良知作为内在于人本性中的道德标识，具有很重要的意义，但个体

① 朱熹著:《孟子集注》，张茂泽整理，西安：三秦出版社，2005 年，第 177 页。
② 朱熹著:《孟子集注》，张茂泽整理，西安：三秦出版社，2005 年，第 213 页。
③ 朱熹著:《论语集注》，张茂泽整理，西安：三秦出版社，2005 年，第 105 页。
④ 陆九渊著:《陆九渊集》，钟哲点校，北京：中华书局，2020 年，第 483 页。

因素不同，对良知的理解不同，致良知的功夫亦不同，推己及人在实践中同样容易脱离现实，落入空谈。尽管传统儒家不断地试图突破前人理论的局限性，寻求“忠恕”之道的人性论根基，但由于历史和阶级的局限性，其理论上存在诸多困境，实践中更是无法真正落到实处。

二、“忠恕”之道人性论根基的理论困境

1. 以抽象人性论为出发点。尽管传统文化中也有其他关于人性的学说，如告子的性无善恶论、荀子的性恶论、庄子的人性自然论、罗钦顺的“性必有欲”说、戴震的“欲、情、知”说等等关于人性论的探讨，但终因其不能适应统治者的需求而遭到排斥而边缘化，未能形成百花齐放的格局，传统儒家的人性理论在缺少对话的情况下落入了抽象的形而上学窠臼，不仅无法真正揭示出人的本质，也无法开出“忠恕”之道何以必要、何以可能的实践路径，在向上追寻人性共同性质的过程中走向独断道路，最终陷入“存天理灭人欲”“以理杀人”的困境。其次，抽象地预设人性本善，就必然忽视人性的具体性、历史性、生成性和现实规定性。这一前置逻辑的预设必然导致后续论证过程中的一系列预设，例如预设行为主体的同质性，无视现实生活世界中等级制度、宗法制度对人性的扭曲和压抑；预设“所欲”的合法性，没有明确划定符合社会规范的正当之“欲”和危害他人、社会利益的个体私欲。结果就是统治阶级无所畏惧地扩张自我私欲，劳动人民的正当生存欲求则受到压制；最后预设了推己及人的可靠性，实际上在执行双重道德标准又缺乏法律规范的传统专制社会中，推己及人既没有推出去的可能性，也没有推出去的可行性。

2. 以“帝王盗天”为转折。抽象人性论的结局往往与天命挂钩，随着“帝王盗天”的发生，使得统治者堂而皇之地利用权力掠夺了价值超越源头的合法性，帝王以天子自居，只要普遍的、善的、属天的统统变成君主帝王的属性。儒家内圣外王的社会理想被演化为王者即圣的社会现实。在缺失平等人际关系的宗法等级制社会中，由于缺失制约统治阶级权力的社会体制和法律机制，君王及其统治阶层的权力得到了无限扩张，而被统治阶级只能被动地把不平等的“愚忠”和可怜巴巴的“饶恕”当作道德原则来遵从。帝王以天子自居，并未能建起价值的神圣源头与世俗践行之间的桥梁，使二者形成持久的张力，更无法引导人们向善。“忠恕”之道也无法成为处理人际关系的价值原则和行为规范，而是沦为了封建政治统治的工具。

3. 以单项度主体性为展开。孔子倡导“忠恕”之道的本意是要求个体从“我”的真情实感和欲求出发，推己及人，关照到他者的真情实感和欲求。但是在传统社会，“推己及人”的话语权实际上掌握在统治阶级手中，加之以“纲常”“稳定”“秩序”等名目，堂而皇之地压制着平等、自由的人格尊严和人际关系的健康发展，这种单向度的君本位主体，往往要求别人遵守“己所不欲、勿施于人”的显性原则，自我遵循“己所不欲、

宁施于人”的潜规则，无视人际关系中个体的有限性和他者维度，以及二者应有的交互性和共生性特征。马克斯·韦伯敏锐地意识到了这一点。他在《中国的宗教：儒教与道教》一书中指出：“在儒家伦理中，自然与神祇、伦理要求与人之缺陷、原罪意识与救赎需要、现世行为与来世补偿、宗教责任与社会政治现实之间的任何紧张关系，都付诸阙如。因此，这里没有通过内在力量影响行为使之摆脱传统习惯的杠杆。”[①]

4. 以泛道德诉求为结局。传统儒家对“忠恕”之道何以可能的论证，是通过“圣人”这一环节作为价值担保的，而圣人要么是掌握统治权力的帝王因王而圣，要么是有重要历史贡献和影响力的知识分子。前者运用权力推行君本位的“忠恕”之道，结局我们在前面已经论述。后者对于“忠恕”之道的践行，依循着“格物、致知、诚意、正心、修身、齐家、治国、平天下”的路径展开。“格物、致知”是理论认知上的准备，“诚意、正心、修身”是个体发挥的重要环节，“齐家、治国、平天下”是理想的结果。然而，在传统社会中，这样的理想是很难实现的，知识分子企图在理想世界中独善其身几乎不可能，他们要么沦为“御用文人”成为统治者的辩护工具，要么“躲进小楼成一统”，将“忠恕”之道变为了泛道德主义的清谈。“闲来无事谈心性、临危一死报君王”一语道破了传统社会儒家知识分子的尴尬境遇。

通过考察“忠恕”之道的历史命运可知，“忠恕”之道始发于抽象的人性论，因帝王盗天而变成单项度的话语霸权，在现实中沦为了温情脉脉的道德诉求和乌托邦式的道德幻想。

三、马克思人本理论视域中反思“忠恕”之道

“忠恕”之道作为处理人与人之间关系的一种价值原则，他的必要性、可能性、现实性都无法从抽象的人性论中推导出来。就此意义上所谓“返本开新”，依然是将“忠恕”之道悬挂于虚幻的道德世界，丧失现实说服力。因此，对“忠恕”之道的价值前提进行反思、整合和再诠释，保持理论构建与现实关照之间的张力，打通理论连接生活世界的管道，是研究和探讨“忠恕”之道的理论前提。马克思关于人的本质的论述，以现实的人的存在为出发点，可为“忠恕”之道的理论合理性和现实可执行性提供有益的致思路径。

马克思“从现实的、有生命的个人本身出发”[②]对人的本质进行探索并提出了关于人的本质的著名论断：一是“他们的需要即他们的本性”[③]。二是“人的本质并不是单个人所固有的抽象物。在其现实性上，它是一切社会关系的总和”[④]。

1. “需要”是人的本性。从人类得以存续的角度而言，“需要”是人类生存、发展的

---

① 马克斯·韦伯著：《中国的宗教：儒教与道教》，康乐·简惠美，译，南宁：广西师大出版社，2010 年。

② 《马克思恩格斯选集》，第 1 卷，北京：人民出版社，1995 年，第 73 页。

③ 《马克思恩格斯全集》，第 3 卷，北京：人民出版社，1979 年，第 5142 页。

④ 《马克思恩格斯选集》，第 1 卷，北京：人民出版社，1995 年，第 56 页。

原动力，是人类得以存在和延续的自然属性。合理的自然欲求是个体存在之基础，也是个体存在之基本权利，这就要求个体在满足自我欲求时，要承认并且不能有损他人正当欲求和权利。这既是“推己及人”的前提基础，也是“己欲立而立人，己欲达而达人”“己所不欲，勿施于人”的逻辑载体。

2. 人是一种关系性的存在，是一切社会关系的总和。马克思在《德意志意识形态》中说：“不管是人们的‘内在本性’，或者是人们对这种本性的‘意识’，‘即’他们的‘理性’，向来都是历史的产物。”[①]人的本质属性是具体的、历史的，受时空影响的，而不是抽象的一成不变的。人类在生产过程中结成了人与人之间的关系，并在这种关系中形成了人们的行为模式和思维方式。正是“由于他们的需要即他们的本性，以及他们追求满足的方式，把他们联系起来，(两性关系，交换，分工)，所以他们必须发生相互关系”[②]。因此“人的本质并不是单个人所固有的抽象物。在其现实性上，它是一切社会关系的总和”[③]。在阶级社会里一切人“只是经济范畴的人格化，是一定的阶级关系和利益的承担者……不管个人在主观上怎样超脱各种关系，他在社会意义上总是这些关系的产物”[④]。人为了满足生存需要而进行的生产活动以及整个生命活动的展开都是以现实的关系为场域，在各种社会关系中进行。因为“一个人的发展不仅取决于和他直接或间接进行交往的其它一切人的发展，彼此发生关系的个人的世世代代也是相互联系的”[⑤]。正是人的本质的现实性和关系性决定了个体所“欲”绝不可能是随心所欲、为所欲为，而是受各种社会关系的制约。“推己及人”的“忠恕”之道并不仅仅是一种道德呼唤，而是人类共存共生的客观要求。“己欲立而立人，己欲达而达人”和“己所不欲，勿施于人”不仅是一种主体愿望的声张，更是一种社会责任的承载。“每个人的自由发展是一切人的自由发展的条件。”[⑥]“作为确定的人，现实的人，你就有规定，就有使命，就有任务，至于你是否意识到这一点，那都是无所谓的。这个任务是由于你的需要及其与现存世界的联系而产生的。”[⑦]这一使命就是“己欲立而立人，己欲达而达人”，这一责任就是“己所不欲，勿施于人”。剥夺他人的正常需要、破坏他们的自由发展就等于破坏自我生存与发展的客观环境。“忠恕”之道的行为主体不是天生就具有“善良意志”的个体，而是现实地、历史地存在于各种社会关系中的“人”。任何个体的生存、发展都不能离开群体关系而独立进行，个体必须承担维护人际和谐之责任，才能与他人共生、共存，并在这种和谐共在的场域中实现个体“向道”之超越。“儒家的仁爱始于亲亲，却不止于亲亲，只有通过推己及人，走

① 《马克思恩格斯全集》，第3卷，北京：人民出版社，1990年，第567页。
② 《马克思恩格斯全集》，第3卷，北京：人民出版社，1979年，第514页。
③ 《马克思恩格斯选集》，第1卷，北京：人民出版社，1995年，第56页。
④ 《马克思恩格斯选集》，第2卷，北京：人民出版社，1995年，第102页。
⑤ 《马克思恩格斯全集》，第3卷，北京：人民出版社，1960年，第515页。
⑥ 《马克思恩格斯选集》，第1卷，北京：人民出版社，1995年，第294页。
⑦ 《马克思恩格斯全集》，第3卷，北京：人民出版社，1960年，第329页。

向社会群体，才能真正实现仁的精神。[①]”

3.“真正的共同体”。在马克思看来，人的自然属性和人的社会属性塑造着完整的人，其中，人的关系性存在是人区别于动物的本质属性。在此基础上搭建的人类社会才是“真正的共同体”。在构建人类命运共同体的当下语境中，意味着我们比以往任何时候都要更加坚定地尊重不同文化形态、不同个体之间的差异性和多元化，在获取自我正当利益的同时有义务和责任尊重并保障他者的正当利益，这正是“忠恕”之道推己及人的实质所在，无论是在处理国家与国家之间的关系，还是个体与个体之间的关系，这些价值取向都具有普适性的意义。主体之间的平等性决定了“推己及人”不仅是主体的自觉意识，更是一种客观要求。马克思在《共产党宣言》中指出:“每个人的自由发展是一切人的自由发展的条件。”[②]“推己及人”并不是单项度的话语霸权,而是双向度或者多向度的协商、合作思维。无论“己欲立而立人，己欲达而达人”还是“己所不欲，勿施于人”，这个“欲”字都蕴含了他者同意，社会同意的原则，而不仅仅是我之一己私欲的满足。这是一种互为主体、互为客体的新兴的交往关系。在历史和现实中，国家与国家之间、个体与个体之间，由于利益的分野与对立，部分国家或者部分个体的发展是以牺牲另一部分国家或个体的发展为条件的，这便是“一切人反对一切人的战争”。在构建人类命运共同体的时代语境中，在“真正的共同体”中，国与国之间，个体与个体之间应该彼此承认与尊重，一个国家或者个人的发展不能以牺牲他国或他人的发展为前提，而且应为他国或他人的发展创造条件形成相互依赖，相互成就，呈现出平等、互动、互补、互助与合作的新兴关系和生存状态。

结　语

可见，马克思将人的本质置于客观的、现实的社会生活环境中、置于自由自觉的活动之中、置于关系态的场域之中、置身动态发展的历史之中、置于时空坐标的生成之中，进行全方位、立体型的考察，把传统儒家悬置在道德世界中的人性拉回到生活实践中，为新时代理解“己欲立而立人，己欲达而达人”“己所不欲，勿施于人”何以必要和践行“忠恕”之道何以可能提供了新的诠释方法和路径，值得学界深入探讨与研究。

---

① 史向前:《儒家“仁和”思想的特质——从钱耕森先生的“大道和生学”说起》,《中华文化与传播研究》2021 年第 2 期。

② 《马克思恩格斯选集》，第 1 卷，北京：人民出版社，1995 年，第 294 页。

《管子》“尚贤”思想、制度与哲学反思

胡士颍*

（中国社科院哲学所，北京，100732；中盐金坛博士后工作站，江苏常州，213200；复旦管理学院博士后流动站，上海，200433）

摘　要：《管子》有关尊贤用贤，形成较为系统完善的选贤、举贤、用贤、考核制度。尊贤主张和实践，与管仲辅佐齐桓公进行政治改革、争霸天下的需要直接相关，也是其管理思想背景和哲学认知体系所致。从管理哲学的角度，《管子》尚贤实践在当时具有先进性，但也反映出以贤为治模式的具体难题和普遍问题，其中“以民为本”“以人为中心”问题值得深入考察和思考。

关键词：《管子》；尚贤思想；举贤制度；管理哲学

《管子》为托名管仲而实际汇诸众家的重要著作，成书时间颇有争议，大致可定为春秋末期。[①] 罗根泽认为《管子》“各家学说，保存最多，诠发甚精，诚战国秦汉学术之宝藏也。宝藏在前而不知用，不以大可惜哉！”[②] 虽为相率而成，但该书内容也确实和管仲生平事迹、治国方略有着紧密的关系，管仲治理国家的系列举措和功业给齐国和学者产生很大影响，《管子》即管子学派和稷下学人代守旧业、口耳相传、著于竹帛的“一家之学”。

《管子》思想核心是政治经济理论，哲学基础是精气论，政治思想以民本民生、社会文化、管理体制、国家制度为主，都是对齐国治国理政实践的总结和阐述。“自古以来，选贤任能、尚贤重才是激发人们向贤趋贤的外在引力和内在动力，是治国理政和社会发展的必然选择。”[③] 尊贤既是管仲相齐的治理实践，在《管子》中也是具有系统性的学说，构成中国古代国家和社会治理的重要原则——以贤为治，为建构中国古典管理学、管理

---

* 作者简介：胡士颍（1983— ），男，安徽阜阳人，哲学博士，中国社会科学院哲学研究所副研究馆员，中国社会科学院大学哲学系副教授，中盐金坛博士后工作站与复旦管理学院博士后流动站联合培养博士后。研究方向为中国古代哲学、易学、佛学及数字人文等。

① 有学者根据新出土文献认为，《管子》的主体部分在春秋末期就已经形成。参见郭丽《简帛文献与〈管子〉研究》，北京：方志出版社，2015 年，第 24 页。

② 罗根泽：《管子探源》，长沙：岳麓书社，2010 年，第 3—4 页。

③ 钟海连：《贤文化与组织传播》，《中华文化与传播研究》2018 年第 1 期。

哲学提供了丰富的传统思想资源。

一、《管子》尚贤思想

《管子》对尊贤用贤，有着十分系统的思想和实践主张，但少有集中论述，散见于各篇之中，如《法法》《宙合》《形势解》《中匡》《立政》《霸言》等等，有些篇目章节与《国语·齐语》具有相似、一致的地方。《管子》尚贤在当时在内政外交的多种场合、多个政策中都得以推行，是理论紧密结合实践的重要举措。

尊贤是治国的必然选择。《管子》认为，富民国强，系于贤人，用贤是君王治国的重要事务。《五辅》中提出“论贤人，用有能，而民可使治”是“明王之务”①。《幼官》言：“尊贤授德，则帝”，“信赏审罚，爵材禄能，则强”。②举用贤才，关乎国本，“古之圣王，所以取明名广誉，厚功大业，显于天下，不忘于后世，非得人者，未之尝闻。暴王之所以失国家，危社稷，覆宗庙，灭于天下，非失人者，未之尝闻。”③（《五辅》）“闻贤而不举，殆。”④（《法法》）“举贤良，而后可以废慢法鄙贱之民。”⑤（《中匡》）贤才能否使用，是国家文明程度的彰显，最大的礼，“远举贤人，慈爱百姓……此为国之大礼也”⑥（《中匡》）。基于明确且强烈的尊用贤才思想意识和现实需要，《管子》中提出了一系列举贤、用贤、选贤、试贤及考核制度，有些则是当时社会政治的直接记录。

什么是“贤”？《管子》曰:“言大人之行，不必以先帝常，义立之谓贤。”⑦（《宙合》）“大失在身，虽有小善，不得为贤。”⑧（《形势解》）“道术德行，出于贤人。”⑨（《君臣下》）这三句是其论贤标准的主要方向，根据这些标准授官任事，《君臣上》说：“论材、量能、谋德而举之，上道也。”⑩这里对“贤”的认定与划分实际并不明确，因为古代关于“贤”的认识经历较长历史时期，“通过字义的简要溯源可知，圣、贤二字最初没有德行的含义，主要指能力、财富方面过人，并未言及德性，故最初所谓的圣人、贤人均指能力超群的‘能人’，这应当是圣、贤的本义”⑪。考虑到“从春秋战国到秦朝，‘贤’字由最初含义为力气大、财多、技能高超，逐渐引申出才能、德行的含义”⑫《管子》。对“贤”的概念与范围，有着较为显见的清晰化，除了兼具才能之意外，开始加入德行要求，在思想上是

---

① 管仲撰:《管子》，李山、轩新丽译注，北京：中华书局，2019 年，第 187 页。
② 管仲撰:《管子》，李山、轩新丽译注，北京：中华书局，2019 年，第 124 页。
③ 管仲撰:《管子》，李山、轩新丽译注，北京：中华书局，2019 年，第 172—173 页。
④ 管仲撰:《管子》，李山、轩新丽译注，北京：中华书局，2019 年，第 280 页。
⑤ 管仲撰:《管子》，李山、轩新丽译注，北京：中华书局，2019 年，第 357 页。
⑥ 管仲撰:《管子》，李山、轩新丽译注，北京：中华书局，2019 年，第 362 页。
⑦ 管仲撰:《管子》，李山、轩新丽译注，北京：中华书局，2019 年，第 206 页。
⑧ 管仲撰:《管子》，李山、轩新丽译注，北京：中华书局，2019 年，第 841 页。
⑨ 管仲撰:《管子》，李山、轩新丽译注，北京：中华书局，2019 年，第 522 页。
⑩ 管仲撰:《管子》，李山、轩新丽译注，北京：中华书局，2019 年，第 506 页。
⑪ 钟海连、黄永锋主编:《贤文化经典选编释读 · 总序》，北京：九州出版社，2020 年，第 2 页。
⑫ 钟海连、黄永锋主编:《贤文化经典选编释读 · 总序》，北京：九州出版社，2020 年，第 2 页。

一种进步和突破，意味着当时在治理过程中有了更多的实践和经验。

1. 贤人难得。"十年树木，百年树人"一语闻名于世，源自《管子》。其云："一年之计，莫如树谷；十年之计，莫如树木；终身之计，莫如树人。一树一获者，谷也；一树十获者，木也；一树百获者，人也。我苟种之，如神用之，举事如神，唯王之门。"[①]（《管子·权修》）原意为一年之计，不如种谷物；十年之计，不如种树木；终身之计，不如育人才。一种一获的，是五谷；一种十获的，是树木；一种百获的，是人才。若能培养人才，并神妙运用，处理事情就有神奇之效，这是王道的唯一门径。这里的树人，可解读为培养贤才，《管子》认识到人才最为难得、宝贵，最值得重视、投入，当然，社会效益也最高、最好。

2. 教化育贤。《管子》尚贤，将之推行到几乎整个社会，实行教化；将之深入到青少年培养之中，融入教育。《管子·七法》云："变俗易教，不知化不可"[②]，所谓"化"，即"渐也，顺也，靡也，久也，服也，习也，谓之'化'。"[③] 教化的落实，"乡置师以说道之"[④]（《管子·权修》），任用专人对民众进行宣传教化，对提高社会文化水平和人才培养无疑具有积极作用。书中有著名教育文《弟子职》，论及关于学校、学习的基本原则，注重以学校为依托培养贤才，其曰：

> 先生施教，弟子是则，温恭自虚，所受是极。见善从之，闻义则服。温柔孝悌，毋骄恃力。志毋虚邪，行必正直。游居有常，必就有德。颜色整齐，中心必式。夙兴夜寐，衣带必饬；朝益暮习，小心翼翼。一此不解，是谓学则。[⑤]

从《弟子职》名称，可以看出，管子学派把学习作为弟子的职分，而所学在于自化自抚，勉力为之，"受业问学而不加务则不成""朝不勉力务进，夕无见功"[⑥]（《管子·形势解》）。《弟子职》对青少年的学习、礼仪、行为、心理等等，有着十分详备的要求，一定程度上说明齐国当时积极向上的尚贤育人氛围。

举用贤才是管仲治齐的重大举措，也是一项重要的施政经验，还是当时在国与国之间推行的策略。齐桓公九次会盟诸侯，葵丘之会最为盛大。盟约中，第二条为"尊贤育才，以彰有德"，第四条有言"士无世官，官事无摄，取士必得，无专杀大夫"[⑦]（《孟子·告子下》）。一则可以说明，当时齐国文化中对于"人"的理解，尤其贤人在国家治理

---

① 管仲撰：《管子》，李山、轩新丽译注，北京：中华书局，2019 年，第 39 页。
② 管仲撰：《管子》，李山、轩新丽译注，北京：中华书局，2019 年，第 100 页。
③ 管仲撰：《管子》，李山、轩新丽译注，北京：中华书局，2019 年，第 98 页。
④ 管仲撰：《管子》，李山、轩新丽译注，北京：中华书局，2019 年，第 30 页。
⑤ 管仲撰：《管子》，李山、轩新丽译注，北京：中华书局，2019 年，第 818 页。
⑥ 管仲撰：《管子》，李山、轩新丽译注，北京：中华书局，2019 年，第 848 页。
⑦ 杨伯峻、杨逢彬导读注释：《孟子》，长沙：岳麓书社，2021 年，第 191 页。

中的意义，有比较充分的认识，次则和当时各国尚贤的思想背景紧密相关，齐国重贤图治得以在春秋诸国中脱颖而出，在当时产生了广泛影响。

二、《管子》举贤制度

春秋时期，周王室已见衰微，诸侯争斗不止，相互间虎视眈眈，谋图霸业，齐国率先崛起。齐国之兴始于齐襄公，成于齐桓公，“齐国虽是大国，但春秋初内部斗争不断，齐桓公上台后任管仲为相，实行一系列改革，使齐国成为第一个大国霸主”[①]。齐国政治、经济、军事、外交实行一系列的改革，是《管子》尊贤举措的社会背景，进一步提炼成系统的尊贤理论、制度，因而“《管》书对人才的培养、选拔、使用、管理，以至人才的标准、层次、结构，都有议论，可以说形成了比较系统的人才理论”[②]。

行政管理方面，齐国实行“国”（都）、“野”（鄙）分治制度，将士、农、工、商分开，不使杂处，限制他们自由迁徙。其中，国（都）分成二十一个乡，工商之乡六，士乡十五，桓公亲率十一乡，大臣国子和高子各管五乡。国政分为三方面，“市立三乡，工立三族，泽立三虞，山立三衡”，设立“三官之臣”，统管商业、手工业、川泽、山林之事；对野（鄙），“三十家为邑，邑有司；十邑为卒，卒有卒帅；十卒为乡，乡有乡帅；三乡为县，县有县帅；十县为属，属有大夫。五属故立五大夫，各使治一属焉；立五正，各使听一属焉”[③]（《国语·齐语》）。每年正月，大夫将所属治理情况报告桓公。于是属管县、县管乡、乡管卒、卒管邑、邑管家，形成了层层相治、环环相扣的管理体系。和行政体系改革类似，军事管理方面，管仲将军政合一，设立较为严密的军事组织。规定五家为一轨，十轨为一里，十里为一连，十连为一乡，各设轨长、里长、连长、乡长一人。

经济方面，管仲大力发展农业、商业、手工业，实行井田制，设立市场，设置“工正”“工师”“铁官”“三服官”等手工业管理机构。《管子》对农业科技人才的言论、经验、待遇、奖励都较为重视，制定了十分具体的措施，[④]如《管子·山权数》。《管子·立政》要求设立管理手工业的官职传办人员：“论百工，审时势，辨功苦，上完利，监一五乡，以时钧修焉；使刻镂文采，毋敢造于乡，工师之事也。”[⑤]齐国实行四民分治，其中也包含技艺世代承传的技术教育因素，有时甚至认识到有些官办作坊反而不如民间工匠。

管理机构的设置，无疑需要大量能够统领一方、管理一域的各种人才，并对管理者加以考核。因而，政治管理是《管子》尊贤用才的直接需要，而如何使用贤才也是其治道思想和实践的组成部分，如选贤、用贤及考核制度。

---

① 顾德融、朱顺龙著：《春秋史》，上海：上海人民出版社，2001 年，第 71 页。

② 高思栋：《论〈管子〉人才思想的特色》，《管子与齐文化》，北京：经济学院出版社，1990 年，第 218 页。

③ 薛安勤、王连生注译：《国语译注》，长春：吉林文史出版社，1991 年，第 265 页。

④ 赵守正：《管子经济思想研究》，上海：上海古籍出版社，1989 年，第 14 页。

⑤ 管仲撰：《管子》，李山、轩新丽译注，北京：中华书局，2019 年，第 61 页。

"三选"制度。齐国建立较为广泛、直接的选贤制度，这一制度得到齐桓公的重视，并亲自推行。

正月之朝，乡长复事。君亲问焉，曰："于子之乡，有居处好学、慈孝于父母、聪慧质仁、发闻于乡里者，有则以告。有而不以告，谓之蔽明，其罪五。"有司已于事而竣。桓公又问焉，曰："于子之乡，有拳勇股肱之力秀出于众者，有则以告。有而不以告，谓之蔽贤，其罪五。"有司已于事而竣。桓公又问焉，曰："于子之乡，有不慈孝于父母、不长悌于乡里、骄躁淫暴、不用上令者，有则以告。有而不以告，谓之下比，其罪五。"有司已于事而竣。是故乡长退而修德进贤，桓公亲见之，遂使役官。桓公令官长期而书伐，以告且选，选其官之贤者而复用之，曰："有人居我官，有功修德，惟慎端悫以待时，使民以劝，绥谤言，足以补官之不善政。"桓公召而与之语，訾相其质，足以比成事，诚可立而授之。设之以国家之患而不疚，退问之其乡，以观其所能而无大厉，升以为上卿之赞。谓之三选。[①]（《齐语·管仲佐桓公为政》）

这段话较为完整地反映齐国"三选"，是从君王以至乡里、每年一次的常规制度；其选人才包括居处好学、慈孝于父母、聪慧质仁、发闻于乡里者、有拳勇股肱之力秀出于众者和一些经过任事考核的官员；有较为严格、严密的考察方式，乡、连、里、轨、伍、家递相督促，赏罚严明。春秋时期，国家统治阶层的核心由贵族构成，有着比较严密的世袭制度，大部分的也从贵族子弟中产生，但《管子》提出举贤不限于此，而是打破条条框框，唯贤是举，"不让贤贤，不齿第择众。"[②]（《霸言》）尽量扩大选拔人才的基础，如言"论贤不乡举，则士不及行"[③]（《八观》)。"凡孝悌忠信、贤良俊材，若在长家子弟、臣妾、属役、宾客，则什伍以复于游宗，游宗以复于里尉，里尉以复于州长。州长以计于乡师，乡师以著于士师。"[④]（《立政》）

用贤人的总原则，是"使贤者食于能，斗士食于功"[⑤]（《法法》)。对于选取的贤才，首先要授予相应的官职、地位。"君之所慎者四：一曰大德不至仁，不可以授国柄；二曰见贤不能让，不可与尊位；三曰罚避亲贵，不可使主兵；四曰不好本事，不务地利，而轻赋敛，不可与都邑。此四固者，安危之本也。"[⑥]（《立政》）"明主之择贤人也，言勇者试之以军，言智者试之以官。试于军而有功者则举之，试于官而事治者则用之。"[⑦]（《明法

① 薛安勤、王连生注译：《国语译注》，长春：吉林文史出版社，1991年，第264-265页。
② 管仲撰：《管子》，李山、轩新丽译注，北京：中华书局，2019年，第437页。
③ 管仲撰：《管子》，李山、轩新丽译注，北京：中华书局，2019年，第246页。
④ 管仲撰：《管子》，李山、轩新丽译注，北京：中华书局，2019年，第54页。
⑤ 管仲撰：《管子》，李山、轩新丽译注，北京：中华书局，2019年，第284页。
⑥ 管仲撰：《管子》，李山、轩新丽译注，北京：中华书局，2019年，第50页。
⑦ 管仲撰：《管子》，李山、轩新丽译注，北京：中华书局，2019年，第911页。

解》)

对于贤人的使用，需要根据具体情况，防止滥用无度："有闻道而好为家者，一家之人也；有闻道而好为乡者，一乡之人也；有闻道而好为国者，一国之人也；有闻道而好为天下者，天下之人也；有闻道而好定万物者，天下之配也。"[①]（《形势》）此外，关于贤人的专业特长，在《管子》一书中也有所讨论，甚至划分了一些工种。当然也需要进行必要的考核，建立有明确的考核制度：

国子、高子退而修乡，乡退而修连，连退而修里，里退而修轨，轨退而修伍，伍退而修家。是故匹夫有善，可得而举也；匹夫有不善，可得而诛也。政既成，乡不越长，朝不越爵，罢士无伍，罢女无家。夫是，故民皆勉为善。与其为善于乡也，不如为善于里；与其为善于里也，不如为善于家。是故士莫敢言一朝之便，皆有终岁之计；莫敢以终岁之议，皆有终身之功。[②]（《齐语·管仲佐桓公为政》）

在三选的基础上，还实行"三月一复，六月一计，十二月一著。凡上贤不过等，使能不兼官，罚有罪不独及，赏有功不专与"[③]（《管子·立政》）。"三年教人，四年选贤以为长，五年始兴车践乘。"[④]（《管子·戒》）这些记载是当时齐国察能授官、爵才禄能政策实施的具体反映。

此外，和会盟设定尊贤条款类似，齐国还大肆跨国招贤。《管子》认为："海不辞水，故能成其大。山不辞土石，故能成其高。明主不厌人，故能成其众。士不厌学，故能成其圣。"[⑤]（《管子·形势解》）因而，把选贤的范围扩大到周边其他国家，"游士八十人，奉之以车马衣裘，多其资粮，财币足之，使出周游于四方，以号召收求天下之贤士。"[⑥]（《管子·小匡》）《国语·齐语》中也有类似记载。可见，当时齐国招揽贤才的规模是空前的，学派纷杂的《管子》和稷下学宫即为印证。

三、《管子》论贤检讨

《管子》举贤思想甚早，制度较为完善，在春秋战国时期独树一帜，而齐国的兴衰实践也着实可供总结、反思。"尚贤"的产生源自社会管理，执行主体是国家组织，背后是对于人的认识，但不同学派的学说和立场不同，《管子》基于国家组织的理论无疑具有典型性，值得从理论与实践各方面反复检讨。

① 管仲撰:《管子》，李山、轩新丽译注，北京：中华书局，2019年，第20页。
② 薛安勤、王连生注译:《国语译注》，长春：吉林文史出版社，1991年，第265页。
③ 管仲撰:《管子》，李山、轩新丽译注，北京：中华书局，2019年，第54页。
④ 管仲撰:《管子》，李山、轩新丽译注，北京：中华书局，2019年，第469-470页。
⑤ 管仲撰:《管子》，李山、轩新丽译注，北京：中华书局，2019年，第845页。
⑥ 管仲撰:《管子》，李山、轩新丽译注，北京：中华书局，2019年，第389页。

尊贤用贤的思想，和当时国家治理、社会管理的思想与政策的实际需要直接相关，而深层原因是社会经济发展、生产技术进步为社会治理打下良好的基础，同时提出了更高的要求。因而，《管子》"尚贤"凝聚了管理实践和思想意识，为现代管理哲学研究提供了良好样本。其作用一则体现为具体的社会生产实践，可以从组织管理模式予以总结；其二是文化意识、哲学思想的表现，可以透过纷繁的现象，反思人对自身的认识及与客观世界的关系。二者结合起来，便是考察和建构古代管理哲学的有效途径，"管理哲学是对于管理理论的反思，是对于管理实践的反思之反思"①。

《管子》尊贤、育贤、选贤、用贤是以国家组织为基础的社会治理，是一套自上而下、职分明确的行政管理理念，"君明、相信、五官肃、士廉、农愚、商工愿"②（《管子·君臣上》）。牧民的主要对象是士、农、工、商"四民"，牧民的主体是君臣官僚体系，为此《管子》认识到国家组织、社会治理的复杂性并提出包括经济、政治、文化等等在内的系统性政策、对策，尤其阐述了君、臣之间的关系，确立维护组织良好运转的各种原则。《管子》用贤，首先服务于国家机器，服从社会治理需要，"计上之所以爱民者，为用之爱之也"③（《管子·法法》），通过层层管理可以"主画之，相守之；相画之，官守之；官画之，民役之"④（《管子·君臣上》），最终使得民众能够自愿顺从统治者的意志，"蹈白刃，受矢石，入水火，以听上令"⑤（《管子·法法》）。这种组织的运转模式，基本可以划分为三种类型，君王是最主要的决策者，其他管理者主要是事务型的执行者，而民众主要是服从型的被统治对象。

管仲是一位非常有才干的政治家，认识到育人选才对于国家社会治理的重要性，"士修身功材，则贤良发"⑥（《管子·五辅》）。他本人在识人、用人、管人方面深有远见卓识，以晚年与齐桓公"病榻论相"即可见之。然而，《管子》的用贤模式下，贤人能够发挥的作用，主要是强化组织管理的掌控力、执行力，对最高领导核心、组织的根本权力和统治对象而言，拥有一定的掌控权，但现实、根本上还是依附者和从属者，组织运转、目的实现与贤人治理模式貌合神离一直是难以解决的难题。纵观中国历史，历朝历代、诸多学派都重视育贤选才，几乎任何国家和统治阶层都会作为国之大事，却显能处理得当，观乎齐桓公一生，以及众多国家兴衰之例，不禁令人深思。

这种尚贤举贤的政治治理模式，有着深刻的管理思想根源。正如很多学者所指出的，对于贤人的重视，一定程度上肯定了知识、技能和人才在社会生产中的作用和价值，《管

① 朱光磊：《中国管理哲学的困境与出路》，《淮阴师范学院学报（哲学社会科学版）》，2012 年第 3 期，第 308 页。

② 管仲撰：《管子》，李山、轩新丽译注，北京：中华书局，2019 年，第 502 页。

③ 管仲撰：《管子》，李山、轩新丽译注，北京：中华书局，2019 年，第 291 页。

④ 管仲撰：《管子》，李山、轩新丽译注，北京：中华书局，2019 年，第 505 页。

⑤ 管仲撰：《管子》，李山、轩新丽译注，北京：中华书局，2019 年，第 291 页。

⑥ 管仲撰：《管子》，李山、轩新丽译注，北京：中华书局，2019 年，第 183 页。

子》任用贤人所服务的目的是“富国安民”[①],认识到国家整体兴盛和国民基础之间的关系，很大程度上与当时的重民、民本思想思潮有紧密关系，如《管子·霸形》有言“齐国百姓，公之本也”，比之于上古社会的神本思想、巫卜之术，无疑是很大的进步。

但这里的“民本”，很难说是“以人民为本”之意，更与“以人为本”相差甚远。《管子》首篇《牧民》，即阐述治民思想，认为其要在于禁民为非，使民为正，立足防微杜渐，预防大的社会问题，指出礼、义、廉、耻是治理民众的四个重要方面，又称“国之四维”，因为“礼不逾节，义不自进，廉不蔽恶，耻不从枉”[②]（《管子·牧民》）。但正如上文所述，《管子》的认知重点，在于看到民众对于国家治理重要作用，是实现“争天下者，必先争人”[③]（《管子·霸言》）的基础。如果说民众是国治之本，那么用贤则是治国之本，贤人是落实和贯彻礼、义、廉、耻的主要推动者；现实情况是，所争之人，多为充实、巩固统治的基本盘，毕竟“民未尝可与虑始，而可与乐成功”[④]（《管子·法法》）。“国犹是国也，民犹是民也。”[⑤]（《管子·宙合》）没有真正的以民为本，国家组织机构、统治集团、民众实际上仍然是出于生存和现实需要的乌合之众，唯有强权式贤人或卡里斯玛型领袖才能够暂时驾驭，而更漫长的历史将在混乱和灾难中度过。

从哲学认识论和人性论角度，可以对《管子》论贤更深的理解。礼、义、廉、耻四维作为建立国家治理体系和实现管理功能的政策方针，虽然书里没有专门论述这四个方面的关系，但整体来看，以礼治国是周代王室以至诸侯的通行方针，礼仪往往是规范和调节国民行为之普适性知识、工具;“礼之用，和为贵”[⑥]（《论语·学而篇》），义对社会组织及成员具有高度的统一性，实现个体与群体的整合；廉的原则重在要求民众收敛行为，进一步巩固“义”的目的；耻则抓住了个体与社会心理，从男女之别及其社会影响出发，要求更加具体化和内在化，有利于增强对于前三个原则的遵从。因而，这四个方面构成了潜在的支撑关系，在此之外，《管子》以“法”进行节制。这种管理视角，已不同于一般治理思想、政策，而是深深把握了人性自身的特点和人与社会、外部环境之间的关系，从宏观到微观，从形式到内在，将国家意志渗透于个体意识、生活方式、心理性格等各个部分。

《管子》哲学为社会治理提供思想基础。它以“道”为最高概念:“道者，成人之生也，非在人也。而圣王明君，善知而道之者也。是故治民有常道，而生财有常法。道也者，万物之要也。”[⑦]（《管子·君臣上》）道是人类进行生产生活的枢机、关要，不受人的

① 汉代刘向在《管子叙论》中说:“凡《管子》之书，务富国安民。”

② 管仲撰:《管子》，李山、轩新丽译注，北京：中华书局，2019 年，第 5 页。

③ 管仲撰:《管子》，李山、轩新丽译注，北京：中华书局，2019 年，第 426 页。

④ 管仲撰:《管子》，李山、轩新丽译注，北京：中华书局，2019 年，第 291 页。

⑤ 管仲撰:《管子》，李山、轩新丽译注，北京：中华书局，2019 年，第 195 页。

⑥ 杨伯峻、杨逢彬注译；杨柳岸导读:《论语》，长沙：岳麓书社，2018 年，第 10 页。

⑦ 管仲撰:《管子》，李山、轩新丽译注，北京：中华书局，2019 年，第 516 页。

意志所转移，并且被伟大的君主用来管理民众、指导生产，"事督乎法，法出乎权，权出乎道"[①]（《管子·心术上》）。《管子》思想深受老子一派的自然哲学和道论的影响。道在老子那里是遍在的、本根的，又是无形无色、恍惚幽冥的，《管子》继承并丰富了老子对道体的理解并进一步发挥，认为人可以通过修心守静来体道存道，"敬除其舍，精将自来"，"道满天下，普在民所"[②]（《管子·内业》），"道，不远而难极也，与人并处而难得也。虚其欲，神将入舍"[③]（《管子·心术上》）。外正其形，内修其心，意气安定，《管子·心术下》曰：

形不正者德不来，中不精者心不治。正形饰德，万物毕得。翼然自来，神莫知其极。昭知天下，通于四极。是故曰：无以物乱官，毋以官乱心，此之谓内德。是故意气定，然后反正。气者，身之充也，行者，正之义也。充不美则心不得，行不正则民不服。是故圣人若天然，无私覆也；若地然，无私载也。私者，乱天下者也。[④]

形体不端正的人，因为德行没有养成；内里不专精的人，因为内心没有治好。端正形体，整饬德行，万物皆备。万事万物自然化成，神妙而无法穷知。便可明察天下，通达四方。所以说：不让外物扰乱五官，不让五官扰乱心智，这就叫内德。所以意气安定，然后形体端正。气能够充实身体，行为反映持正状态。充而未实则心不定，行而不正则民不服。所以，圣人像天一样，无私地包容万物；像地一样，无私地承载万物。私，便会扰乱天下。梳理《管子》对道、气、心、身、行等论述，其主旨和思路是以人法天，自然无私；以道充气，静心节欲，正形饰德，"人与天调，然后天地之美生"[⑤]（《管子·五行》）。

从管理哲学的角度，《管子》尊贤便暴露出比较大的问题。可以说，《管子》建立了以形而上的道、天、气、精等为基础的具有较强解释力的自然哲学，并下延、统摄、通贯到人生、政治、管理、社会等各个方面，几乎提供了整套方案。然而，社会治理思维，也处处影响到对人本身的思考，《管子·心术上》曰：

心之在体，君之位也。九窍之有职，官之分也。耳目视听者，试听之官也，心而无与于视听之事，则官得守其分矣。[⑥]

---

① 管仲撰：《管子》，李山、轩新丽译注，北京：中华书局，2019年，第630页。
② 管仲撰：《管子》，李山、轩新丽译注，北京：中华书局，2019年，第725页。
③ 管仲撰：《管子》，李山、轩新丽译注，北京：中华书局，2019年，第624页。
④ 管仲撰：《管子》，李山、轩新丽译注，北京：中华书局，2019年，第635页。
⑤ 管仲撰：《管子》，李山、轩新丽译注，北京：中华书局，2019年，第678页。
⑥ 管仲撰：《管子》，李山、轩新丽译注，北京：中华书局，2019年，第627页。

这句话主要是阐明心、九窍、耳目之间的联系，并借用了君主与官员之间的关系加以说明。心与九窍、君与臣之间的关系，在《管子》看来，心不能干扰九窍，君王不应干涉百官，因为各有位属、职分的不同。这一理解，基于人心本静观念，对人心的思考不同于孟子、荀子等人的道德角度，而是偏于自然性和功能性，甚至与其社会管理的目标是一致的，“民者，服于威杀然后从，见利然后用，被治然后正，所得安然后静者也”[①]（《管子 · 正世》）。事实上，从其“道—天、地—人”的认知上看，天道之常是恒久的，人具有效法天地的能动性，却也是被动的和消极的，因而，在天人关系中，人须顺应天地之道，相应的，在社会治理中，人也从属于君主和群体，“昔者圣王之治人也，不贵其人博学也，欲其人之和同以听令也”[②]（《管子 · 法禁》）。某种意义上，贤人一方面在《管子》中处于被尊敬和重用的位置，却总是工具性、手段性的，完成职责是重要使命，“治人如治水潦，养人如养六畜，用人如用草木”[③]（《管子 · 七法》）。因而在《管子》的管理哲学中，既没有根本形成“以民为中心”的民本管理思想，更离“以人为中心”的管理哲学相差较远。

四、余论

《管子》的尚贤思想和用贤制度，对儒家、法家都产生过深远影响，在思想互质中，互较优长，加深理解。钟海连指出：“贤者，多贝也，以自身才能为社会创造大量的财富：贤者，多仁也，以自身的德行凝聚同道者并肩齐驱。以智慧洞察世界是贤明，以仁德润泽万物是贤德，以才智奉献社会是贤才，以能力造福大众是贤能，以良知感化世人是贤良，以爱心温暖亲邻是贤惠，以哲思照亮人心是贤哲。”[④]相比孔子所提倡的“仁”，与稍后发展而出的“仁、义、礼、智”及类似的儒家学说体系不同，《管子》提出的礼、义、廉、耻主要针对的是社会组织关系及运转原则，缺乏推究人性内在问题以及人与客观世界关系、规律的系统化思考，因而比较于儒家确立的自内而外的以仁为内核的诚意、正心、修身、治国、平天下体系，《管子》所提出的人性本静观点与其心、身、道之关系，对人性认识则显得不够系统。这一认识也体现在“贤”的观念上。“贤”对《管子》而言，虽有德行的要求，并且具有广泛性，但主要体现于社会治理的才能；对儒家而言，“贤”则是个人品行的高度要求，首先体现于内在修养方面，对于贤的认识是由内而外的。

与韩非为代表的法家思想不同，《管子》虽然偏向于发挥国家组织、官僚体系的作用，重视贤人在组织运作中间的积极作用，却并未形成以君主为核心的专制组织理念，尤其明确以“法、术、势”为理念。后期法家强调国家组织的巨大效用，将《管子》所建立

① 管仲撰：《管子》，李山、轩新丽译注，北京：中华书局，2019 年，第 712 页。

② 管仲撰：《管子》，李山、轩新丽译注，北京：中华书局，2019 年，第 256 页。

③ 管仲撰：《管子》，李山、轩新丽译注，北京：中华书局，2019 年，第 104 页。

④ 钟海连：《贤文化与组织传播》，《中华文化与传播研究》2018 年第 1 期。

的治理体系、法令、制度推向极致，把所有个体纳入以君权为核心的国家机器之中，反而对贤人的作用十分警惕。

《管子》、儒家、法家的早期实践经验，表明个体和组织都是十分复杂的，个体与组织行为之间的关系是不断变化的动态过程，二者之间总是处于关系系统的建构过程之中。尤其值得思考的是，传统的治道是以国家、组织运转为目的，实际上每一个个体都是受各种利益驱使的行动单元，每一个行动背后都有客观环境的塑造，客观环境和社会文化制度都对个体产生复杂多变的制约和刺激，个体归属于组织但总又游离其外，“贤”作为社会文化规训的产物，同时又反映个体的潜在性格。这无疑对“以民为本”“以人为本”的现代管理哲学的深入研究和思想实践不断提出挑战。

论陆象山为学工夫

林銮生*

（宁德师范学院，福建宁德，352100）

摘　要：为学工夫是贯穿象山先生一生的重要命题。象山先生主要从五个方面论述了为学的方法，即为学当有所主、为学以实、为学以正、为学贵有师友以及为学以变。同时，象山先生认为在为学过程中，当格外注意不可用力过猛，当量力而行，并且不可偏私，强赋己意。为学之人如果能精勤为之，则可知非改过，安放其心。

关键词：陆象山；为学工夫；明理；格心

为学工夫是象山先生生命中一个重要课题。象山先生认为："为学者，是所以致明致知之道也。"① 又言："所谓学之者，从师亲友，读书考古，学问思辨，以明此道也。故少而学道，壮而行道者，士君子之职也。"② 为学工夫是个体实现明达的生命状态之途径，具体的方法则有"亲师友""读书考古""学问思辨"等，其目的都是达到明道的生命状态。这也说明了这一问题是象山先生颇为关注的问题，故其言："某虽浅陋，然留意学问日久，更尝颇多。"③ 观之已有的研究成果，更多是从心学角度对之进行探究，例如彭启福《陆九渊心学诠释学思想辨析》、甘春松《"本心"与"民本"——陆九渊心学思想的实践指向》。直接论述象山先生为学思想的有曹丹丹《陆九渊为学思想研究》。然而，该论文只是以为学思想作为切入点论述陆九渊的哲学思想，故对象山先生为学思想的论述还不够全面。因此，本文在已有文献的基础之上，拟对象山先生的为学工夫问题做一个更加直接而全面的论述，力图使读者能够借鉴先生的为学之方，从而为己所用，日进己功。

---

* 作者简介：林銮生（1987— ），男，福建宁德人，宁德师范学院汉语言文学系讲师，中盐金坛博士后工作站与厦门大学哲学博士后流动站联合培养博士后，研究方向：易学与道家道教文化。

① 陆九渊撰：《陆九渊集》，钟哲点校，北京：中华书局，1980 年，第 372 页。

② 陆九渊撰：《陆九渊集》，钟哲点校，北京：中华书局，1980 年，第 26 页。

③ 陆九渊撰：《陆九渊集》，钟哲点校，北京：中华书局，1980 年，第 42 页。

一、为学之方法

象山先生在不同场合，皆有论述到为学的方法，由此亦可说明他对这一问题的重视。归纳而言，大体有以下几种：

1. 为学当有所主。为学有所主，即为学要有一个本末先后，此即象山先生所言："为学有本末先后，其进有序，不容躐等。"① 若《大学》的"格物""致知""诚意""正心"，有其内在的本末顺序，即为学之人进行问学工夫，当有个主心骨，即夫子所谓"一以贯之"之"一"，从而使得为学的行为更加持久，更能与为学者自我的生命相结合。为学的本末先后，不能混乱。如果混乱了，便可能南辕北辙或者事倍功半。那么，这个"主"指的是什么呢？象山先生言："所病于吾友者，正谓此，即学当有主。理不明，内无所主。……天之所与我者反为客。"② 象山先生所说的"主"即"明理"，故其言"理不明，内无所主"。所以，对于为学之人而言，象山先生认为首先便要明晓为学之本在于明理。象山先生言："凡吾论世事皆如此，必要挈其总要去处。"③ 又言："大抵学者且当大纲思省。"④ 皆言学者当重其本矣，即为学者一开始便要把"明理"作为自己为学的重要目标，否则将很容易被私欲以及外在的其他因素所困扰，而最终导致半途而废。

于是乎，象山先生又强调了一开始的志向对于为学之人的重要作用。他说道："学问故无穷已，然端绪得失，则当早辨，是非向背，可以立决。"⑤ 又言："耳目之所接，念虑之所及，虽万变不穷，然观其经营，其要归宿，则举系于其初之所向。"⑥ 这里强调了学问工夫需要注重一开始的起心动念，即学问工夫所为何事？这一开始的目标和导向是非常重要的，用象山先生的话便是可以判断是非向背，影响个体的经营、归宿。其所谓："大抵，今时士大夫议论，先看他所主。有主民而议论者，有主身而议论者，邪正君子小人，于此可以决也。"⑦ 为学最初之志很大程度上影响了个体后来的行为选择，故有君子小人之分。《大学》有所谓"知止而后有定"，这里的"知止"便可视作一开始的起心动念。这一起心动念便会影响后面的"定""静""安""虑""得"。故为学不可不立志，不可不知本也。

2. 为学以实。象山先生认为为学当实实在在，不可飘忽不定。先生崇尚古人的实学，认为："古人言以义制事，以礼制心。……盖古人皆实学，后人未免有议辞之累。当其蔽时，多不觉，及其蔽解，回视前日之经营安排，乃知其为陷阱耳。"⑧ 而今日之人却多不实

① 陆九渊撰：《陆九渊集》，钟哲点校，北京：中华书局，1980 年，第 96 页。
② 陆九渊撰：《陆九渊集》，钟哲点校，北京：中华书局，1980 年，第 4 页。
③ 陆九渊撰：《陆九渊集》，钟哲点校，北京：中华书局，1980 年，第 410 页。
④ 陆九渊撰：《陆九渊集》，钟哲点校，北京：中华书局，1980 年，第 38 页。
⑤ 陆九渊撰：《陆九渊集》，钟哲点校，北京：中华书局，1980 年，第 2 页。
⑥ 陆九渊撰：《陆九渊集》，钟哲点校，北京：中华书局，1980 年，第 375 页。
⑦ 陆九渊撰：《陆九渊集》，钟哲点校，北京：中华书局，1980 年，第 99 页。
⑧ 陆九渊撰：《陆九渊集》，钟哲点校，北京：中华书局，1980 年，第 97 页。

在，“今谓之学问思辨，而于此不能深切著明，依凭空言，傅著意见”[①]。因此，为学工夫的一个重要方法就是要讲究一个“实”字，不可“依凭空言”，当在日用常行、一事一物中切磋琢磨。象山先生曰：“吾自幼时，听人议论似好，而其实不如此者，心不肯安，必要求其实而后已。”[②]踏踏实实方可能做到心安，这也是为学所要努力的一个方向。象山先生言：“吾之学问与诸处异者，只是在我全无杜撰，虽千言万语，只是觉得他底在我不曾添一些。”[③]全无杜撰便体现了一种“实”，不增添一些，只是按照事情本来有的状态去描述、去践行。故他提醒道：“今之学者只务添人底，自家只是减他底，此所以不同。”[④]这里的“增”与“减”都是要努力避免的，要不增不减方可谓之实也。

更有甚者，有的为学之人不仅有所增减，而且以之满足自己私欲。他说道：“平时既私其说以自高妙，及教学者，则又往往秘此，而多说文义，此漏泄之说所从出也。”[⑤]象山先生认为“私其说以自高妙”之举很不可取，认为“漏泄之说所从出”。若《中庸》言：“素隐行怪，后世有述焉。吾弗为之矣。”所谓“秘此”即可理解为一种“素隐行怪”之举也，给本来平实的学问添加上神秘色彩，从而沽名钓誉。此皆象山先生所谓“私其说以自高妙”之行也。如何才能够做到平实呢？象山先生言：“大抵为学，但当孜孜进德修业，使此心于日用间戕贼日少，光润日著。”[⑥]他强调当于进德修业中修得此平实的为学工夫。对于进德修业，当持有合理的态度，即象山先生所谓“切近而悠游”。其言：“学固不可以不思，然思之为道，贵切近而悠游，切近则不失己，悠游则不滞物。……日用之间，何避而非思也。如是而思，安得不切近，安得不悠游。”[⑦]象山先生言为道当切近而悠游，故进德修业亦当如此。切近悠游而后能守己化物，既不囿于自我，又不滞于外物。而一个“实”字既是基础，又是归宿。他在给包显道的回信中，专门指出包显道的问题在于“虚而不实”。象山先生言：“足下（指包显道）之病，得于好事。凡亲师友，为学力行，皆从好事中来，故虚而不实，宜于今而未宜于古。”[⑧]在象山先生看来，一个人当有其自己的标准，不能被外界的固有评价所束缚，不能役于物。“是必务实之士真知不足者，然后能如此也”[⑨]，为学者要努力成为一个务实之人，如此方可切切实实称为为学之人。故象山先生有言：“千虚不博一实，吾平生学问无他，只是一实。”[⑩]这是象山先生对自己生平学问的总结，也说明了为学工夫当格外注意一个“实”字。

---

① 陆九渊撰：《陆九渊集》，钟哲点校，北京：中华书局，1980年，第2页。
② 陆九渊撰：《陆九渊集》，钟哲点校，北京：中华书局，1980年，第411页。
③ 陆九渊撰：《陆九渊集》，钟哲点校，北京：中华书局，1980年，第400页。
④ 陆九渊撰：《陆九渊集》，钟哲点校，北京：中华书局，1980年，第401页。
⑤ 陆九渊撰：《陆九渊集》，钟哲点校，北京：中华书局，1980年，第30页。
⑥ 陆九渊撰：《陆九渊集》，钟哲点校，北京：中华书局，1980年，第34页。
⑦ 陆九渊撰：《陆九渊集》，钟哲点校，北京：中华书局，1980年，第34页。
⑧ 陆九渊撰：《陆九渊集》，钟哲点校，北京：中华书局，1980年，第101页。
⑨ 陆九渊撰：《陆九渊集》，钟哲点校，北京：中华书局，1980年，第5页。
⑩ 陆九渊撰：《陆九渊集》，钟哲点校，北京：中华书局，1980年，第399页。

3. 为学以正。“正”是象山先生反复提到的重要方法论。先生以为学当以正，即在为学工夫实践中保持正确的方向，坚持合理的方式。先生言：“学当正也。否则南辕北辙，不学尚可，学而病甚。”[①] 由此而言，为学工夫当坚持正确的方向，方向正则身心正，身心正则所学亦正，即使旁出亦终究回得来；方向若不正则身心亦不正，身心不正所学亦不正，故不学尚可，学则病甚。故《乾·文言》有言：“元者，善之长也。”曹元弼释曰：“乾为善……始息于初而正位于五，六爻给根于元。……‘元’者，生气之始，于时为春，于人为仁。”[②] 此处“善之长”即可用“正”来相印,而“元”便可理解为“一种正确的方向”，就像春天的一种生气，乃是顺着天地万物生长之气来运行万物。此处可见古圣先贤皆是苦口婆心，处处望今之学者中正言行，此圣贤所以为圣贤之故，无偏私也。

象山先生甚至认为为学如果不反于正，则会不可救药。因此他警示道：“离（道）则必穷，穷则不反于正，则不复可救药矣。”[③] “正”是明理的结果，也是进一步明理的重要动力。那么，问题便转化为如何实践，方可称为“正”？象山先生以为当格其心也。“人之所以为人者，惟此心而已。一有不得其正，则当如救焦溺而求所以正之者”[④]。象山先生以为学之重者在格己之心。格己之心即反省自我以使此心由不正而归于正也，其言：“君子之所以异于人者，以其存心也。”[⑤] 强调的便是“此心”的重要性。学者当格己心，心不格无以为主也。为学之人若作自己主人不得，则失其心也，无可观也。如何存心？则可借鉴大有卦所谓“遏恶扬善，顺天休命”。故心存于善恶之间，无讼之道存于“听讼之间”也。于二者间正己而择之，于是乎此心于其中存矣。象山先生又从反面强调：“盖君心未格，则一邪黜，一邪登，一蔽去，一蔽兴，如循环然，何有穷已？及君心既格，则规模趋向有若燕越，邪正是非犹若苍素，大明既升，群阴毕伏。”[⑥] 格其心则可去蔽黜邪而恒持之也。去蔽黜邪则身心正也。身心既正则为学工夫可日进其功也。

4. 为学贵有师友。为学工夫虽是自己分内事情，但却不能缺少师友的提携相助。从文化发展的时间度角而言，知识的积累本来就建立在传承的基础之上。因此，对于知识的获取以及相关的实践，便少不了师长的提携指点。象山先生同样强调为学工夫当格外注重师友，不可仅凭自己单打独斗。其言：“学者须先立志，志既立，却要遇明师。”[⑦] 又言：“吾人皆无常师，周旋于群言淆乱之中，俯仰参求，虽自谓其理已明，安知非私见蔽说。若雷同相从，一唱百和，莫知其非，此所以慎惧也。”[⑧] 明师可以帮助个体发现自己的

① 陆九渊撰:《陆九渊集》，钟哲点校，北京：中华书局，1980 年，第 372 页。
② 曹元弼撰:《周易集解补释》，吴晓峰整理，上海：上海人民出版社，2019 年，第 22—23 页。
③ 陆九渊撰:《陆九渊集》，钟哲点校，北京：中华书局，1980 年，第 266 页。
④ 陆九渊撰:《陆九渊集》，钟哲点校，北京：中华书局，1980 年，第 76 页。
⑤ 陆九渊撰:《陆九渊集》，钟哲点校，北京：中华书局，1980 年，第 125 页。
⑥ 陆九渊撰:《陆九渊集》，钟哲点校，北京：中华书局，1980 年，第 129 页。
⑦ 陆九渊撰:《陆九渊集》，钟哲点校，北京：中华书局，1980 年，第 401 页。
⑧ 陆九渊撰:《陆九渊集》，钟哲点校，北京：中华书局，1980 年，第 26 页。

“私见蔽说”，防止为学之人落入自己的思维陷阱之中。故象山先生强调为学之人，要慎用私意。由此进一步显得亲师友的重要性。一个人如果只是自己琢磨，便很容易陷入自己思维的牢笼之中。当此之时，师友的引导与参考意见便显得弥足珍贵。象山先生有言：“学不亲师友，则《太玄》可使胜《易》。”[①] 师友十分重要，如果没有师友的提携，则容易在为学过程中本末倒置。《论语》开篇便言：“学而时习之，不亦说乎。有朋自远方来，不亦乐乎。人不知而不愠，不亦君子乎。”[②] 第二句中便专门说到了“有朋自远方来”，可见为学工夫是少不了“朋”之相助，由此才能够做到“人不知而不愠”。因为既然朋自远方而来，即《易传》所谓“千里之外应之”[③]，又何患乎“人不知”哉？故为学之人方有不愠之色。此所谓“贤贤易色”[④] 也。“易色”便是“不愠”的一个重要表现。此处第二个“贤”便可理解为“师友”，第一个“贤”便可以理解为“亲”，“贤贤”便有“亲师友”之意。此乃君子所由之也。象山先生言：“为学当有穷究处，乃有长进。且当随分穷究，依得贤主人，勉学自爱。”[⑤] 为学工夫需注意两点内容：其一，为学当有穷究处，此即当懂得一门深入，或者用现代的表达方式，即一种深度思考，对一个问题深挖进去，要寻得一个究竟方可罢手。找到这个值得穷究的问题时，才更容易有所长进。否则，只是容易在杂事中打转，难入为学工夫之门。其二，象山先生在第一点的基础上，又强调由于个体的差异，每个人当在穷究一个问题的过程中当量力而行，适可而止，不可刚愎自用，勤勉为学之时，还要懂得追寻良师益友，懂得尊重爱护自己。象山先生言：“为学日进，尤以为喜。……文采纵不足，亦非大患。况学之不已，岂有不能者，独恐无益友相助耳。”[⑥] 象山先生多次强调师友的重要性，岂是巧合？古今为学之人所应然之举也，行于正道之谓也。

5. 为学以变。中国文化乃是建立在阴阳五行八卦的基本结构之上。这一结构意味着传统文化具有圆融性和流动性。这种圆融性和流动性使得“变”成了唯一的不变。为学工夫在很大程度上也就是要在这“变”与“不变”之间去寻得一个平衡，所谓修行智慧也即从这二者之间生发出来。在这样的一个文化背景下，“变”与“恒”都成了文化的重要特点。象山先生在论述为学工夫时也强调了这种“变”，即为学之人要让自我保持一种开放的态度、包容的心胸，随时接受不同的观点和看法，“毋意，毋必，勿固，毋我”[⑦]，这样方可让自己的思维保持一种流动性。象山先生有言：“书不可以不信，亦不可以必信。使书而皆合于理，虽非圣人之经，尽取之可也。……古人之于书，稽求师式，至于为圣为贤。而后世乃有疲精神，劳思虑，皓首穷年，以求通经学古，而内无益于身，外无益

① 陆九渊撰：《陆九渊集》，钟哲点校，北京：中华书局，1980 年，第 272 页。
② 朱熹撰：《四书章句集注》，北京：中华书局，1983 年，第 47 页。
③ 曹元弼撰：《周易集解补释》，吴晓峰整理，上海：上海人民出版社，2019 年，第 816 页。
④ 朱熹撰：《四书章句集注》，北京：中华书局，1983 年，第 50 页。
⑤ 陆九渊撰：《陆九渊集》，钟哲点校，北京：中华书局，1980 年，第 31 页。
⑥ 陆九渊撰：《陆九渊集》，钟哲点校，北京：中华书局，1980 年，第 83 页。
⑦ 朱熹撰：《四书章句集注》，北京：中华书局，1983 年，第 109 页。

于人。……庸非不通于理，而惟书之信。”[①] 读书者不可尽信于书，又不可不信于书。那么信与不信的标准何在？关键看是否符合理。“理”便是属于“恒”的范畴，是亘古不变的；而对于书的态度则属于“变”的范畴，需要为学之人不断切磋琢磨。

象山先生以学习《周易》为例，强调了为学当不拘一格，需要变通流动的思维方式。“易”主要有三种解释：“易一名而三义；易简，一也；变易，二也；不易，三也。”[②] 其中“变易”乃是“易”的主要内涵，故孔颖达在序言中说道：“夫‘易’者，变化之总名。”[③] 因此，要对《周易》有一个好的把握，则需要细细琢磨“变易”这一重要概念。为学之人由此举一反三而知，为学工夫亦当贯彻变通这一方法。象山先生亦是由此而强调变化对于为学之人的重要性。其言：“《易》不可拘也，拘泥于辞章则固，固则不通，不通则其心不正，其心不正则离道远矣。”[④] 学者学习《周易》不可拘泥于某一处的思想，一旦拘泥于某处，便会对辞章形成固化理解。如果理解固化，那么就无法贯通。《乾·文言》有所谓“亨者，嘉之会也”[⑤]，说的便是一种亨通、通透的状态。这种状态乃是建立在为学之人对辞章有着多元角度的理解的基础之上。这种多元角度的理解便可谓“嘉之会也”。为学之人没有将对象做固化解释，而是随着具体时空的变化而变化。

二、为学之原则

1. 不可用力过猛。象山先生认为为学工夫需要在日用常行间切磋琢磨，日日用功，细水长流，不可用力过猛。象山先生言：“精勤不懈，有涵咏玩索之处，此亦是平常本分事，岂可必将无事之说排之。”[⑥] “涵咏玩索”意味着这些举动乃平常本分事，非可以炫耀之资也。“涵咏玩索”是一种细微的、绵延的身心活动。为学之人，把一个概念藏在心中，日思夜想，反复打磨它；好像身上戴一块玉，时时把玩它。为学也是这样的一个绵延、细腻而饶有趣味的过程。故象山先生用“无事之说”来形容。此处所谓“无事”非无所事事，而是指一种悠然自得、悠游自在的为学状态。这种为学状态一方面体现出一种生命的张力，一方面又让为学之人处于温润如玉的体验之中。这体现为一种恰到好处的为学状态。因为这种平衡的状态，象山先生认为学者不可用力过猛。其曰：“学者当用心乎？不可紧用心也。人之有过，不可激烈，激烈者必非深。”[⑦] 为学之人当用心，但不可用心太紧。因为一旦用心太紧，则容易使得自我处于一种激烈的状态。这种激烈的状态会使得为学之人浅尝辄止，即先生所谓“必非深”也。但是为学工夫恰恰在于悠远绵长，

① 陆九渊撰：《陆九渊集》，钟哲点校，北京：中华书局，1980 年，第 381 页。
② 王弼、韩康伯、孔颖达撰：《宋本周易注疏》，于天宝点校，北京：中华书局，2018 年，第 8 页。
③ 王弼、韩康伯、孔颖达撰：《宋本周易注疏》，于天宝点校，北京：中华书局，2018 年，第 7 页。
④ 陆九渊撰：《陆九渊集》，钟哲点校，北京：中华书局，1980 年，第 259 页。
⑤ 王弼、韩康伯、孔颖达撰：《宋本周易注疏》，于天宝点校，北京：中华书局，2018 年，第 18 页。
⑥ 陆九渊撰：《陆九渊集》，钟哲点校，北京：中华书局，1980 年，第 84 页。
⑦ 陆九渊撰：《陆九渊集》，钟哲点校，北京：中华书局，1980 年，第 82 页。

深耕细作。为学工夫要体现《文言》所谓“知至至之……知终终之”[①]的始终如一状态。

关于不可用心太紧，象山先生还提醒道：“学者不可用心太紧，今之学者，大抵多是好事，未必有切己之志。……须自省察。”[②]象山先生指出，今之学者用心太紧，多是被世俗之事以及世俗之价值标准所扰，从而使得自我被外物所牵绊。因此，其为学之志并不纯粹。此所谓“古之学者为己，今之学者为人”。学者此心太紧，非因为一心向着为学而紧，乃是因为被外事牵绊所致，故先生言“须自省察”。即要在用心处省察，于此处用心是否得当？于此处用心是为己还是为人？于是乎象山先生又从结果的角度出发又一次强调不可用心太紧。先生言：“学者不可用心太紧。深山有宝，无心于宝者得之。”[③]为学过程正是寻宝的过程。何者能入深山而怀宝而归呢？象山先生以为是“无心于宝者”。此处可借用道家的“无为”思想来理解“无心于宝”。“无心于宝”并非不追逐宝物，而是指对宝物持一种宽和的态度。即重在往返于深山这个过程，并做好这个过程中所应当做的事情。而是否能够怀揣宝物而归，则不去计较。不去计较则是其心不紧，若《周易》所谓“群龙无首”[④]者也。“无首”便是“无心”，是此心不执着于山中之宝。此正是象山先生强调的工夫要紧处。为学之人不可不察也。

2. 不可偏私其意。象山先生谈学者大病，“在于师心自用”[⑤]。所谓“师心自用”，即在于强调一个“自”，即私也。也就是说一个人容易陷入自己思维的牢笼之中，画地为牢，从而排斥其他与自己不同的观点，是己而非人。尤其是当一个人有所成就之时则更容易被自己的理性思维所欺骗。因此，“学者所要做的就是要‘明此理’和‘顺理而动’”[⑥]，需要通过象山先生所谓的“格其心”的方法进行对治。格其心以使得其心不再囿于自我的观点想法之中，从自己的原有思维中突破出去，让自己的心变得更加包容，如此才能够更好地应对固有思维所建构的惯性行为，个体的为学工夫才能有所突破。学者当经常从自己的舒适区中走出来，去陌生领域，从而让自己的思维保持一种流动性，让自我的心保持一种开放状态，从而去接触更新的观点，包容不同的意见。或者可以说，这个过程才是真正地体现为学工夫的过程。由此象山先生强调：“学当过私意一关，否则终难入德。”[⑦]如果为学之人无法过私意一关，那么他终究只是在门口徘徊，无法登堂入室。但是这私意恰恰是为学之者常见的问题，象山先生言：“今世人之通病，在于居茅茨则慕栋宇，衣蔽衣则慕华好。”[⑧]又言：“第今人大头既没于利欲，不能大自夺拔，则自附托其间者，行

① 王弼、韩康伯、孔颖达撰：《宋本周易注疏》，于天宝点校，北京：中华书局，2018 年，第 23 页。
② 陆九渊撰：《陆九渊集》，钟哲点校，北京：中华书局，1980 年，第 399 页。
③ 陆九渊撰：《陆九渊集》，钟哲点校，北京：中华书局，1980 年，第 409 页。
④ 王弼、韩康伯、孔颖达撰：《宋本周易注疏》，于天宝点校，北京：中华书局，2018 年，第 10 页。
⑤ 陆九渊撰：《陆九渊集》，钟哲点校，北京：中华书局，1980 年，第 36 页。
⑥ 刘洋撰：《陆九渊论圣贤及其工夫进路》，《中国文化与传播研究》2021 年第 9 期，第 318 页。
⑦ 陆九渊撰：《陆九渊集》，钟哲点校，北京：中华书局，1980 年，第 398 页。
⑧ 陆九渊撰：《陆九渊集》，钟哲点校，北京：中华书局，1980 年，第 404 页。

或与古人同,情则与古人异。此不可不辩也。”[①] 这种状态即此心无主的状态。引言说道为学之人常常看不到自己拥有的，却一直盯着自己所没有的。而对于自己所拥有的，则又夸大其词，比于古人以炫耀自己。如此便扰乱了为学之节奏，长此以往，则有“鼎折足，覆公餗，其形渥”[②] 之凶也。

象山先生认为“学不可以立门户,不可建立私意”[③]。又言:“以学自命者,又复对于私见,蔽于私说……封形似以自附益,顾不知其实背驰久矣。”[④] 象山先生以为当打破所谓的门户之见，用“道”与“理”去引导自己的志向，勇于面对自己的虚实，对自己的私见私说坦诚无碍。而后当勇猛精进，不可为私欲所困，此可谓志于道也。

三、为学之价值

1. 为学而能改过。在一定程度上，为学过程就是一个试错和纠偏的过程。“过者，虽古之圣贤有所不免，而圣贤之所以为圣贤者，惟其改之而已。不勇于改，而徒追咎懊悔者，非某之所闻也。”[⑤] 象山先生有过是为学之人无法避免的事情，即使圣贤也会有过，因此认真对待好学改之便是,若颜子“有不善未尝不知,知之未尝不改”[⑥]。此处有两个层面需要把握：第一，是知不善。象山先生言:“缘患故而有其志，固宜未得其正。既就学问，岂可不知其非。”[⑦] 言为学工夫当知己之非，不可敷衍了事。而要知己之非，恰恰又需要在为学过程中获得。第二，改不善。象山先生认为为学当勿惮改。其曰:“某以为须是深省其病，深生愧恐，改革自新，然后能所言中理。如不知其过，则虽心平气定，辞不悖谬,亦未必能中理也。”[⑧] 为学之人当“改革自新”“深生愧恐”。先生所谓“改革自新”依于《周易》的革卦:“文明以说，大亨以正，革而当，其悔乃亡。天地革而四时成，汤武革命，顺乎天而应乎人。”[⑨] 这一概念便意味着为学之人能够正视自己存在的问题,从理而行，改正自己的问题。

上述无论哪一层面，可以说皆是建立在为学的基础之上。如果不好学，则不曾知晓己之不善，那么改正的可能则更是微乎其微。故象山先生强调为学者当自正己过，自咎自责:“今人所患，在于以己为是，归非他人，虽有显过，犹悍然自遂，未尝略有自咎自责之意。”[⑩] 又言:“人各有能有不能，有明有不明。若能为能，不能为不能，明为明，不

① 陆九渊撰:《陆九渊集》，钟哲点校，北京：中华书局，1980年，第101页。
② 王弼、韩康伯、孔颖达撰:《宋本周易注疏》，于天宝点校，北京：中华书局，2018年，第307页。
③ 陆九渊撰:《陆九渊集》，钟哲点校，北京：中华书局，1980年，第400页。
④ 陆九渊撰:《陆九渊集》，钟哲点校，北京：中华书局，1980年，第127页。
⑤ 陆九渊撰:《陆九渊集》，钟哲点校，北京：中华书局，1980年，第75页。
⑥ 陆九渊撰:《陆九渊集》，钟哲点校，北京：中华书局，1980年，第76页。
⑦ 陆九渊撰:《陆九渊集》，钟哲点校，北京：中华书局，1980年，第78页。
⑧ 陆九渊撰:《陆九渊集》，钟哲点校，北京：中华书局，1980年，第38页。
⑨ 王弼、韩康伯、孔颖达撰:《宋本周易注疏》，于天宝点校，北京：中华书局，2018年，第298页。
⑩ 陆九渊撰:《陆九渊集》，钟哲点校，北京：中华书局，1980年，第76页。

明为不明，乃所谓明也。”[①] 要明己之能与不能，则还要有“不徇流俗”之勇气，“不徇流俗而正学以言者，岂皆有司之所弃，天命之所遗？”[②] 为学之人要常常怀有“自咎自责之意”，自咎而后方可无咎，“无咎者，善补过也”[③]，故可言自咎者，亦善补其过也。不补其过，则其过相积，如果长此以往，则必将导致“臣弑其君，子弑其父”，因其“非一朝一夕之故，其所由来者渐矣，由辨之不早辨也”[④]。甚可畏也，可不慎乎？故为学之人诚当善补过也。为学之人要善补其过，则当“能为能，不能为不能，明为明，不明为不明”，此即夫子所谓“知之为知之，不知为不知”[⑤]，亦是《道德经》所谓“知人者智，自知者明”[⑥]，即是说为学之人在为学工夫实践过程中，常常保持一种自识和自知的生命状态。

2. 为学而能放其心。象山先生认为，为学是治心的过程，学乃是唤醒“心之所固有”[⑦]的过程。在此过程中，为学之人如果可以勤勉躬耕，那么“身或不寿，此心实寿。家或不富，此心实富。纵有患难，此心康宁”[⑧]。为学后能此心可得安放。与此同时，若能更好地觉察此心，学者的为学工夫方可更加踏实。“如果未能觉识这‘本心’，只是就已发之心顺取而下，这样的工夫虽不能说是于己无益，但终非究竟之义。”[⑨] 身体即使有病痛，但此心畅然；物质虽然不充裕，但此心富足。此若夫子所谓“患难必于是，颠沛必于是”，皆是因着为学工夫而心可安放所致。故象山先生强调：“学问之道，盖于是乎在。”[⑩] 于是者，求放心也。放心而后五福皆至。象山先生又言：“实论五福，但当论人一心。此心若正，无不是福；此心若邪，无不是祸。”[⑪] 五福与一心由此形成一种内在关联。

心何以能够安放？首先要有处可放。这处所如何建构？来源有二：其一，学者的身体，此是具象的安放之处；其二，学者的意识，此是抽象的安放之处。有上述两种基本材料，共同构成了此心的住所。为学实践便是积累这两种资粮。长此以往，此心方有住所。于是乎进入第二层面，即在这住所中安放此心。象山先生曰：“学者之为学，故所以明是理也。”[⑫] 又言：“学贵坦然明白。”[⑬] 为何要强调坦然明白？因着“夫辨是非，别邪正，决疑似，固贵于峻洁明白”[⑭]，因为只有为学工夫向着坦然明白的状态前行，才能够“辨是

① 陆九渊撰：《陆九渊集》，钟哲点校，北京：中华书局，1980 年，第 41 页。
② 陆九渊撰：《陆九渊集》，钟哲点校，北京：中华书局，1980 年，第 409 页。
③ 王弼、韩康伯、孔颖达撰：《宋本周易注疏》，于天宝点校，北京：中华书局，2018 年，第 388 页。
④ 王弼、韩康伯、孔颖达撰：《宋本周易注疏》，于天宝点校，北京：中华书局，2018 年，第 48 页。
⑤ 朱熹撰：《四书章句集注》，北京：中华书局，1983 年，第 58 页。
⑥ 楼宇烈撰：《老子道德经注校释》，北京：中华书局，2008 年，第 84 页。
⑦ 陆九渊撰：《陆九渊集》，钟哲点校，北京：中华书局，1980 年，第 374 页。
⑧ 陆九渊撰：《陆九渊集》，钟哲点校，北京：中华书局，1980 年，第 284 页。
⑨ 刘洋撰：《陆九渊论圣贤及其工夫进路》，《中国文化与传播研究》，2021 年第 9 期，第 320 页。
⑩ 陆九渊撰：《陆九渊集》，钟哲点校，北京：中华书局，1980 年，第 373 页。
⑪ 陆九渊撰：《陆九渊集》，钟哲点校，北京：中华书局，1980 年，第 284 页。
⑫ 陆九渊撰：《陆九渊集》，钟哲点校，北京：中华书局，1980 年，第 378 页。
⑬ 陆九渊撰：《陆九渊集》，钟哲点校，北京：中华书局，1980 年，第 407 页。
⑭ 陆九渊撰：《陆九渊集》，钟哲点校，北京：中华书局，1980 年，第 25 页。

非”“别邪正”“决意似”，否则是非不辨，邪正不分，则此心茫茫然不知所归也。这便是说为学而后能够自省，能自省者，则可“日去其非”，若象山先生言：“外之所遭，有时与命，初不足为吾人重轻。然君子每因是以自省察，故缺失由是而知，德业由是而进。……古人之处忧患者，又岂止门下今日所遭而已哉？愿笃信此道，日去其非，以著其是，则‘终来有他，吉’矣。”[①] 为学之人在这一过程中，便能够让此心逐渐安住下来，因为此时个体直面自我，没有“自欺自瞒”。“静时回思，亦有不可自欺自瞒者。若于此时，更复自欺自瞒，是直欲自绝灭其本心也”[②]，个体没有自欺自瞒，则此心悠悠然。既然此心悠悠然，又何患不安。故知为学之功深矣远矣，不可不勉。

结　语

象山先生作为心学的代表人物，给人的印象更多是“四方上下曰宇，往古来今曰宙。宇宙便是无心，吾心即是宇宙”[③] 所体现的气宇轩昂与飘逸洒脱。然而，象山先生的洒脱与豪迈乃是建立在为学这一踏踏实实的行动之中。象山先生由此精进为己，迁善改过，若其言：“古之学者，本非为人，迁善改过，莫不由己。善所在当迁，吾自迁之，非为人而迁也。过所在当改，吾自改之，非为人而改也。”[④] 其“知之必明，而改之必勇”[⑤] 的孜孜不倦之形象，为后人树立了读书为学的典范。如今追思象山先生的明言善行，亦当以其为镜，照见己所不足，由是反身修德，原始反终。

① 陆九渊撰：《陆九渊集》，钟哲点校，北京：中华书局，1980 年，第 113 页。
② 陆九渊撰：《陆九渊集》，钟哲点校，北京：中华书局，1980 年，第 284—285 页。
③ 陆九渊撰：《陆九渊集》，钟哲点校，北京：中华书局，1980 年，第 273 页。
④ 陆九渊撰：《陆九渊集》，钟哲点校，北京：中华书局，1980 年，第 74 页。
⑤ 陆九渊撰：《陆九渊集》，钟哲点校，北京：中华书局，1980 年，第 75 页。

儒家生命教育观的历史实践

许素玉*
（华侨大学哲学与社会发展学院，福建厦门，362000）

摘　要：儒家的生命教育观并非静态的、形而上学的知识，而是一个具体的、动态的、实践的发展过程。孔子尊重不同群体的生命志向，倡导仁礼乐结合的生命教育实践；孟子以性善论为基础，提出向内行走“反求诸己”的生命实践路径；理学派传承“道统”，以万物为师，树立了“为天地立心，为生民立命，为往圣继绝学，为万世开太平”的最高生命实践标准；心学派开辟了“知行合一”“致良知”的生命教育实践新思维。儒家在不同历史时期呈现出的不同生命教育观及其实践作为传统文化的重要组成部分，可为当下生命教育活动提供思想资源和经验启迪。

关键词：儒家；生命教育观；实践

中国古代的儒家思想是经过全民族共同努力奋斗的结晶，其并非静态、形而上学的知识，而是一个具体的、流动的发展过程。作为历史范畴的儒家思想，对中国古代以至于现代的政治、思想、文化和生活产生过巨大的影响。① 也因此儒家的生命教育观，并非一言得以蔽之，而是保持着中心思想的核心，并随着时代变迁而变化发展。当社会的脉络与时代的氛围有所变化，儒家哲学也因应着有所调整，以便适应当代的文化背景。自创始人孔子始，儒家生命教育的理论和实践在不同的历史时期呈现出不同的样态，并随着历史的变迁而发展。

一、孔子的生命教育实践

1. 尊重不同的生命志向。子曰：“汝们各自为季氏、宰氏、苌氏、陈氏之友。”子路曰：“愿闻子之志。”子曰：老者安之，朋友信之，少者怀之”。②《论语》这段的编排是有

* 作者简介：许素玉（1962—），女，华侨大学哲学与社会发展学院博士生。主要研究方向：儒家生命教育思想、传统文化与现代化。

① 张岂之:《中国儒家思想史》，台北：水牛出版社，2012 年，第 1 页。

② 陈基政:《四书读本》，新北：西北国际文化，2010 年，第 216 页。

着一个比较的意涵，这三个志向照顺序刚好是物质层面上的志向，自我修养层面的志向，世界大同层面的志向。子路是直觉式的分享己身财物，聚焦在我拥有的物质层面。颜渊的层次比子路略高，从物质提升至修养阶段，但还是聚焦在我本身，而孔子的志向是使天下各类人能够依照本性与人生阶段合理安顿在这个世界。面对子路和颜回的志向，他们的老师孔子并没有去否定子路、颜渊的回答，毕竟有志才能一同，弟子只是尚待磨炼，思考方向正确，行为上分阶段性来实践仁义，也是儒家的特色。

孔子不仅能对弟子的生命志向持宽容接纳态度，对其他人士的志向也能兼容并蓄，对于好的思想就不耻下问，纵使道不同也不会刻意品评其他，而是能根据不同人的处境解读其合理性。子曰："不降其志，不辱其身，伯夷、叔齐与！"谓："柳下惠、少连，降志辱身矣。言中伦，行中虑，其斯而已矣。"谓："虞仲、夷逸，隐居放言。身中清，废中权。""我则异于是，无可无不可。"[①]古今被遗落的贤人很多，孔子认为伯夷、叔齐不降低自己的志向，不辱没自己的身份。柳下惠、少连则降低了自己的志向，辱没了自己的身份。但他们言语合乎法度，行为合乎思虑，也无可厚非。虞仲、夷逸避世隐居，放肆直言，但是修身合乎清高，弃官合乎权变。孔子自己则跟这些人都不同，没有什么是非这样不可的，也没有什么是非不这样不可的。可见，纵使伯夷、叔齐不认同孔子之道，但是在孔子心中，这些隐士仍有着足以让人敬佩的人格特质，兼容并蓄的思维，存在于儒家的文化内涵中，这也是孔子时期的儒学与后世的儒家思想有所不同的点，中庸之道，而非唯我独尊，认为自己一家之言，就可以给予天下间各种不同的人去服膺。

2. 敬畏天地和圣人言。子曰："君子对天、德行和贤能的圣人，特别心怀敬畏。小人不知天命而不畏也，狎大人，侮圣人之言。"[②]孔子认为君子要有三种敬畏：敬畏天命，敬畏地位高、德行高的人，敬畏圣人的话，这是基本的修养。小人则相反，不懂得天命而不敬畏，轻佻地对待地位高、德行高的人，能说出辱没圣人的话。孔子不言鬼神之事，但还是对不可测的天道保持敬畏，敬畏统治者，敬畏古圣先贤的智慧，随时做出修正自己的判断，提醒自己保持中庸之道。

3. 仁礼乐结合的教育方法。仁礼结合，以仁作为内在引导，以礼乐作为外在规范是孔子进行生命教育活动的重要原则。子曰："知及之，仁能守之，虽得之，必失之；知及之，仁能守之，不庄以莅之，则民不敬；知及之，仁能守之，庄以莅之，动之不以礼，未善也。"[③]凭借聪明才智得到它，却没有仁德保持它，即使得到，也一定会丧失。凭借聪明才智足得到它，也有仁德保持它，不用严肃态度来对待，那么百姓就会不敬；凭借聪明才智得到它，有仁德保持它，能用严肃态度来对待，但行为不合礼制，那也是不完善的。此处，孔子给礼乐制度很高的作用评价。在孔子这里，制定礼乐制度主要目的不在

---

① 陈基政：《四书读本》，新北：西北国际文化，2010 年，第 528 页。
② 陈基政：《四书读本》，新北：西北国际文化，2010 年，第 488 页。
③ 陈基政：《四书读本》，新北：西北国际文化，2010 年，第 472 页。

于区分阶级，而是让人各司其职，彼此尊敬，人人皆是构成这个世界的重要成分，自尊自重也尊重其他人，礼乐是让世界和谐稳定的工具。孔子也是这样躬身实践的，他每入太庙，每事问，所问之人，地位一定有高有低，说明孔子尊敬每一位可以给予他助力的指导者。

孔子的教育方法，固然适合朝夕与他相处的门生，可是在实际上的教育模式，较难以重现。在孔子的时代，行为本身展现出来的“仁”，比起系统化地建构内心的思想变化，着墨较少。因此，在实际的讲学过程中，孔子的方式会比较难以重复教授他人类似的判断，以教育学而言，无法轻易复制，是故至圣先师，只能有孔子，而后代的儒者，就在孔子门生的架构下，去加强内化的理论基础，并提出可以重新复制出简易的教育模式，使得儒学得以发展。

二、孟子的生命教育实践

承袭了孔子与众门生所建立的儒家架构，孟子面对战国百家争鸣的景况，如何更鲜明具体地来阐述儒家的生命教育思想，并在实践中体现出来，成了他的首要任务。

1. 人性本善，常思得之。孟子提出“性善论”和“四端”学说。他认为：人皆有恻隐之心、羞恶之心、辞让之心、是非之心，这四心正是“仁义礼智”四善之端。“端”代表开始不是完成，有善端不等于有“善”。要成就完美人格，并不是件容易的事，心要时时操存。要如何操存？孟子的答案是“思”。因为思就可得之，不思则不可得之。按照孟子的理论，由于人类能与人为善，因此可以发展出文化以及社会组织，共存共荣，摆脱野兽只能逐水草猎捕为生的阶段；因为人性有追求更美好境界的本能反应，所以“人皆有不忍人之心。先王有不忍人之心，斯有不忍人之政矣。以不忍人之心，行不忍人之政，治天下可运之掌上”①。孟子从正面论述人性，认为人类应该往高层次的道德境界迈进，这也是儒者的生命实践和道德追求。然而在孟子所处的时代，诸侯争霸，刀兵相见，仿佛是原始兽性的反扑，人性也被扭曲，仁心义行也随之变少。此外，“孟子如何以经验之善来证明善性”②亦是一个比较棘手的理论困境。

2. 反求诸己，非仁无为，非礼无行。孟子曰：“君子所以异于人者，以其存心也。君子以仁存心，以礼存心。仁者爱人，有礼者敬人。爱人者人恒爱之，敬人者人恒敬之。有人于此，其待我以横逆，则君子必自反也：我必不仁也，必无礼也，此物奚宜至哉？其自反而仁矣，自反而有礼矣，其横逆由是也，君子必自反也：我必不忠。自反而忠矣，其横逆由是也，君子曰：‘此亦妄人也已矣。如此则与禽兽奚择哉？于禽兽又何难焉？’是故君子有终身之忧，无一朝之患也。乃若所忧则有之：舜人也，我亦人也。舜为法于天下，可传于后世，我由未免为乡人也，是则可忧也。忧之如何？如舜而已矣。若夫君

---

① 陈基政：《四书读本》，新北：西北国际文化，2010 年，第 120 页。
② 孙明柱：《性向善论的理论困境》，《中华文化与传播研究》2022 年第 1 期。

子所患则亡矣。非仁无为也，非礼无行也。如有一朝之患，则君子不患矣。”[①]

孟子在此举例说明，若君子遭受强横无理的态度对待，则必定会向内反省，若他人行为依旧，则再反省之，思虑自己的行为是否合于道德法则，由此可知道德法则是向内反省而得的，是透过个人意念的自我立法，即为纯粹而自律的道德，察觉自己内心的不安不忍之处，直到确定自己完全合于道德法则本身，才能够将外来所面对他人对待的横逆，视为他人的不明理，而推出此结论之前，是必须内思反省，再三考虑后所得出的结论，故可知道德是来自内，并非透过一客观外在之理而规定自己，而是经过心中自我意志的裁决，才给出道德之行为。

孟子以其道德上之自觉，在行为处世上按照道德法则为行动的格准时，则必能感受且理解自身是能够摆脱感性嗜好的存在，只为法则而行的尊贵之人格。[②]如何克服杨朱学说的功利主义，大利于前而不动心，就在于贯彻其本性，捍卫心中四端，追求功利犹如野兽的目光短浅，追求众生的文化提升，才是孟子推崇的生命实践。然而，孟子一味地从正面去论述儒家思想，或多或少地忽略了人性始终保有较为低劣的成分，以及冲突的兽性在心中，对主观心性的自我提升与道德判断，恐流于偏颇，虽然提出了心、性之分，不过为何人们要选择善，孟子只能以本性善作为解释。然而，这样的解释与荀子的性恶说，双方都无法拿出证据去完全否定彼此的见解，而到了加入了易理的理学，才填补了性善与性恶这两者看似南辕北辙，但实际上一体两面的哲学两难命题。

三、理学派的生命教育实践

如果说孔子是儒学创始者，孟子是开拓者，以朱熹为代表的理学派则是赋予儒家哲学再次重回中国主要哲学思想地位的复兴者。自汉代开始的独尊儒术，儒家思想沦为统治者的控制工具，民本思想、人文主义都停滞不前，甚至略有后退，而历经五胡十六国，外族文化压抑了儒学的发展，魏晋南北朝的玄学导入，直到隋唐所开始的科举考试，儒学才慢慢恢复了生机，而宋代的重文轻武政策方向，也给予了儒学思想一个良好的发展环境。

1. 顺化生人。周敦颐提出宇宙万物都源出于“无极”，“无极”透过阴阳二气的运行，以及五行形质的妙合，所形成的乾坤二道衍生出来的。这里的“无极”，犹如老子所说的“道”，这个“道”是有实而无形，“虽存在而非感官所能觉察”[③]。周敦颐著《太极图说》，建立了宇宙的生成模式是：无极→太极→五行→万物。这样的宇宙观明显是融合了汉代的“天人宇宙论图式”和阴阳五行理论以及魏晋以后的道教学说所发展出来的宇宙生成论。周敦颐“顺化生人”的理论，其价值在于建立实有的天道观，强调世界以及万物生

① 陈基政：《四书读本》，新北：西北国际文化，2010 年，第 847 页。

② 周宇亭：《孟子道德思想研究——成德之教的两个进路湾》，“中央大学”中国文学系硕士班，2015 年。

③ 张岱年：《中国哲学大纲》，台北：蓝灯文化事业有限公司，1992 年，第 82 页。

命的缘起，是实存性的实有，不是虚幻不实的。

2. 横渠先生的四立名言。横渠先生张载所著《正蒙》："太和所谓道，中涵浮沉、升降、动静、相感之性，是生氤氲、相荡、胜负、屈伸之始。"[①] 所谓"太和""道""神"等即是"太虚"，其所谓"氤氲""聚散""变化""客形客感"等即是"气"。在此基础上，横渠先生提出了著名的四立名言："为天地立心，为生民立命，为往圣继绝学，为万世开太平。"[②] 这既是横渠先生对于自我生命的最高实践标准，也是对儒家生命教育实践和目的的最高总结，亦为后世儒者开出了行动的方向和实践生命价值的目标。

3. 本自具足，生生不已。二程接续横渠先生的理论，程颐对《周易 · 系辞传》所说的"一阴一阳之谓道。继之者，善也；成之者，性也"加以阐发。程颢曰："'天地之大德曰生'，'天地氤氲，万物化醇'，'生之谓性'，万物之生意最可观，此元者善之长也，斯所谓仁也。人与天地一物也，而人特自小之，何耶？"[③] 在二程看来，作为宇宙本体的"理"，它最大的功能是生生不已的创生作用，前面说它具有根源义，它自已即是本源，这一本体的内涵是具足的，具足天地之间的所有一切，它可以生发出这一切，所以说它"本自具足"。这是就本体而言，若是就所生发的一切言之，则这些生发的事物也含蕴有本体所具足的"理"。有人问"观物察己，还因见物，反求诸身否？"程颐回答："物我一理，才明彼即晓此，合内外之道也。语其大，至天地之高厚；语其小，至一物之所以然，学者皆当理会。"又问："致知，先求之四端，如何？"[④] 程颐回答说："求之性情，故是切于身，然一草一木皆有理，须是察。"[⑤] 程颐之所以反对"观物察己""反求诸身"，是因为这样的方式会形成主体与客体之间的相对性，也就是"物—我"，甚至是"我—我"的相对性，所以程颐说"不必如此说"。因为万物与我都是同一个本体——"理"的流行变化所生发出来的，只要能够体会万物之中的本体，那个本体也就是我的本体，这里没有所谓内外，也没有主体与客体的分别。天地的高厚，也是这个本体，纤微的细物，也是这个本体，所以程颐说大家应该体会事物之中的这个本体——"理"。"学者皆当理会"的"理"，就是指这个本体。"一草一木皆有理"的"理"，也是指这个本体。[⑥] 可见，从道中明理，从理中悟道，是二程生命教育实践的根本方法。

4. 传承"道统"，以万物为师。朱熹提出"道统"之概念，对于学问讲究传承，而接续道统，传承学问本身就是儒家生命教育的一种实践方式。而对于如何体察儒学"道统"中的生命本体和生命意义，朱熹提出了格物致知，极物穷理，以万物为师的方法。朱熹

① 张载:《张载集》，台北：里仁书局，1981 年，第 7 页。

② 张载:《张载集》，台北：里仁书局，1981 年，第 7 页。

③ 程颐、程颢:《二程集 · 周易程氏传》，台北：中华书局，卷 2，第 822 页。

④ 朱熹:《朱子语类》，台北：台湾商务印书馆，1986 年，第 101 页。

⑤ 程颐、程颢:《二程集 · 周易程氏传》，台北：中华书局，卷 2，第 822 页。

⑥ 刘昌佳:《程颢、程颐"以理为性"的"理一分殊"》，台中：逢甲大学人文社会学院，2015 年，第 177 页。

认为:“格，至也。物，犹事也。穷推至事物之理，欲其极处无不到也”，“所谓致知在格物者，言欲致吾之知，在即物而穷其理也。盖人心之灵，莫不有知，而天下之物，莫不有理。惟于理有未穷，故其知有未尽也。是以《大学》始教，必使学者即凡天下之物，莫不因其已知之理而益穷之，以求至乎其极。至于用力之久，一旦豁然贯通，则众物之表里精粗无不到，吾心之全体大用无不明矣。此谓物格，此谓知之至也”[①]。

理学是与天下万物皆有所接触的学问，随时提醒个体生命的谦卑，正如孔子所言:“天何言哉？天何言哉？四时行焉，草木生焉”，当人与这个宇宙发生了关联，行事就应遵循着“理”，“半亩方塘一鉴开，天光云影共徘徊，问渠哪得清如许，为有源头活水来”[②]。朱熹用一池宁静的池塘来比喻体会到天人合一境界的喜悦和清明。比起孔子门生以各类不同的仁心义行作为阐述工具、宋代的理学家们用更与天地万物相互影响的思维作为自我生命修养和提升的工具，也可以说是对孔子“三人行，必有我师焉”的广阔延伸，只是师者不再只有人类，而是延展到世界万物，提升观察力，和这世界共存。但是朱熹的格物论点，今时观之，实有些叠床架屋之感，天地万物种类何其之多，一物格一理，研究为本业的学者，自然能从无穷尽的格物致理中获得成就感，而作为一个学说，若要求每位学习者都去做格物的论辩，难免会有治丝益棼之效，也无法在教育实践中得以实现。

四、心学派的生命教育实践

自从韩愈、柳宗元等古文传承者，希望结束言不及义、但求文采的隋唐时期骈体文，讲求文以载道，同时加上朱熹开始的宋代儒家复兴运动，北宋的最大特点是打破了汉唐以来经学疏不破注的陋习，出现了疑经改经的思想解放思潮，开出了新一代的生命教育理论和实践。

1. 道本自若，向内行走。陆九渊的心学理论上承孟子，遵循道统观念，以二程的思想为基础，提出了“心即理”的观点。“古圣贤之言，大抵若合符节。盖心，一心也；理，一理也。至当归一，精义无二。此心此理实不容有二。”故夫子曰:“吾道一以贯之。”孟子曰:“夫道一而已矣。”又曰:“道二，仁与不仁而已矣。”如是则为仁，反是则为不仁……仁即此心也，此理也。求则得之，得此理也；先知者，知此理也；先觉者，觉此理也……故曰:“直方大，不习无不利。”[③]陆九渊在继承孔孟思想的基础上，提出了关于整个世界的独特看法。他更强调人心的重要性，即使是贤人智者，也要以其心作为根基:“道塞宇宙，非有所隐遁，在天曰阴阳，在地曰刚柔，在人曰仁义。故仁义者，人之本心也。愚不肖者不及焉，则蔽于物欲而失其本心；贤者智者过之，则蔽于意见而失其本

① 朱熹:《朱子语类》，台北：台湾商务印书馆，1986年，第51页。

② 纪洁芳等:《生死关怀与生命教育》，台北：新页图书股份有限公司，2012年，第22页。

③ 张立文编:《中国哲学范畴精选丛书（二）·理》，台北：汉兴书局，1994年，第182页。

心。……道本自若，岂如以手取物，必有得于外而后为得哉？”[①] 陆九渊认为仁义之心即事物之理，天地万物与人之本心其为一也，其理即为天地人所应遵循的道，差异只存在于本体之不同，而应用不同。一切事物运行之理，即存于本心之中，以仁义之心对待自己、君臣，以至于天地万物，道不应该向外寻求，而应从本心内求。“在陆九渊看来，圣贤之所以为圣贤，就是以利他行为来充实自己的生命，从而将指向自己的利己行为降低减少，乃至渐归于无。”[②] 这意味着，陆九渊对人心重要性的看法，认为人的本心即仁义之心即为事物之理，应当以此为根基来对待自己、君臣，以至于天地万物。通过利他行为，人可以获得精神上的满足和提升，而不是通过追求自己的私利。这种观点强调了道德修养的重要性，认为只有通过内心的修炼，才能达到真正的道德境界。这既是陆九渊的核心概念，也是陆九渊生命教育的实践路径。

从历史上的朱陆之辩来看，朱熹以天地万物为客观存在之物，有物才有理，各种事物具体存在，乃是因为有一定的道理，而人以主观的本心去探究其理，掌握理的人即成圣。陆九渊则是认为本心即为天地道理的展现，则天地万物与人之间的互动，即是理的具体展现，以主观的本心为首，天地人事物只需按照本心——理的运行即可。朱熹理学与陆九渊心学的关系，可视为两者互为阴阳，以本心为思维，格物致知为行为，从思考层面，陆九渊言，道心即理，其义即是人之本心虽善，却仍然需要学习，而学习到的道理，是从观察世界万物而来，而非单纯的不劳而获，其理论本身其实并不与朱熹之学互斥。对于我辈后学人而言，陆朱之学说，都是探寻真理的材料，朱陆二人无论向外格物，抑或向内行走，都为当下探讨和开展生命教育实践提供了广阔的空间和学习样本。

2. 知行合一致良知。明代王守仁，正式提出了“知行合一”的概念。他认为心是最高范畴，离开了心就无从认识道，起心动念间即是行为。或问：“晦庵先生曰：‘人之所以为学者，心与理而已’。此语如何”？曰：“心即性，性即理。下一‘与’字，恐未免为二。此在学者善观之。”[③] 而世间万物是为心之表现。心外无物。如吾心发一念孝亲，即孝亲便是物。所有的外在事物都是内心的映照。而朱学的学问，在明代已经发展成为科举取士的重要内容，并作为统治者统治人民的工具，在当时的语境中，圣人所言，或是解释圣人的注解，才是学问。他提出心即道，就是他对于权威思想的一种反思，故言：“夫道，天下之公道也，学，天下之公学也，非朱子可得而私也，非孔子可得而私也，天下之公也，公言之而已矣。故言之而是，虽异于己，乃益于己也言。言之而非，虽同于己，适损于己也。益于己者，己必喜之：损于己者，己必恶之；然则某今日之论，虽或于朱子异，未必非其所喜也。君子之过，如日月之食，其更也，人皆仰之；而小人之过也必

① 张立文编：《中国哲学范畴精选丛书（二）·理》，台北：汉兴书局，1994 年，第 237 页。
② 刘洋：《陆九渊论圣贤及其工夫进路》，《中华文化与传播研究》2021 年第 1 期。
③ 张立文编：《中国哲学范畴精选丛书（二）·理》，台北：汉兴书局，1994 年，第 288 页。

文。某虽不肖，固不敢以小人之心事朱子也。”[①]

王守仁的学问哲理，强调“致良知”即求道，追求的目标是与人心同一，无须刻意为之，本为一体何须分别。先生曰：“道即性即命。本是完完全全，增减不得，不假修饰的。何须要圣人品节？却是不完全的对象。礼乐刑政是治天下之法，固亦可谓之教。但不是子思本旨。若如先儒之说，下面由教入道的，缘何舍了圣人礼乐刑政之教，别说出一段戒慎恐惧工夫却是圣人之敢为虚设矣。”[②]因此，王守仁不仅提出了知行合一的理论，更指明了致良知的工夫论，他的毕生精力都在实践着知行合一，一边传播心学理论，一边以身作则，实践着致良知的功夫，为后学提供了完美的教育范本和实践模式。如果说以朱熹为代表的理学派理论架构相对适合儒家初学者掌握基本理论的话，王守仁的心学理论和其致良知的实践工夫，则在某种程度上补足了形而上、形而下的辩证难题，为后学儒家提供了明确的行为模板，亦是值得深入探究和思考的生命教育样本。

结　语

儒家追寻的教育实践、哲理论述，从未是一人一言所能概括，是结合众人之力，众志才能成城，而儒家思想也经历多次变革，就一开始的原始架构阶段开始，孔子建立了基本的儒家目的，是一个从下到上的“教育”革命，因材施教、有教无类的方法下，某种程度也是破除了父职子袭的封建思维，因为教育产生了阶级翻转，而孔子的重礼乐，也影响到后世的荀子，更甚至法家的思想，春秋时的儒家影响之深远，绝非仅只影响到后世的儒家继承者而已。《中庸》提到的“慎独”，《大学》所说的“诚意，无自欺”从己身做起，修身齐家治国平天下，乃至于明明德，天下大同之境界，始终由古贯彻到今，提纲挈领给予后世儒者生命教育的具体目标，积极地入世，并以己身之学去影响社会、统治阶层，以儒学作为一个与帝权分庭抗礼的方式。淡泊以明志，宁静以致远，儒家已非当代学术的独霸地位，然而它仍然是构成华人民族性的重要一部分，当代儒者应学习传统儒家生命教育思想中的合理内容，更应参考历代大儒躬身实践弘道育人的精神和勇气，同时也应意识到传统儒家生命教育理论和实践的不足之处，使儒家生命教育理论真正地能为当下服务，为人民服务。

---

① 张立文编：《中国哲学范畴精选丛书（二）·理》，台北：汉兴书局，1994 年，第 290 页。
② 张立文编：《中国哲学范畴精选丛书（二）·理》，台北：汉兴书局，1994 年，第 221 页。

言传与身教：身体传播视域下《论语》中的学习系统

赵 晟*

（中盐金坛博士后工作站，江苏常州，213200；厦门大学新闻传播学博士后流动站，福建厦门，361005）

摘　要:《论语》对于学习的重视是显而易见的，其智慧中蕴含着一种围绕身体媒介所建构的言传身教系统，用以支持学习这一传播交往活动的持续进行。本研究从人际传播式的“与人学”和内向传播式的“与己学”两个方向上，探讨言传与身教相辅相成、内外兼济的学习系统与其合理性。并从关注身体媒介和传播动力的角度探讨了《论语》智慧对今人之学习所带来的“学有不得反求诸己”启示。

关键词:《论语》；学习；言传身教；身体传播

孔子被后世称圣，推崇为万世师表，是源于他对教育的重视，更源自其对“学习”这一修身方式的深刻思考与阐释。《论语》开头的一句“子曰：‘学而时习之，不亦说乎？’”[①]早已浸入中国人的文化骨髓中。对学习的极端看重，使得中国人成了世界上最重视教育的民族之一，还由此诞生了独特的“学区房”文化。但即使是在这样的全民运动式搞教育的大背景下，如今社会依然不乏对于教育体系的种种批评，将“填鸭教育”、负担过重、压制创新、与社会脱节等等罪名归咎其上。这样的批评如此泛滥，以至于让人不得不去思考其中究竟出了什么问题。于是本研究试图回归到至圣先师的孔子那里，重新审视《论语》之中建构的“学习”与“言传身教”系统。

一、吾十有五而志于学：学习的目的论

孔子在《论语·为政》中说：“吾十有五，而志于学。三十而立，四十而不惑，五十

---

* 作者简介：赵晟（1985— ），男，广西桂林人。中盐金坛博士后工作站与厦门大学新闻传播学博士后流动站联合培养博士后，广西师范大学文学院 / 新闻与传播学院讲师、研究生导师。从事华夏传播研究、具身传播研究。

① 朱熹:《四书章句集注》，北京：中华书局，2011 年，第 49 页。

而知天命，六十而耳顺，七十而从心所欲，不逾矩。”[①] 其描述了一个个体完成社会化的过程。从“志于学”到“不逾矩”，完成了从动物性向社会性的转变。用费孝通先生的话来说就是一种“社会性的抚育”，即一种对生理性抚育的延续，因为“一个没有学得这一套行为方式的人，和生理上有欠缺一般，不能得到健全的生活”[②]。越是在一个高度分工化、组织化的社会之中，“学习”对于一个人融入社会的必要性就越是凸显，许多时候“成材”与“成人”几乎是同义词。换句话说，如果不能在社会之中寻找到一个属于自己的位置，加入社会的分工协作体系，那么人是几乎不能称之为人的，或者说不是一个完整的人。换用孔子的话来说，加入社会的分工协作体系就是“立”，孔子曰：“兴于诗，立于礼，成于乐。”（《论语·泰伯》）[③] 而所谓的“礼”用《礼记》之中的话来说就是“夫礼者，所以定亲疏、决嫌疑、别同异、明是非也”（《礼记·曲礼》）。[④] 可以看出“礼”可以理解为一种社会化的能力，是与社会中的他者进行交往时的凭依。孔子还说：“不学礼，无以立。”（《论语·季氏》）[⑤] 换言之，当人能“知礼”时也就获得了一种与他人协调关系、分工合作进而真正嵌入社会的能力，完成了“社会性的抚育”，能够“自立”了。

有了这样的认知后，再回顾“三十而立”的逻辑前提，自然而然地更能感受到“志于学”的重要性。无怪乎《学而篇》被定为整部《论语》开篇第一章，因为“学”是人一切社会化的开端，且需要一种主动性的参与。不同于生理性的抚育有着血肉身体之天性欲望的驱使辅助，社会性抚育的“学习”需要个体精神身体的积极参与。用“学而立”的逻辑进路可以知道，学习这样一种社会化的过程毋庸置疑地正是一种信息传播的身体交往过程。潘光旦先生也分析认同说：“我们的心理是团体的、社会的……没有群居生活的交相感应，则根本就不会有我们所了解的心理生活。”[⑥] 我们之所以需要一个“学习”的社会性抚育过程来融入社会，正是因为人是社会群居的人，是集体聚合与分工合作才诞生了人类文明的今天，只有被接纳进群体与分工之中，人方为人。易言之，人需要传承文化传统，先人的经验、知识与认同是今人能够共同合作生活的基础，无怪乎横渠四句说要“为往圣继绝学，为万世开太平”，人类的延续不仅仅在于生物基因的继承繁衍，更在于文化基因的复制传播。薪尽火传的文明之意义正在于此。这是一种知识、经验、文化、文明或者说“礼”的承继，因为“中国的‘礼’乃是一个独特的概念。其他民族之‘礼’，一般不出礼俗、礼仪、礼貌的范围，而中国之‘礼’，则与政治、法律、宗教、思想、哲学、习俗、文学、艺术，乃至于经济、军事，无不结为一个整体，为中国物质文

---

① 朱熹：《四书章句集注》，北京：中华书局，2011 年，第 55-56 页。

② 费孝通：《生育制度》，北京：北京联合出版公司，2018 年，第 58 页。

③ 朱熹：《四书章句集注》，北京：中华书局，2011 年，第 100 页。

④ 王文锦：《礼记译解》，北京：中华书局，2001 年，第 2 页。

⑤ 朱熹：《四书章句集注》，北京：中华书局，2011 年，第 162 页。

⑥ 费孝通：《生育制度》，北京：北京联合出版公司，2018 年，第 12 页。

化和精神文化之总名"[①]正是一种人类代际的信息传播，在受传者的一方是"学习"，是"志于学""立于礼"；而在传者的一方则是"教化"，是"礼教"。而"礼教是关于'礼'的意义传递、思想交流、情感互动的行为规范。其不仅包含教育观念、政治观念、文化观念，也体现出'传播的仪式观'"[②]。传受双方在这样一场旨在进行"社会性抚育"的传播活动中形成了一个互动的闭环，每一个个体在这场跨越代际的信息传播中不断地变换着位置，从"兴于诗"以《诗经》启蒙开始了学习的人生，到"立于礼"得以在社会中寻得一片自己的位置，再到"成于乐"，个体自己也成为一名传者，开始"利用礼乐来广教化，移风俗，淳民心"，[③]正是从"习礼"到"演礼"的人之成人的全过程。

信息的传者与受者共同构成了信息传播过程中的两极，两者之间相互依存、相互矛盾而又相互转化，而从懵懂的学童向行教化之士人的转变正是依此而行。但正如辩证思想所说的要抓住矛盾的主要方面一样，在受者之"学习"与传者之"教化"间也应该寻出一逻辑起点，而这起点正是"学习"。不仅是《论语》以《学而篇》作为第一篇章，当代教学的课堂也强调以学生为主角，绝大部分传播学的理论也都强调受传者的主体性，毕竟外因要通过内因起作用。"学习"贯穿了个人整个社会化的过程，是人一切社会行为的逻辑起点，是人与人传播交往活动的基础准备，整个儒家思想中"教化天下"的愿景也是依托于"学习"之上的，不由得让人细细分析学习的奥妙。

二、学而时习之："与人学"的言传身教系统

子曰："学而时习之，不亦说乎？"（《论语·学而》）[④]论语的开篇一句即点明了学习当"学"与"习"分论之精要所在。用传播学的视角来看，人学习的交往过程可以说是言传与身教。朱熹将"学"字注为："学之为言效也。人性皆善，而觉有先后，后觉者必效先觉之所为，乃可以明善而复其初也。"又将"习"字注为："鸟数飞也。学之不已，如鸟数飞也。"[⑤]所谓"学之为言效"讲的正是让人效法言语中说的内容、方式方法去做，"学"是"后觉效先觉"的模仿与效法，是"言传"式的信息传递与复制过程。在这样一个过程中，强调的是一种对于信息不假思索的接受与复制，用詹姆斯·凯瑞的观点说就是"传播的传递观"下的信息直线传递。[⑥]而"习"则是一种对于"学"的反思与补足，就像鸟儿学习飞翔，对"先觉"母亲扑腾翅膀的模仿是决然不够的，还需要自己跃出窝去尝试着飞翔，才会有自身之所得，才能获真知。"行动是真知的开始，而真知只有经过行动才

① 邹昌林：《中国礼文化》，北京：社会科学文献出版社，2000年，第14页。

② 张兵娟、刘佳静：《中国礼的教化传播思想及当代价值》，《郑州大学学报（哲学社会科学版）》2019年5月期，第113—118页。

③ 黄星民：《礼乐传播初探》，《新闻与传播研究》2000年第1期。

④ 朱熹：《四书章句集注》，北京：中华书局，2011年，第49页。

⑤ 朱熹：《四书章句集注》，北京：中华书局，2011年，第49页。

⑥ 詹姆斯·凯瑞：《作为文化的传播》，丁未，译，北京：华夏出版社，2005年，第4—7页。

能获得，成圣之路只能将知、行合并，分为两端不能成。"[①]这样的"习"就是一种"身教"的过程，诗人陆游的名句说"纸上得来终觉浅，绝知此事要躬行"，[②]躬行即亲身经历、身体力行，是身体的内省与自我教化，是"明德自新"的力量，是"学习"这一传播活动中真正具有创造力的一面。用詹姆斯·凯瑞的观点说"习"就是一种"传播的分享观"，要有自身之自得方能与人分享，强调的是对信息的过滤与印证，从"有所得"到"有不足"再到"又有所得"，"学"与"习"一起构建了人的"否定之否定"螺旋上升式的进步发展模式。就如同染布，"学"是对染料的饱和汲取，而"习"则将多余的水分挤掉只留下五彩的斑斓。

"言传身教"一词源于《后汉书·第五伦传》。第五伦上疏曰："其身不正，虽令不从。以身教者从，以言教者讼。"[③]其用以劝诫帝王要立身正，以身作则式地促进君臣同心同德。也可以看出是从教者、传者的一面阐述了"学"与"习"的区分，只学不习无异于第五伦所说的"以言教者讼"，只会引起不解和争讼。而只有"习"有所得，方能修身立正，如詹姆斯·凯瑞所言之"分享式传播"，将自身之所得"身教"而出，以感染人、使从者众。所以说，"学"可以对应"言传"，"习"可以对应"身教"，学习本一体，言传身教亦然，它们共同构成了前文述及的人之社会化过程，即从"习礼"到"演礼"的过程。为了全面地分析这一传播过程，模仿传播学中经典的奥斯古德和施拉姆的循环模式画图如下：

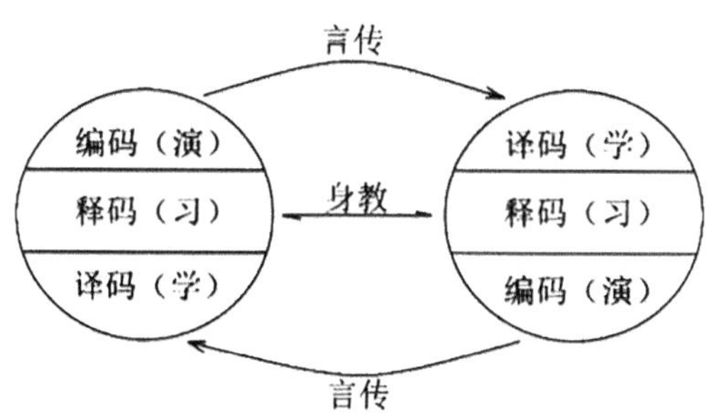

图1 "与人学"的言传身教系统

如图1所示，两个球体分别代表了人内传播的过程，它们之间的互动则代表了人与人之间的社会化交往活动。在左边球体内部自下而上，人首先对他者的"言传"亦即信息的传递进行接收，是"学"的译码过程，也是将语言符号能指与所指进行翻译的过程。而后到了中间的"习"的释码过程，其起到的是一种传播活动中的"把关"作用，结合自身实践而得的真知和内心明德的感召，所有可知可感的体会一起，将他者之所传创造

① 王婷：《绝学的继承：经典传习与思想研究——王阳明心学思想的华夏传播学视阈研究》，《中华文化与传播研究》2018年第1期。

② 邹志方选注：《陆游诗词选》，北京：中华书局，2005年，第167页。

③ 张惠康、易孟醇主编：《后汉书今注今译》，长沙：岳麓书社，1998年，第1114页。

性地化为自身之所得，使符号和信息化为了自身之意义与情感。最后则是“演”的编码过程，取的是“演礼”的意思，将内心的所得所想通过一套符合“礼”即社会期待的方式表达出来，重新形成一种“言传”的信息传递给他者。但“演”还有另一层含义，即“表演”。借用戈夫曼对表演的定义是：“指代个体持续面对一组特定观察者时所表现的，并对那些观察者产生了某种影响的全部行为。”[①] 通俗地说，就是“见人说人话，见鬼说鬼话”，这样的现象在日常生活之中其实屡见不鲜。由于人对于社会的融入是得以成人、保证生存的根本需要，在面对社会这样一组最广泛的“观察者”时，势必需要保持一种能够被社会接纳的基础“仪礼”行为的表演，构成社会最基本的道德基础或法律基础。然而，在面对社会之中其他不同的“特定观察者”时，面对不同标准的期许和自我标榜欲望时，则太容易出现言语上的表演也即“撒谎”了。所以在《论语》的记载中，孔子曾因弟子宰予在言语上的欺骗，做出了“始吾于人也，听其言而信其行；今吾于人也，听其言而观其行”（《论语 · 公冶长》）[②] 的感慨。诚然，撒谎欺骗是一种主动寻求自身目的的言语表演，但是也需要注意到有很多时候其实“言传”信息本身便会造成误会，如在克尔凯郭尔看来交流“既是一种揭示方式，又是一种掩饰方式，而不是为了信息交换。……交流与其说是一个‘如何更好地理解’的问题，不如说是个‘如何策略性地进行误解’的问题”。[③]

“言传”的弊端已经揭示了不少，正如第五伦所说的一样“以言教者讼”，如止步于“言传”、止步于不加辩证思考的“学”，只会引发种种误解与无端争讼，由此更加凸显出具备创造力的“习”这一过程的重要性。因为“习”其实是对于麦克卢汉笔下身体“整体的场知觉”回归的一种手段，不同于“学”对于言语的听觉或文字图像的视觉的技术性依赖。因为“任何发明或技术都是人体的延伸或自我截除。……人在正常使用技术的情况下，总是永远不断受到技术的修改”[④]。不论是听讲还是读书，止步于“言传”信息的“学”始终是一种单向度的延伸与依赖，始终都逃脱不了克尔凯郭尔看来的交流即误解的宿命。而身体“整体的场知觉”式的“习”则首先让人觉知“技术是自己身体的延伸”，因为只有知道自己受困其中方才能逃脱其外。《论语》记载：“子曰：‘由，诲汝知之乎！知之为知之，不知为不知，是知也。’”（《论语 · 为政》）[⑤] 孔子对子路说的话里讲述了“习”能给人带来的第一个“真知”，就是知道自己的无知，知道自己受困于语言符号构成的藩篱之中。如鸟数飞，雏鸟只有跃出树窝才能知道光懂得蒲扇翅膀并非真正学会了飞翔，

① 欧文 · 戈夫曼：《日常生活中的自我呈现》，冯钢，译，北京：北京大学出版社，2008 年，第 19 页。

② 朱熹：《四书章句集注》，北京：中华书局，2011 年，第 77 页。

③ 约翰 · 杜翰姆 · 彼得斯：《对空言说：传播的观念史》，邓建国，译，上海：上海译文出版社，2017 年，第 82 页。

④ 马歇尔 · 麦克卢汉：《理解媒介：论人的延伸》，何道宽，译，南京：译林出版社，2019 年，第 64、66 页。

⑤ 朱熹：《四书章句集注》，北京：中华书局，2011 年，第 59 页。

明白了这一点是“习”的第一步。“习”的第二步是让人“有意识知觉和秩序的任务就迁移到人的物质生活里去了。”[①] 换言之，这就是一种跳出言语符号的樊笼，对于活生生的生活世界的回归。将所指到能指提炼的语言符号重新放归来处，获得一种独属于个人的体验与意义，用梅洛·庞蒂的话说：“我所知道的是根据我对世界的看法或体验才被我了解的，如果没有（身体）体验，科学符号就无任何意义。”[②]《论语》记载：“子曰‘学而不思则罔，思而不学则殆’”（《论语·为政》）；又记载曾子一日三省包括“传不习乎？”（《论语·学而》）其实就是在提醒人要用一种“习”的身体体验去反刍“学得”的信息，将之内化为“习得”的意义，方才是一种真正的知识获得。“习得”的个人体验与意义还起到一种信息传播中的把关作用，对“学得”的信息进行过滤和筛选，“学而不思则罔”没有过滤的接受正是当代语境中批判的“本本主义”，有道是尽信书不如无书，“罢黜百家独尊儒术”后崇尚“学习”的儒家思想反而成了对人们思想的一种桎梏大概正是源于此吧。反过来说，“学得”的信息也为“习得”式思考与体验提供了养料，“思而不学则殆”的思想其实可以用内向传播的视角加以解读。米德在阐述自我意识形成时提出了“主客我互动论”，认为：“人的自我可以分解成互动的两个方面，一方是作为医院和行为主体的主我（I），另一方是作为他人的社会评价和社会期待之代表的客我（me），人的自我正是这种互动关系的体现。”[③] 换言之，人自我的形成与认识的成长是需要从外部获取一种帮助形成客我（me）的信息的，而这正是“学”的价值所在，对榜样的模仿，对社会仪礼交往的观察，都是出于这样的目的。“内向传播不是对外部世界的消极、被动的反应，而是积极能动的反映。……是创造新知识、新观念和新思想的活动。”[④] 对个体来说“学”和“习”是从理论到实践再到新理论的出现，是否定之否定式的螺旋上升的认识进步，逐渐将信息消化为意义，正是“学习”之于成长的意义。

三、见贤思齐内自省：“自省而学”的身体嵌入

但就“学习”的社会价值，也即儒家对“兼济天下”之教化的期许来说，个人“习得”的新体验与新理论是否能完整地进入“言传”所能承载的信息之中呢？这是值得怀疑的，不仅仅是语言符号的限制，还有面对“一组特定观察者”时可能造成的外部压力扭曲。幸好在人类的知识传播系统之中还有着一种“身教”的身体交往途径。如图 1 所示，在两个代表了人内传播的学习球体中“习”的部分是被一条“身教”的双向线连接起来的，这其实反映的是一种“身体间性”的体知能力。用梅洛庞蒂的话来解释：“是我的身体在感知他人的身体，在他人的身体中看到了自己的意向的奇妙延伸，看到一种看

① 马歇尔·麦克卢汉：《理解媒介：论人的延伸》，何道宽，译，南京：译林出版社，2019 年，第 67 页

② 莫里斯·梅洛庞蒂：《知觉现象学》，姜志辉，译，北京：商务印书馆，2001 年，第 3 页。

③ 郭庆光：《传播学教程》，北京：中国人民大学出版社，2011 年，第 65 页。

④ 董方霞：《内向传播观照下的“致良知”研究》，《中华文化与传播研究》2018 年 1 期。

待世界的熟悉方式……人直接用自己的身体去知觉他人的身体，并同时理解了他人的意识。”①是一种相对于“言传”来说更加直抒胸臆的意义默会方式，能将自得之体悟与感动绕过语言文字的蒙蔽来与他者共鸣。《论语》记载：“子曰：‘弟子入则孝，出则弟，谨而信，泛爱众而亲仁。行有余力，则以学文’。”又载：“子夏曰：‘贤贤易色，事父母能竭其力，事君能致其身，与朋友交言而有信。虽曰未学，吾必谓之学矣。’”（《论语 · 学而》）②其实可以看出孔子与其弟子早已注意到人际交往中这样“身教”式的知识默会能力。孔子与子夏的这两句话，逻辑起点都发自家庭父母子女间的孝悌关系，而家庭正是人所归属的第一个初级群体，也是总能亲身在场体验“身教”式身体交往互动的传播情境。其中对于家庭教育的希冀其实很容易理解，父母能在“孝”上竭其力，那么子女自然能够在这样一种“身教”环境中见贤思齐地“贤贤易色”。另外，孔子和子夏其实也在这里将“学”字划分了两种明确的意义指向，一种是“学文”自然是指书本知识与理论知识的学习，是在“行有余力”下才适合进行的学习；另一种姑且命名为“学礼”，因为孔子说过：“不学礼，无以立”③（《论语 · 季氏》），但反观孔子与子夏的两句话中都包含有一种“未学文而立”的可能。所以可以总结：在儒家思想中，学习系统其实可以分为对活生生的形而下世界的“学礼”与对抽象复杂的形而上世界的“学文”。所以与之相适应的，“习”也能大致分为两种，一种是针对“学文”验证式的身体力行，让理论联系实际，从信息中获得属于自身的价值与意义的过程较为曲折；而另一种是针对“学礼”，模仿式地让他者身体的意义与情景在自身上复现，如索科罗斯基所说的人作为主体“经验到另一个自我是基于另一个与我一样的身体经验”，④是一种更为直接的知识与经验的获得方式。

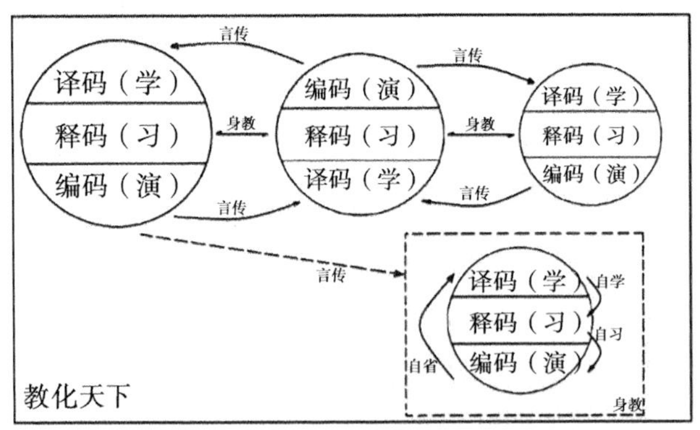

图 2　从师而学与自省而学的对比

① 莫里斯 · 梅洛庞蒂：《知觉现象学》，姜志辉，译，北京：商务印书馆，2001 年，第 443、445 页。

② 朱熹：《四书章句集注》，北京：中华书局，2011 年，第 51 页。

③ 朱熹：《四书章句集注》，北京：中华书局，2011 年，第 162 页。

④ 罗伯特 · 索科罗斯基：《现象学十四讲》，李维伦，译，台北：心灵工坊文化事业股份有限公司，2004 年，第 224 页。

如图2所示，将图中左上的一个学习球体代表着圣人君子的学习典范时，图中上半部分展示的就是一种师徒之间、老师与学生之间、家中长辈与子女之间的完整言传身教系统下的知识传播、身体交往过程。带着一种耳提面命式的谆谆教诲，是理论知识与生活世界的合一，在一种活生生的亲身交往情景之中先贤、前辈将所学所思所得化作最有益于受传者消化的口语信息传达给后学者。这样的一种口语传播不仅仅包括言语信息还包括亲身在场时能传达出的一切身体语言与默会的信息，是传受双方都在同一情景下，具有同样的交流学习之目的才能实现的高语境互动。对这样一种亲身在场，将言传身教合一的传播情境很像苏格拉底所思考的“人与人、灵魂与灵魂、身体与身体之间的联结”，他认为“交流的问题不仅是心灵间的匹配，而是欲望间的配对（coupling）。交流的主要原则是爱欲（Eros），而不是传输”。他还进一步解释说：“哲学就是爱（爱智之爱），哲学只能够与自己爱慕的另一人一道去追求。哲学思考需要两个人一起才能进行。”[①]换言之，苏格拉底强调的正是这样一种亲身在场下亲密互动的传播情境，以及由此所唤起的一种对于知识、对于学习的强烈渴求式情感的迸发，传受双方都要像“学如不及，犹恐失之”[②]（《论语·泰伯》），甚至“朝闻道，夕死可矣”[③]（《论语·里仁》）一般才能够真正实现一种意义与价值的爱智共鸣，而非是说教式的单向传输。在孔子与子夏看来，只要能够在家庭等初级群体之中与长辈即学习对象间形成了这样一种联结与共鸣，即是最好的教化方式——“虽曰未学，吾必谓之学矣”，因为学习本身的目的就是一种社会性的抚育，使之融入长辈们已经塑造的社会。

但在此层次之上还有着“学文”的需求，因为并非每个人都生长在圣人君子的家庭中，也并非每个人都能拜入孔夫子的门下亦步亦趋如七十二贤般成长，就如《论语》中所记载的颜渊的感叹：“夫子循循然善诱人，博我以文，约我以礼。”（《论语·子罕》）[④]如图2中下半部分虚线标注的“言传”一般，远离圣人君子的言传身教圈，却又有向学之心的后学末进只能通过书本与文字的符号自学、自习、自省。失去了相互讨论与言传身教的老师亲自“博文约礼”的中介，总是难免偏离圣人君子的原文原意。这也就难怪《中庸》里记载子曰：“道之不行也，我知之矣，知者过之，愚者不及也。”[⑤]言传身教的教化系统失去了一条腿，受传者们又哪里还能够持中而行呢？这大概也是为什么子曰：“君子欲讷于言而敏于行”[⑥]（《论语·里仁》），因言语和文字的符号太容易产生误会而导致“言教者讼”，先贤总欲多留下文字之外的一些能让后学者亦步亦趋仿效的，约之以礼的行为更

① 约翰·杜翰姆·彼得斯：《对空言说：传播的观念史》，邓建国，译，上海：上海译文出版社，2017年，第53、62页。

② 朱熹：《四书章句集注》，北京：中华书局，2011年，第102页。

③ 朱熹：《四书章句集注》，北京：中华书局，2011年，第70页。

④ 朱熹：《四书章句集注》，北京：中华书局，2011年，第106页。

⑤ 朱熹：《四书章句集注》，北京：中华书局，2011年，第21页。

⑥ 朱熹：《四书章句集注》，北京：中华书局，2011年，第73页。

以帮助其有所体会、有所“习得”。一如奥古斯丁在其《论教师》中谈到的：“无论在什么情况下，学生从老师那里学来的东西最终都不是通过各种符号。教育不是通过语词实现的，而是通过‘上帝让各种事物自己在学生的灵魂里显示出来’。”[①]这也是为什么孔子总是强调学习的主动性，强调“自习”的能力，子曰：“见贤思齐焉，见不贤而内自省也。”（《论语 · 里仁》）[②]“内自省”其实正是一种脱离了老师与长辈的耳提面命情境之后，自学、自习和自省的自我“身教”的创造性过程，用传播学的话说就是一种以自我身体为媒介的“涵化效果”，通过对自身的约束与规训，获得一种身体的记忆与默会的知识，帮助自己不断进步。学习的本质在于自身成长以修身、循礼、达道，这一切都需要在社会情境下的言传身教系统来实现，言传与身教对应着学习的两个方面，当初级群体提供的师徒式人际交流缺位时，就愈发要强调个人身体内向传播式的“习得”所能提供的创造性“自新”能力。在自我学习的内向传播中，“要根据自身所处的情景和道的旨趣来选择、检查、中止、重组符号，并改变意义，以指导自己的思想与言行”[③]。依靠的正是“自省”的创造能力，源源不断地为自学和自习提供新的养料，才使其不断地向着圣人君子的学习目标前进。

不论哪种模式其实都是“学习”的过程。站在一种宏观的角度看，全民学习的过程也正是“教化天下”的过程，从个人成长的阶段性上看也是“修身”的过程，是“齐家治国平天下”的发端。之所以儒家思想如此强调“修身”，强调“身教”在学习体系中的地位，当如彼得斯所云：“身体及其痛苦已经成为真实性的‘最后的边疆’，成了预防作假的根基，也成了个人私密的源泉。肉体是终极的道德载体。”[④]当语言符号构成的世界已经形成一种对真实世界的蒙蔽，对活生生的生活实践的割裂时，先贤只能将希望寄托于身体，寄托于亲身在场的“身教”或身体力行的“自习”。子夏曰：“君子有三变：望之俨然，即之也温，听其言也厉。”（《论语 · 子张》）[⑤]此段记载了孔夫子在弟子心目中刻下的严厉又温和的整全身体形象，也许孔夫子正是希望借言语与身体感受之间的矛盾构筑一种真实性，为在抽象的符号世界里游离太远的道德圣人，提供一份体验式的意义分享。身体本身就是一个承载无数信息的媒介，时时刻刻都处于向外界学习的内向传播中，也同时向外界输出着言传身教式的讯息。言语符号是即刻消逝的，文字符号是等候误读的，而人的认识本身是处于恒常的变化中的。换句话说，言语和文字承载的都是有限的信息，而运动的身体承载的是无限的信息。

所以古先贤们才都首先推崇一种亲身在场的师徒关系，推崇以身为媒的教化思想。

---

① 约翰 · 杜翰姆 · 彼得斯：《对空言说：传播的观念史》，邓建国，译，上海：上海译文出版社，2017 年，第 99 页。

② 朱熹：《四书章句集注》，北京：中华书局，2011 年，第 72 页。

③ 谢清果：《内向传播的视阈下老子的自我观探析》，《国际新闻界》2011 年第 6 期。

④ 约翰 · 杜翰姆 · 彼得斯：《对空言说：传播的观念史》，邓建国，译，上海：上海译文出版社，2017 年，第 320 页。

⑤ 朱熹：《四书章句集注》，北京：中华书局，2011 年，第 176 页。

然后为了适应教化天下的规模化传播不得已地退而求其次地推崇一种“撒播”式教化。所谓的“撒播”一词来源于西方基督教《圣经》中的“播种者寓言”其“赞扬撒播是一种公平公正的交流形式，它将意义的收获交给接受者的意愿和能力”。[①] 换言之，就是如图2下半部分所示一样，让受“撒播”的学习者只接收言传的种子，通过身体之“内自省”的自我学习方式开出自己的花朵，用自身之身教代替师长之身教。

这也正是《论语》中所构建的知识学习系统的完善之表现。学习是一体而两面的，其中的“学”既可以通过对他者“言传”之语言符号的接收与“身教”之身体间性不断的感知中获取信息养料，还可以通过自学的方式从自己身体的“内自省”中揣摩情感和意义；而“习”则是一贯的，不论从何处“学”来的信息都一视同仁地进入内修身的过程。如孔子所说：“三人行，必有我师焉。择其善者而从之，其不善者而改之。”(《论语·述而篇》)[②] 而这里说的“从之”“改之”就是学习中的“习”字的含义，学的“体知”之后还要习的“体会”，就是要通过身体力行地去施行、习作才能将“知”化为“德(得)”。子曰：“德之不修，学之不讲，闻义不能徙，不善不能改，是吾忧也。”(《论语·述而篇》)[③] 这里讲的就是“学”之后还要“习”,“教”之后更重要的是“化”的道理。而且这种“习”是具有创造性的动态过程，因为即使是学习实践中的身体也同样是交往中的能动身体。人虽然并不能时时刻刻聆听老师的教诲，亦步亦趋模仿老师的行动，但在身体力行的过程中身体是能够“温故而知新”的，“善而从不善而改”里善与不善的确定强调的就是“学而时习”的重要性，方能由不善而善地收获成长，这就是修身的过程，是即便脱离了老师亲身之言传身教后依旧能够“慎独”的自省自新过程。所以孔子曰“温故而知新，可以为师矣。”(《论语·为政篇》)[④] 有了自学自习自省的能力之后，其实已足以克服学习道路上艰难险阻，已经是一“立于礼”的社会性成人了，可以“演礼”教化他人了。在《论语》的建构中“习”是与“学”同等重要的过程，学习是合一的不可须臾离的。“习”是思考，如“学而不思则罔”(《论语·为政篇》)；[⑤] “习”是行动，如“见贤思齐焉”(《论语·里仁篇》)；[⑥] “习”是学以致用，如“学而优则仕”(《论语·子张篇》)。[⑦] 学习正是一身体交往之过程，也即修身的过程，可以说“学习”“修身”乃至“教化”都是身体交往的一种表述方式，只是侧重点和视角略有不同。学习然后能行言传身教之教化，从纵向的时间上看是人成长中自然而然的变化，从横向的社会交往上看则是一以贯

① 约翰·杜翰姆·彼得斯：《对空言说：传播的观念史》，邓建国，译，上海：上海译文出版社，2017年，第75页。

② 朱熹：《四书章句集注》，北京：中华书局，2011年，第95页。

③ 朱熹：《四书章句集注》，北京：中华书局，2011年，第90-91页。

④ 朱熹：《四书章句集注》，北京：中华书局，2011年，第58页。

⑤ 朱熹：《四书章句集注》，北京：中华书局，2011年，第58页。

⑥ 朱熹：《四书章句集注》，北京：中华书局，2011年，第72页。

⑦ 朱熹：《四书章句集注》，北京：中华书局，2011年，第177页。

之的身体交往中的两极，是身体传播这一事物的两个方面，也是如螺旋般循环往复上升的修身过程。子曰："有朋自远方来，不亦乐乎？人不知而不愠，不亦君子乎？"（《论语 · 学而》）[①] 学习与教化的目的是进入社会生活，学习与教化的过程又都需要人的参与到人际交往中完成，哪怕是"学文"式的"自学者"也同样期待着能够将"自省"所得如子贡般拿出来"如切如磋，如琢如磨"[②]（《论语 · 学而》），所以当朋友自远方到来的时候，正是可以相互学习和印证的时候，何乐而不为？《论语》为世人建构的学习之道正是这样的悦人亦悦己，助己亦助人。而开卷总是有益，学习总在路上，那么一时之不知道又有什么可怪罪的呢？"人不知而不愠"正是一种反求诸己式的自省自新倾向，被撒播下的种子已经发芽，已成君子"可以为师矣"。

四、"言传身教"系统对当代教育教学的现代启示

前述虽然将学习掰开碾碎来分析探讨，但必须强调的是在先贤那里学习是一以贯之的整体，学与习是相辅相成的，从师而学就应当包含着自省式思考的要求，而自省而学也应当主动地寻达者为己师。学习其实是一种人与外界包括自然与社会的信息交往活动，而自其中浮现的是起着媒介作用的身体，甚或说学习就是人身体的学习——修身。子曰："君子食无求饱，居无求安，敏于事而慎于言，就有道而正焉，可谓好学也已。"（《论语 · 学而》）[③] 可以看出作为媒介的身体意象不断浮现，"无求饱，无求安"是对于物质身体的规训，"敏于事而慎于言"是对于精神身体的教导，换言之，正是"君子博学于文，约之以礼"（《论语 · 雍也》）[④] 的修身工夫，修身是正道，修身即好学。

而用这样的认识来反观今天人们的学习时，也会诞生许多有益的思考。2020 年开年的一场新冠疫情导致了全国性的停学停课，在此背景下教育部发出倡议：利用网络平台，"停课不停学"。时至今日，全国许多零星出现的疫情高风险地区依旧要采用网络教学来替代传统课堂。这样学习方式其实是非常符合前文图 2 下半部分中"自省而学"所描述的场景的。原有的学习模式是"从师而学"，有老师的当面教导符合了言传与身教的合一自然是十分理想的状态；但当疫情所限导致的停课破坏了原有的教学情境后，学生是可以也应当自然而然地过渡到"自省而学"的不停学状态的。学习本应是一个主动内省、主动思考、主动进行自我身体涵化的过程，是人之为人的社会性抚育需要，更是人经验与知识成长的唯一途径。"停课不停学"本是不言而喻的理所应当，却在提出之初引发了广泛网络争论。争论各方各有道理且不多言，只说学生不应暂停学习一事，一定是合情

① 朱熹:《四书章句集注》，北京：中华书局，2011 年，第 49 页。
② 朱熹:《四书章句集注》，北京：中华书局，2011 年，第 54 页。
③ 朱熹:《四书章句集注》，北京：中华书局，2011 年，第 54 页。
④ 朱熹:《四书章句集注》，北京：中华书局，2011 年，第 88 页。

合理的。子曰:“古之学者为己，今之学者为人。”(《论语·宪问》)[①]孔子千百年前的感叹放在今时今日依然适用,“古之学者为己”其学习是为了融入社会获得生存与延续的能力，那么他们的身体会自然而然地参与学习，从师而学亦步亦趋，独处之时谨慎内省。“今之学者为人”，程子注曰:“为人，欲见知于人也。”[②]也就是为了向他人表演自己的“智慧”和“知道”，这样的一种“伪学”不需要“习”的加入，不需要身体的参与。因为人云亦云不需要自己亲身体会去加以验证，母鸟扇动翅膀，它亦扇动翅膀“见知”于众雏鸟即可，不需要“数飞”的习练，只要它不飞终归摔死的不是自己。

有鉴于此,《论语》建构的学习系统对今天的启示有二：其一是唤回一种“学为己”的精神。今日之中国人已不为基本的温饱操心，某种程度上失却了向学的迫切动力，但人生在世当不止于吃饱穿暖，还应该有更为高尚的精神追求与自我价值实现之需要，“学为己”的传播动力需要重塑。其二是树立以身体为核心的学习观。学习是一种信息传播的过程，于人是人际传播的过程，于己则是内向传播的过程。在这样的传播学视域下，身体正是学习的媒介，言传的“学入”靠身体的感官，知识的“习得”靠身体的实践，意义的“演化”靠身体的能动，而这一整个过程即为“身教”，因着身体依情境与道旨进行的符号重组而诞生有新事物。“身教”可以教己亦可教人，这新事物可以重复“内自省”的内向传播过程，一而再地习练，“如鸟数飞”“温故而又知新”；而后“可以为师矣”，借由身体媒介言传身教，将新事物或通过言语信息，或通过身体间性的整体场知觉分享给他人，就是进入人际传播成为“教化”。

在《论语》智慧的启示下，对“停课不停学”的网络教学方式相关争论或能减少一些。学问本为自己所求，即便不能与老师当面，言传身教的工夫依旧能够反求诸己。学习本就是“不亦说乎”之事，生命不息，传播不停、学习不止。

① 朱熹:《四书章句集注》，北京：中华书局，2011年，第146页。

② 朱熹:《四书章句集注》，北京：中华书局，2011年，第146页。

盐文化传播研究

主持人语

中国是文献大国，盐业文献也浩如烟海。研究中国盐文化，必然要从盐文献中寻踪觅迹。因此，古典文献学中经常用的校雠、考证、编纂、检索等方法，在对盐文献的整理、分析和研究中也同样需要。笔者认为，对古代及近现代盐业文献的整理本身就具有很高的学术价值，因为很多文献，包含碑刻、文物等，如果不及时整理研究，就面临着文献消亡的危险。因此也就有一项挑战性的工作必须尽早开始——盐业文献的数字化。盐业文献的数字化不是简单的扫描，结合数字人文的理念，笔者认为应该充分利用最先进的信息技术，建立起盐业文献的专门数据库。此数据库不仅要做到收录全备，还要有很好的检索体验。如此，盐文化研究新的学术增长点将很快到来。

本期两篇文章，全都是关于盐业文献问题的研究。

罗宝川博士的《近代报刊中盐业文献的史料价值与数字化传播刍议》将目光对准近代报刊，指出近代报刊中盐业文献是指与食盐相关的盐业署令、公牍、杂录、调查、时评、电文、图像等新闻报道内容的统称。近代报刊中的盐业报道，在彼时彼刻是大众传播的“新闻讯息”，而在此时此刻却成为盐文化研究仰赖的“文献史料”。近代报刊中富藏的晚清民国盐政、盐税、盐价、盐与民族民俗、盐业科技等史料文献，亟待整理与开发。建设“近代盐业报刊数据库”，借助数字化工具，有目的、分类型地整理这批文献，既是对“史学便是史料学”经典论说的有效回应，也是在数字人文时代，进一步推进传播盐文化研究的题中应有之义。

张银河的《〈见鸣〉碑涉盐史信息考释》显示了其一贯的学术考证风格。张银河先生通过对一块石碑文字的考证，发现其记述了一段与盐有关的历史，其叙事与发生在上古时代黄帝与蚩尤为争夺盐源的战争息息相关。

（《中盐人》执行主编、高级政工师 郑明阳）

近代报刊中盐业文献的史料价值与数字化传播刍议

罗宝川 *

（四川师范大学巴蜀文化研究中心，四川成都，610068）

摘　要：近代报刊中盐业文献是指与食盐相关的盐业署令、公牍、杂录、调查、时评、电文、图像等新闻报道内容的统称。近代报刊中的盐业报道，在彼时彼刻是大众传播的“新闻讯息”，而在此时此刻却成为盐文化研究仰赖的“文献史料”。近代报刊中富藏的晚清民国盐政、盐税、盐价、盐与民族民俗、盐业科技等史料文献，亟待整理与开发。建设“近代盐业报刊数据库”，借助数字化工具，有目的、分类型地整理这批文献，既是对“史学便是史料学”经典论说的有效回应，也是在数字人文时代，进一步推进与传播盐文化研究的题中应有之义。

关键词：近代报刊；盐业文献；史料价值；数字传播

中国古代盐业史料卷帙浩繁，体量巨大，主要收录于盐业档案、盐契文书、盐务奏章、盐法志书以及政典、方志、笔记、诗文、小说等文献之中，长期以来为从事盐文化研究的学者整理和利用。[①] 近年来，随着学界开发新史料的意识不断增强，诸如碑刻资料、田野报告、盐业考古以及外文档案中关涉盐业史料的内容也渐入学者们的视野。有效掌握和运用上述盐业史料，能为盐文化研究提供重要助力。但是，如果我们“由远及近”，将不难发现，晚清至民国渐盛的近代报刊中也蕴藏了丰富的盐业史料。

近代中文报刊是指从 1815 年至 1949 年间，在中国出版或在海外以中国人为发行对象的报纸、杂志的总称。[②] 据《中国近代报刊名录》《1833—1949 全国中文期刊联合目录》《中文报纸联合目录》等报刊目录的不完全统计，晚清民国中文报刊出版总量至少在

---

* 作者简介：罗宝川（1992—），四川阆中人，四川师范大学巴蜀文化研究中心助理研究员，文学博士，研究方向：盐业文献与文化。

基金项目：四川师范大学巴蜀文化研究中心资助科研项目“明清时期南丝路土主信仰与国家礼制互动研究”（BSYB21-04）阶段性成果。

① 吴海波:《清代盐业史料述略》,《盐业史研究》2006 年第 3 期。

② 目前已知最早的中文报刊《察世俗每月统记传》，创刊于 1815 年。参见谷长岭:《清代报刊的发展轨迹和总体状况》,《国际新闻界》2009 年第 12 期。

44000 种之上。[①] 除此之外，全国省市县（区）公共图书馆、档案馆、博物馆，以及高校图书馆收藏的近现代报刊还未被以上目录覆盖。经笔者统计，这些机构所藏报刊数量之巨，令人惊叹。如国家图书馆藏报纸 20000 余册，期刊 13000 余种。上海图书馆藏报纸 11147 种，期刊 19444 种。南京图书馆藏报纸 1000 余种，期刊约 10000 种。广东省立中山图书馆藏报纸 1516 种，期刊 13200 余种。浙江省图书馆藏期刊 6354 种。[②] 目前来看，这部分资源尚未引起学界足够的重视与利用[③]，本文拟就近代中文报刊中盐业史料的内容概况、史料价值与数字化前景略抒管见，就教于海内外博学君子。

一、"盐"之有物：近代报刊中盐业文献述略

所谓"近代报刊盐业史料"，是指晚清民国时期，以中文形式报道、刊载盐业新闻或与食盐相关的纪事、时评、调查、杂录、法令、历史、地理、图像等文献的统称。据笔者考察，近代以来，较早刊载盐业报道的中文刊物是 1854 年由香港英华书院印刷的《遐迩贯珍》。在其 1854 年第 8 号刊载的《瀛海再笔》一文中，描述了英国"卤泽"产出的方法："英地亦产卤泽，井水可以成盐，颇类中土川、滇、甘肃之盐池盐井。惟其造盐之法，融（熔）铁为巨池，下辟地炉，以煤火煎熬，收功似广捷于鼎镬。"[④]1881 年，香港《循环日报》4 月 19 日刊载的《盐务拟请由户部主持经理也》一文，[⑤] 转载自《京报》，从体例与内容来看，仍属于过去邸报的范畴。所谓"邸报"，最早出现在宋代，主要用于传达封建统治者意志，普通民众基本上接触不到。但是《循环日报》打破了邸报只在统治机构内部传阅的惯例，将之公之于众，不能不说此举揭开了近代报刊"公开化""大众化""舆论化"的时代序幕。下面本节将从近代中文报刊中盐业新闻的来源、地域与时段分布三个方面，揭示其作为文献史料的定位与特质。

第一，来源的广泛性。我们以"全国报刊索引数据库"收录的报刊为例来说明这一特性。经检索数据库后发现，自 1854 年至 1949 年，刊登过与盐业相关的新闻总数共计 48933 条，其中中文报纸 19821 条，外文报纸 1356 条，近代期刊 27756 条。刊载条数较多的报刊有《新闻报》《时报》《申报》《谈盐丛报》《盐务公报》《盐务汇刊》《益世报》《盐务月报》等。（见表 1）

---

① 倪俊明：《近现代报刊的史料价值及其保护和整理》，《图书馆论坛》2010 年第 6 期。

② 北京大学图书馆编：《北京大学图书馆中文旧期刊目录》，北京：北京大学图书馆（内部资料），1956 年；汪中凡：《浙江图书馆民国文献保护利用现状及对策》，《图书馆研究与工作》，2008 年第 2 期。

③ 目前，涉及这方面的史料和研究有：自贡档案馆藏《民国自贡地方报纸》、自贡市新闻出版局编《自贡市报业志》；孙遐龄、傅旦歌：《解放前的自贡报纸》，中国社会科学院新闻研究所：《新闻研究资料（第 20 辑）》，北京：中国社会科学出版社，1983 年，第 174—183 页；黄宗凯：《民国时期自贡报业的盐文化特色》，曾凡英主编：《盐文化研究论丛（第一辑）》，成都：巴蜀书社，2006 年，第 78—83 页。

④ 王韬：《瀛海再笔》，《遐迩贯珍》，1854 年 8 月 1 日。

⑤ 佚名：《盐务拟请由户部主持经理也》，《循环日报》，1881 年 4 月 19 日。

表 1 近代部分出版盐务讯息报刊来源与数量一览表[①]（单位：条）

报刊来源	新闻报	时报	申报	谈盐丛报	盐务公报	盐务汇刊	益世报	盐务月报
载文量	4541	3325	3261	3079	2776	2408	1572	1508

从上表可知，除了《谈盐丛报》《盐务公报》《盐务汇刊》等盐务专刊外，盐业新闻还主要集中在发行时间较长、社会影响力较大的综合性报刊中。这从《新闻报》《时报》《申报》等报刊的载文量、办刊周期、社会效应等方面能清楚地看到。除了上表罗列外，地方主办的盐务报刊也不容忽视，如《两浙盐务月刊》《福建盐政公报》《闽盐月刊》《云南盐政公报》等，它们从另一个维度拓宽了晚清民国盐业史的研究领域。比如，我们对近代以来盐政改革讨论，不能仅从统治者的视角，自上而下地俯瞰地方的一举一动。相反，如果从地方盐务报刊的视角，自下而上地观察二者之间的互动，体察民众日常生活之于盐价波动带来的改变，那么，反映地方盐业的历史，将不仅仅是主流研究的陪衬。具体来说，区域性盐务报刊包含了盐政公函、盐税律令、采盐技法、食盐提炼、盐道、盐销、盐仓、盐潮、盐匪、盐工、盐与民俗、食盐广告、盐业图像等诸多内容，涵盖了晚清民国时期的政治、经济、文化、社会方方面面，为我们理解中国近代不同地区盐业资本发展的地方逻辑提供了十分丰富的文献材料。

第二，地域分布的非均衡性。从表 1 可知，近代报刊中盐业史料主要集中在全国性报刊之中，这些报刊创刊时间早、办刊时间长、发行卷数多，自然能够持续、有效地披露国内外各类盐业新闻。就地域分布而言，它们主要集中在我国近代化发展较早的几座城市，如北京、扬州、南京、杭州、汉口。这些城市所在区域在过去既是食盐的重要产地，也是晚清民国时期盐业新闻的重要产出地。据笔者考察，像四川（含重庆）、长芦（河北、天津）、山东（济南）等过去十分重要的食盐产地，盐业报刊的出版发行总量反而相对较少。（见图 1）

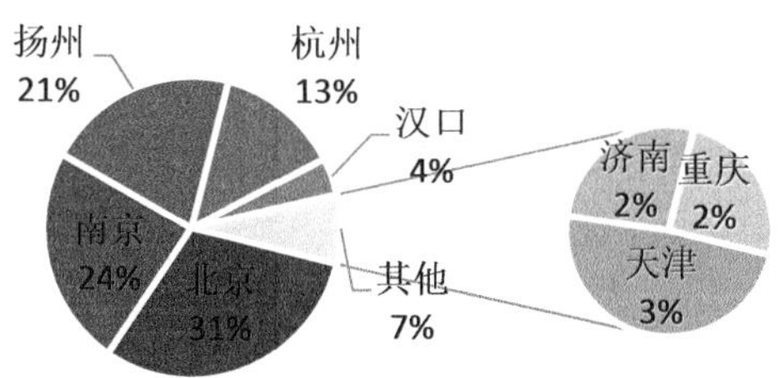

图 1　近代报刊中部分发布的盐业新闻占比示意图[②]

① 数据来源：https://www-cnbksy-net.vpn.sicnu.edu.cn/

② 数据来源：https://www-cnbksy-net.vpn.sicnu.edu.cn/

如此吊诡的现象，成因十分复杂。具体来说，一方面受制于地方经济发展水平；另一方面，又与当时沦陷区与国统区对峙的政治格局无不关联。部分地区的报社，由于经费、财力等原因，办刊周期较短，很难持续输出内容丰富的盐业新闻。如《芦盐周刊》自 1933 年 2 月创办，不到一年即宣告停刊。又如《海州区盐务年报》由沦陷区的海州（今连云港）日伪政权于 1943 年扶持创办，仅办刊一年便停止发行。究其缘由，可能与日本侵略势力在抗战后期的节节溃败有一定的关系。总之，上述情况的出现，导致部分食盐产地的盐务报刊很难持续、深度、细致地报道当地盐业新闻。职是之故，盐业新闻的发布地呈现明显的不规则、非均衡分布态势。

第三，出版年代分布的稳定性。由于报纸、期刊具有连续出版的特性，因此它可以对某一社会问题进行持续稳定的报道。食盐，作为人们日常生活的必需品，在当时的社会经济与生产生活中占有非常重要的地位，是报纸杂志不会回避与忽视的报道对象。尤其是国民政府成立之后，近代报刊朝着大众化、舆论化的方向发展，其出版发行的数量自然呈现井喷式的增长。从表 2 中不难发现，清廷统治的最后五十年，盐业新闻报道的总数之和不及国民政府成立的头十年。

表 2　近代报刊中盐业史料的年代分布情况 ①

出版时间	1854①—1869	1870—1879	1880—1889	1890—1899	1900—1909	1910—1919	1920—1929	1930—1939	1940—1949
数量（单位：条）	15	66	221	413	3071	7712	9804	19996	7762

此外，通过表 2 还可得知，1930 至 1939 年这十年间，盐业新闻的报道数量达到顶峰，这与当时国内政治局势不无关系。在 1927 年至 1937 年间，国民党除了连续发动对中央苏区五次“围剿”之外，在食盐、棉布、煤油等生活必需品的运销、经营方面，千方百计地封锁供给来源。因此，这一时期，国民政府盐政号令、盐讯报道，以及皖、闽、赣、粤等革命根据地的盐业纪事新闻刊载不断。如《盐务汇刊》1933 年所载的《“赤匪”偷运盐斤诡谋之一斑》一文 ②，反映了我党成立初期的艰辛与不易。同时，也表现了工农红军巧运食盐的聪明智慧。又如 1941 年 9 月 14 日发行的《解放日报》中，发表了毛泽东撰

① 数据来源：https://www-cnbksy-net.vpn.sicnu.edu.cn/

① 《全国报刊数据库》以 1833 年创刊的《秦中书局汇报》为最早记载盐业新闻的报刊，有误。经笔者考察，《秦中书局汇报》由陕西布政使李有棻于光绪二十二年（1896）创办，所载盐业新闻应归入“1880-1889”年代中。参见李紫若：《晚清陕西报刊业探略——以〈秦中书局汇报〉〈广通报〉为例》，《哈尔滨师范大学社会科学学报》2015 年第 4 期。

② 佚名：《“赤匪”偷运盐斤诡谋之一斑》，《盐务汇刊》1933 年第 31 期。

写按语的《鲁忠才长征记》。[①] 该文是一篇介绍延安市鄜县城关区副区长鲁忠才带头运输食盐的调查报告。报告详细描写了运输食盐队伍人数、出发前的准备工作、沿途经过的交通哨卡、运输成本，最后总结了运盐成功的经验教训，反映了中国共产党人在革命时期如何成功处理、化解根据地食盐紧张困局，对盐业与党史关系研究具有一定的参考价值。

近代报刊中的盐业报道，在彼时彼刻是大众传播的“新闻讯息”，而在此时此刻却成为盐文化研究仰赖的“文献史料”。明晰其来源与时空分布等大致情况，在很大程度上，有助于我们清醒地认识这批史料的价值与适用的范围。中国盐业史研究，尤其是民国盐业史研究的重大问题确然需要整体把握，但是疏通关键、局部、精细的小问题，同样具有重要的价值和意义。比如有学者提出民国盐业史研究“对抗战时期国民政府的盐政研究多,对沦陷区的盐业研究略显薄弱”[②]。针对这一问题,《海州区盐务年报》(1943—1944)、《河南盐务管理局局务公报》(1940—1944)、《鲁鹾月刊》(1941—1943)等沦陷区发行的盐务专刊，正可补足这方面研究所缺的材料。总之，近代中文报刊中的盐业史料，是一座亟待我们打捞、整理和利用的文献宝库。

二、“盐”之有据：近代报刊中盐业文献的史料价值

报纸杂志的主要优势是内容覆盖面广、种类庞杂、信息量大，蕴藏着各个学科专业所需的各类文献，但其局限也显而易见。抛开它纸张老化快、极易酸化、脆化等缺陷不谈，单从其零散琐碎、不成系统、查阅困难等问题来看，足以令有意于整理它的学者望而却步。好在近年来，按学科属性与研究对象为标准的分类研究已经开始起步，相关学科均从自身研究领域提出了不少建设性的看法。[③] 报纸杂志中的盐业文献，在晚清民国的政治、经济、社会、科技等方面均有深入、细致、翔实的报道，极具史料价值，同样值得整理与研究。

（一）盐业政治史料

目前来看，学界对民国盐业史的关注重点落在国民政府盐政改革之上，相关成果也最为丰富。其实，就报刊所登载的盐业政治报道来看，除了盐政改革之外，还包括盐务机关、盐务管理体制、盐务政策、盐政主权、盐法盐规、盐与国际关系等内容。如 1913 年上海创刊的《谈盐丛报》，设有署令、文牍、专件、杂录、历史、时论、地理等栏目，涉及民国时期的盐业政治的诸多维度。其创刊号里明确指出，《谈盐丛报》旨在“根据现制抉择利弊，唤醒舆论之大公，督促政府之进步”。又如 1928 年创刊于重庆的《川盐特

① 刘祯贵:《毛泽东战时盐业思想述论》,《四川理工学院学报（社会科学版）》2013 年第 3 期。

② 吉铠东:《国内近二十年来民国盐业史研究综述》,《民国研究》2008 年第 1 期。

③ 王井辉:《晚清时期报刊文学史料的分类整理与价值内涵》,《出版广角》2019 年第 15 期；孟梦:《晚清报刊中音乐史料的研究分析》,《出版广角》2019 年 10 期。

刊》，设有公牍、命令、社论、调查、统计、时事、附载、川盐消息等专栏，同样涉及国民政府四川地区盐署法令、电文、社论、时评等内容。除此之外，《川盐特刊》还及时跟进川盐最新消息，刊载川内厂岸行情等内容，对于研究民国时期四川盐政历史颇有助益。

部分地方报刊还对食盐与国际政治关系展开报道。如《盐务月报》1947 年第 2 期转载《云南日报》的一篇报道，题为《越盐侵销滇南，滇局拨盐抵制》。根据报讯内容可知，国民政府为防止云南省东南各县，因“毗连越南，越盐侵销便利”，扰乱国内盐价市场正常秩序，特别敕令昭通、蒙自、保山等地盐仓“开售常平盐，以期稳定市价，充裕民食”①。又如国民政府与日本围绕西蒙（今乌兰察布、呼和浩特、张家口等地区）盐区展开的政治博弈。据《盐政杂志》1934 年第 59 期报讯，西蒙盐区由于“盐层如岩石之层次生于水中，随采随生，可谓取之不尽、用之不竭”，早为日方觊觎。自从热河失陷，日方“拟移兴安西分省于该旗，以备统治东西蒙之中心，并攫取盐区”。国民政府对日军举动颇为警惕，并提醒国人“不可不在注意也云”②。

（二）盐业经济史料

近代报刊中涉及盐与经济方面的报道，主要集中在盐税、盐价、盐商、食盐贸易等方面。其中，盐税出现的频率最高。国民政府为加强中央对盐税的管控，这一时期，不断出台各项盐税改革的政令，这些文献均为报刊刊载存录。如《盐务杂志》1915 年第 20 期一文，为说明国民政府盐政改革成效，专门对比了 1915 年的实收盐税与 1911 年预算盐税之差异。从此文可知，以全国 29 个盐税征收区为统计单位，1914 年比宣统三年实增税收九百九十四万一千八百四十二元七角七分九厘。③南京国民政府成立之后，打算从英、法、日等国手中夺回盐税自主权，不少报刊披露了这一历史事件的详细经过。如《大公报》（天津）报道：“历年盐税支配权，均旁落外人之手，国家损失甚巨。……今后盐务稽核所无支配盐税之权，一切尝由财部委为支配。”④又如《益世报》（天津）载文：“宋子文意图拨用盐税，曾申明以盐务担保之外债，归关税偿还……北京盐务稽核所会办，英人胡司弗洛克氏，即将南下，其任务，完全为调查宁、汉、粤各海关之盐税情务……”⑤据学者考证，至 1935 年后，“全国盐务机构，除云南、两广、山西外，事实上均已统一”⑥。

除此之外，晚清民国报刊中蕴藏了不少当时各地的盐价。如 1918 年湖北食盐每担售

① 佚名：《越盐侵销滇南，滇局拨盐抵制》，《盐务月报》1947 年第 2 期。
② 佚名：《日企图攫取西蒙盐产区》，《盐政杂志》1934 年第 59 期。
③ 佚名：《民国三年实收盐税与宣统三年预算盐税比较》，《盐政杂志》1915 年第 20 期。
④ 佚名：《宋子文谈盐税支配权》，《大公报（天津）》1928 年 11 月 25 日。
⑤ 佚名：《英不放弃盐税支配权》，《益世报（天津）》1928 年 2 月 28 日。
⑥ 金普森、董振平：《试论 1927—1937 南京国民政府对盐税的整理》，《浙江社会科学》1992 年第 3 期。

价十七两[①];1924年徐州盐价每斤大洋六分[②];1928年,济南盐价铜元四十枚一斤[③],等等。梳理1941年的各地盐价的新闻报道，不难发现，不少标题都用了“盐价激增”“催激盐价”“反对加盐价”“盐价增涨”“市面盐价突涨”等字样，这说明国民政府收归盐税主权的同时，仍旧以盐业税作为财政收入的主要来源，过度的盐税课征，严重影响社会民生，“与其现代化的追求形成了尖锐的矛盾冲突”[④]。

（三）盐业社会史料

盐业社会史料涵盖的内容较为复杂，举凡食盐与地方社会相关联的事项均可纳入其中。比如盐工生活、盐业纠纷、盐业生产、盐与民族民俗、盐业与教育等，这些内容在晚清民国报刊中均有直接的体现。比如《立报》1946年12月16日报道福建盐工晒盐的情形:“五月至九月，是晒盐的旺季，那时他们男的、女的、老的、小的，忙着引卤、抓收、挑运、洗坎等工作，朝夕不息的操作着。”而大多数盐工的生活却“是极度困苦的，仅有二十坎的盐工，尤多为赤贫之户。”即便如此，盐务官署还要拖欠资金，以至于盐工怨怒道:“我们的盐本低微，还要拖欠，即使等至发放的那天，物价飞涨数倍，又值得作什么用呢？”[⑤]

又如《益世报》(天津)1930年3月12日载我国著名民俗学家江绍原先生的《盐神》一文，详述我国重要食盐产地的盐神信仰。如长芦区有盐姥神、河东区有盐池神、两淮区有盐宗庙等。尤以“四川所祀神尤多，如(甲)盐宗神祠;(乙)井神张道陵祠;(丙)云安井神;(丁)忠州井主祠;(戍)仁寿玉女庙”等，不一而足。[⑥]这些地方的百姓信奉盐神，为其修祠建庙的行为，反映了食盐在人们日常生活中的重要地位。

盐与少数民族的关系，在近代报刊中也有不少报道。如《申报》1911年7月16日报道“腾越附近有野夷，贩卖私盐，经官吏查拿，野夷不服。竟敢筑寨抗拒，复斗合数十。寨势颇汹汹。刻经滇督派张镇带并往剿。尚负固不服,未知何时能归平定。”[⑦]又有《康导月刊》1940年第4期,对川滇夷人将盐源县黑盐塘井灶交还政府一事进行报道。[⑧]对比两则史料，不难看到，国民政府治理边夷盐事的方式与手段，也能看出，在地方政府持续深入统治云南三十年后，川滇夷人对食盐归属权态度的转变。

---

① 佚名:《鄂省盐价不平均之呼吁》,《申报》1920年12月24日。
② 佚名:《徐州盐价实行洋码》,《申报》1924年8月3日。
③ 佚名:《济南盐价大涨》,《时报》1928年7月27日。
④ 张立杰:《南京国民政府盐税整理与改革述论》,《民国档案》2008年第1期。
⑤ 佚名:《福建的盐工生活（上）》,《立报》1946年12月15日。
⑥ 江绍原:《盐神》,《益世报（天津）》1930年3月12日。
⑦ 佚名:《查拿野夷贩盐之反抗》,《申报》1911年7月16日。
⑧ 佚名:《黑盐塘盐厂即恢复，夷人已将井灶交还政府》,《康导月刊》1940年第4期。

（四）盐业科技史料

中国盐业开采的历史非常久远，从《世本》所载“夙沙煮海为盐”的传说开始，迄今已有 2300 余年的历史。这漫长的时期中，池盐、海盐、井盐的产、运、销技术日渐成熟。近代以来，随着“西学东渐”，这一时期食盐的生产、提炼、加工技术整体提升，逐步迈入工业化时代。如《新闻报》1940 年 12 月 10 日报讯：“川北部提盐素用土法……抽水机乃系水牛拖动木柄，每一盐井至少需水牛百头……近由久大精盐公司一职员发明新式抽盐磅普一种，用此新磅普可以省去兽力，而提采费用亦可减轻不少。”又有“黄海化工业实验社经历年之探究，亦发明经济改进之烧盐炉一种，系使用文火，烧盐结成晶块，久大公司认系妥善，亦经采用。”[①] 黑龙江省安广县盐城加工制造厂，改进技术，将本地低劣的土盐加工制成白盐粒，成功畅销沈阳、长春等各大城市，“该项副业生产，至今已获利六千万元”[②]。

此外，制盐过程中的盐卤，过去当作废料排放。在一篇题名《采盐废液提炼碘、溴、钾盐、镁盐之方法》的文章中，作者详述如何将盐卤“变废为宝”。文章称：“盐卤是一种氯化钠为主的各种盐类混合溶液。其中除氯化钠外，又有镁盐、钾盐等，都是在医药上，在化学工业上重要的东西。”[③] 随后，作者一一阐述从卤液中提取各种重要化学药品的方法。鉴于盐卤如此重要，“国立同济大学电机系现任该校助教张信君，近依据电动机原理，设计一新型唧筒，将来可适用汲取盐井之盐卤”。据《中央日报》（重庆）1943 年 12 月 9 日报讯：“昨日公开试验，结果甚为圆满。”[④] 抗战时期，民族工业内迁西南，盐业科技成果在西南地区也最为突出。如《新商业》1944 年第 2 期报道的“自贡市川康盐业展览会”[⑤]，既是一次川盐生产、运输技术的科普与展示，还能在民族危难之际，起到“稳定社会和军心、民心”[⑥] 的作用。

概言之，上述分类方法只是针对报刊盐业史料整理的一种可能路径，除此之外，还可从专题入手进行整理。比如探究“中央苏区食盐问题”[⑦]“抗战时期国共两党食盐的‘禁销’与‘反禁销’”[⑧]“解放战争时期国共两党统辖区盐业发展情况”[⑨] 等一系列专题，均可仰赖报刊史料中的文献材料。如此说来，报刊中的盐业史料价值颇高。但是，我们不能无限拔高其地位。受限于报刊新闻报道的零散琐屑，很多盐业时闻报道内容散漫，不成系统，许多报道仍需花费大力整理方能为盐业史研究所用，此其一。其二，新闻报道虽

① 佚名：《川省采用采盐新法》，《新闻报》1940 年 12 月 10 日。

② 佚名：《发明创制与实验：土盐制白粒盐》，《工业通讯》1949 年第 3 期。

③ 刘馨存：《采盐废液提炼碘、溴、钾盐、镁盐之方法》，《西南医学杂志》1943 年第 1 期。

④ 佚名：《新型汲取盐卤唧筒》，《中央日报（重庆）》1943 年 12 月 9 日。

⑤ 佚名：《盐业展览积极筹备》，《新商业》1944 年第 2 期。

⑥ 周聪、邓军：《抗战大后方的井盐工业文化展——川康区盐业展览会》，《盐业史研究》2018 年第 1 期。

⑦ 佚名：《鄂“赤匪”声势已衰》，《新闻报》1931 年 7 月 12 日。

⑧ 佚名：《赤区封锁后，防范夺盐》，《大公报（天津）》1933 年 4 月 18 日。

⑨ 佚名：《东北局定价购“匪区”流散盐》，《盐务月报》1947 年第 9 期。

然追求客观真实性，但是在中国报刊业发展早期，关于盐业科技报道出现的“首次”“第一”“世界之所未见”等浮夸之语，不可不慎重辨析。其三，对同一事件，同时期的不同报刊均有所反映，内容不免重复冗杂。这也在无形之中为整理工作带来了不必要的麻烦。在互联网与计算机技术日益发展的今天，尽早建设“近代盐业报刊数据库”，不仅能有效规避内容琐屑、重复冗余等问题，而且对推进民国盐业史、晚清民国社会史、盐文化史、盐业新闻史等领域的研究，均有所裨益。

三、广开“盐”路：数字化建设与传播

近年来，各个学科与研究领域均在朝着“数字化”与“数智化”的方向发展。当数字技术日益渗入人文学科研究的方方面面时，我们没有理由拒绝如此高效、便捷的学术工具。尤其是当某一领域内文献材料庞杂又零散、整理工作枯燥又烦琐的时候，建设一套文献资源深度检索、共享、传播的数据库的重要性更是日益凸显。近代报刊文献的数字化建设也不例外，目前国内影响较大的报刊数据库有国家图书馆“中国历史文献总库·近代报纸数据库”、国家图书馆“民国期刊数据库”、上海图书馆“晚清及民国期刊数据库”、北京爱如生数字化技术中心制作的“中国近代报刊库”、大成公司“大成老旧刊全文数据库”、香港“晚清民国报纸全文数据库”、浙江“民国报纸数据库”等；国外报刊数据库数量更为丰富，据笔者检索，目前涉及晚清民国盐业史料相关的数据库有：近代日本海外报纸全文检索数据库、全美近代报纸全文检索数据库、美国加州地区晚清民国报纸全文检索数据库、新西兰民国中文报刊数据库、加拿大近代 52 种报纸全文检索数据库、澳大利亚晚清民国报纸全文检索数据库等等。仅本文所讨论的中文报刊中收录的盐业史料尚有如此之数量，加之未讨论的外文数据库，其总量之大，令人振奋。是故，如何以专题数据库的形式，将上述国内外重要报刊数据库中的盐业史料抽离出来，建设为盐业史研究服务的“近代盐业报刊数据库”，其紧迫性与重要性，有目共睹。

从上文的分析来看，近代盐业报刊的新闻内容不仅来源广泛，而且时效性强、出版周期长、报道力度深。从 1854 年至 1949 年，近百年的时间里，举凡盐业政治、经济、文化、社会、科技等方面均有反映。过去报刊数据库收录的《盐务月报》《盐政杂志》《谈盐丛报》《盐务汇刊》《四川盐务公报》《闽盐月刊》《淮鹾月报》《山东盐务月刊》《粤鹾月刊》《鹾光》等盐业文献，是以报纸、期刊、杂志为分类单位整合而成的数据载体。换句话说，如果研究者需要报刊中某类（如盐工生活情况）盐业报道，就不得不逐一、反复、多次地检索上述报刊中不同刊期对应栏目的新闻报道。毫无疑问，如此检索工作并不能够说明当前数据库已经做到完全的“数智化”。它除了帮助研究者节省了前往各大档案馆、资料室，翻检纸质报刊的时间外，在特定研究内容的提取、整理、分类、归档、集合等方面，并没能提供更为高效和便捷的服务。又如，晚清民国中文报刊中出现频率很高的食盐生产、加工、制作、运销、贸易等照片，就属于其中一类十分丰富且极具视

觉冲击力的图像资源。盐业图像史料不仅生动可见、形象直观，而且承载了文字“不可言说”，信息量更为丰富的历史细节，值得盐业史研究的学者重视。（见表 3）

表 3　近代部分中文报刊中的盐业图像举要

报刊	刊期	内容
《谈盐丛报》	1914 年第 12 期	《淮南仪征盐栈沙漫缉私合图》[地图]
《图画时报》	1927 年第 414 期	《盐田收货之顺序》：“盐厂收买民盐现价每斤仅十文左右，制成食用盐，图中为民盐载赴盐厂之情形。”[照片]
《中华（上海）》	1935 年第 31 期	淮盐：“自盐田将白盐装包，以便运入盐坨储藏。”[照片]
《中华（上海）》	1935 年第 39 期	《淮北盐区制盐工作图》：“盐堆之所，当地称为盐坨，制成之盐，必须堆入坨地，以便盐运司署及盐务稽核所管理征税，此为盐坨一角。”[照片]
《良友》	1938 年第 135 期	《金山卫盐民生活》：“盐警在盐上打了个‘查’字，便写是公颜……”[照片]
《中华（上海）》	1940 年第 94 期	《自流井盐场》：“煮盐之火，取自火井，井上设灶。每一火灶可供盐锅一二百口之用。火力强者，犹不止此数。此为盐灶之影。”[照片]
《科学画报》	1947 年第 12 期	《四川的盐》：“煎盐的工具和方法；盐井官仓内巴盐及盐秤（司马秤）”[照片]
《时事评论》	1948 年第 21 期	《浙江余姚盐场情景》：“灌卤于盐板上，以便在日光下曝制成盐”[照片]
《科学大众》	1949 年第 4 期	《中国的盐》：“河北长芦盐区的盐坨，由盐田运来的盐，堆积如山，等待装运。”[照片]

数据来源：https://www-cnbksy-net.vpn.sicnu.edu.cn/

据不完全统计，仅《全国报刊索引》数据库收录的盐业图像史料，就有 667 幅（其中照片 635 张，地图 32 幅）。当然，我们还可以建设“近代报刊中盐工数据库”“近代报刊中盐税史料数据库”“近代报刊中盐业生产、运销史料数据库”等子库。最后将不同的子库汇集到“近代盐业报刊数据库”总库之下，既方便读者用户依据自身研究对象进行文献的检索、浏览与全文下载，又能快捷、轻松地利用子库导航功能汇集所需的所有盐业文献，从而帮助研究者在宏观层面建立对检索对象的整体认知。

结　语

近代报刊中的盐业文献对于推动民国盐业史研究、近代盐文化研究具有重要的史学价值。首先，报刊作为近代新兴的传媒手段，在报道盐业新闻时，选取的内容一定是公众普遍关注、民众参与度较高的话题。加之食盐在官方与民间社会具有十分重要的地位，使得报纸杂志对涉及盐业内容的话题，一直保持着较高的敏感度和曝光度。民众在阅读报刊时，也能比较容易获知区域内盐价与盐税的变化情况。此外，普通百姓参与时政的情绪更容易被报刊中诸如“盐价激增”“盐价突涨”“盐税飞升”等标题鼓动。这在古代民众的日常食盐生活中是几乎不可能出现的场景。近代报刊介入民众的生活，恰恰拓展了“民国盐业与民间社会”这一维度的研究空间，激活了近代盐文化研究新的学术增长点；其次，由于报刊发行主体不同，官办报刊与民间报刊在对待同一话题的情感倾向上，往往存在明显的态度偏差。这在国统区、沦陷区、解放区三地对同一盐业事件的不同新闻报道中表现得最为明显，这也为民国盐业史横向研究提供了新的选题；最后，现代数字技术的推广与传播，能够极大推进学界整理盐业报刊文献的方式与手段。尤其是利用国内外便捷的数据库资源，学者能获取研究所需的盐业资料，普通民众也可借此了解和感受近代盐业的发展与变化。总之，在数字人文时代，近代报刊中的盐业文献价值将得到进一步的发掘与传播。

《见鸣》碑涉盐史信息考释

张银河 *

（河南盐业协会，450003）

摘　要：笔者偶见一石碑，经文字考释，内容涉盐。经过对《见鸣》碑进一步考证，发现其记述了一段与盐有关的历史，其叙事与发生在上古时代黄帝与蚩尤为争夺盐源的战争息息相关。

关键词：见鸣；碑刻；卤盐；黄蚩；战争

2023 年 2 月 6 日，笔者受邀到郑州市天下收藏南区二楼朋友张子天会所品茶，偶然发现一块碑刻，由于碑文中有三个“卤”字，引起了笔者的兴趣。因为，笔者在研究中国盐业文化的过程中，清楚地记得在商代的甲骨文和金文中没有“盐”字，能查到的是与盐相关的“卤”字。

图 1.《见鸣碑》正面图（作者摄于 2023 年 2 月 6 日）

图 2.《见鸣碑》背面图（作者摄于 2023 年 2 月 6 日）

汉代许慎《说文·盐》最早解释：“盐，咸也，从卤声。”清代段玉裁《说文解字注》

* 张银河（1964—），河南南召人，博士，中国作家协会会员、中国文艺评论家协会会员、中国民间文艺家协会会员、中国盐文化研究中心客座研究员、常州市社会科学院盐文化研究中心特聘研究员。研究方向：中国盐业文化。

载，“盐，卤也。天生曰卤，人生曰盐”，意思是说自然形成的“盐”称为“卤”，经过人力加工的“卤”则称为“盐”。由此得知，“卤”和“盐”最早指的是同一种物质。从自然形成的卤到人力加工的盐，反映了盐的开发生产过程。民国学者左树珍在《中国盐政史》中说：

> 于字从卤，卤从西省，下象鹽形；卤字四点，实象鹽粒，从西省者，卤出西方，所谓合体象形也。鹽下从皿，皿为食用之具，则是合体而兼会意矣。①

按照当时的地理位置，这里所说“卤出西方”，指的是山西。笔者经过仔细端看，石碑正面有两个阳刻字符涂有红色朱砂（见图1.）；碑的另一面，上方中央雕刻着一个头上两个牛角的人物形象，这个人物应该是南方苗族的鼻祖蚩尤，苗族崇拜的图腾是牛；蚩尤两侧，从纹理看分别阳刻一雌一雄两个神兽，画面隐隐约约同样涂有红色朱砂。中下方密密麻麻有13行阴刻笔法68个字符（见图2.）。经测量，碑高55—53.3厘米不等，碑宽55—55.3厘米不等，肩长24.6厘米，下宽72.2—72.8厘米不等，碑厚2.5—3.0厘米不等。笔者问朋友张子天这块碑来自何处？他说来自河北、山西一带。

一、《见鸣》碑内容解析

笔者为一探究竟，当天下午就携带两张拓片登门拜访国家文化部鸟虫象研究院院长、非物质文化遗产传承人、郑州市鸟虫象博物馆馆长王祥云先生。

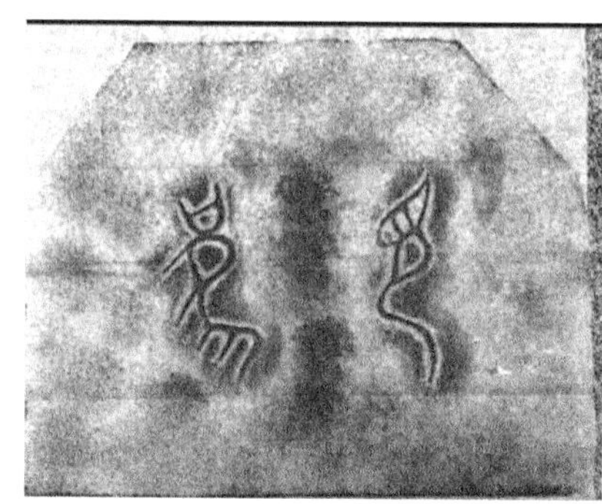

图3.《见鸣碑》正面拓片
（作者摄于2023年2月6日）

图4.《见鸣碑》背面拓片
（作者摄于2023年2月6日）

此后，王祥云先生把碑文上的字符，考释成了当代文字。正面两个字为“见鸣”，故称此碑为《见鸣》碑。

背面66个文字如下：

① 左树珍：《中国盐政史》，商务学校，1937年，第3页。

己丑延亘，醢卤矛变。
裘甘図矣，辛卤牛半。
来癸出崖，旬土旬田。
火方五互，日出其云。
翼逐忝月，王召又支。
皂且矫敖，子作夕列。
令周星昌斗，矢昊具卤，
丑未作易公，勿忘勿既。

但是，这段译文距离当代白话文字语言还有一定差距，让人无法理解。笔者根据文字寓意，再次进行了白话文翻译：

甲子牛年为了拓展疆域，有支队伍奔着卤水资源。
身披兽皮手持叉类武器，不辞劳苦奔赴卤水产地。
所有队伍来自大山深处，朝着田地物产丰腴地区。
他们来自南方多个民族，日夜兼程场面蔚为壮观。
整个队形仿佛大鹏展翅，听从各个部落首领吩咐。
这些士卒行动异常敏捷，按照事前各自部落分工。
不惜跋山涉水披星戴月，宣誓向着卤海方向挺进。
前进目的是要统一江山，莫要忘记这是最终使命。

此后，笔者又前去登门拜访王祥云先生。王先生说："碑文中文字虽然勉强可以分句，但是文字比较晦涩，基本上没有语法可循。正面两个字'见鸣'，应该是文章的标题，因为在当时这种记事文献，没有一个固定的标题可用，只有根据历史事件发展过程，作为题名。内文利用白话文翻译能达到这个程度，基本上已经不错了。"

我请教说："我读过《尚书》，其中的文章内容分为：典、谟、训、诰、誓、命六种体裁。我认为《见鸣》的内容就相当于《尚书》中的《诰》。《诰》分五类：一为晓谕百官民众的文告。二为祭告宗庙的祈祷之辞。三为臣劝告君王的言论。四为君王垂戒臣下的训令。五为大臣之间相互告诫言论。我认为《见鸣》相当于第一类中的《汤诰》《盘庚》《康王之诰》。意思是某个部落大规模行动之前，告诫百官民众这次行动的目的是为什么。"

王先生说："这就对了。"

于是，根据王祥云先生对白话译文的默认，笔者做了进一步考证。

二、黄帝战蚩尤的传说

汉司马迁在《史记》记载:“轩辕之时,神农氏世衰,诸侯相侵伐,而神农氏弗能征。于是轩辕乃习用干戈,以征不享,诸侯咸来宾从。蚩尤最为暴,莫能伐。于是黄帝乃征师诸侯,与蚩尤战于涿鹿之野,擒杀蚩尤。而诸侯咸尊轩辕为天子,代神农氏,是为黄帝。”[①]《山海经》记载:“有系昆之山者,有共工之台,射者不敢北射。有人衣青衣,名曰黄帝女魃。蚩尤作兵伐黄帝,黄帝乃令应龙攻之冀州之野。应龙蓄水。蚩尤请风伯雨师,纵大风雨。黄帝乃令天女曰魃,雨止,遂杀蚩尤。”[②]

根据上面历史文献记载,就是说大约在公元前2600多的上古时代,中原地带发生了一次大的黄帝与蚩尤之战。相传蚩尤是居住南方,为九黎民族首领,有兄弟八十一人,兽身人语,铜头铁额,狞猛异常;食沙石,造刀戟大弩,威震天下,欲并中原,夺取炎帝之位。他们率领苗民与魑魅魍魉首先打败炎帝,把炎帝赶到北方,继之进攻中原黄帝。黄帝开始以仁义感化不成,于是征师诸侯,率四方神鬼及熊、罴、貔、貅、虎等出兵应战。

战争开始,蚩尤来势凶猛,黄帝虽有神鬼恶兽相助,亦不能抵御。黄帝令人做夔牛皮鼓,以雷兽骨作锤,敲打起来声震数十里,响彻云霄,以壮军威。蚩尤作出魔法,顿时黑云笼罩,妖雾弥漫,将黄帝军团从头围住,不辨东南西北。黄帝令水正水舆(一说风后)造指南车,方向不迷,驱车排雾,拼命突击,杀死蚩尤兄弟四十五人,将尸埋葬于山东巨野县。

蚩尤率众北逃,黄帝军团急急追杀,蚩尤放出魑魅魍魉,发出怪声,以惑追兵。黄帝以牛羊角做军号,吹出低沉龙吟声音,使蚩尤的妖魔鬼怪,胆战心寒,无法兴妖作怪。蚩尤请风伯雨师,下暴风雨。黄帝得天女“魃”相助,遂破风雨,擒蚩尤兄弟二十七人。

蚩尤兄弟仅剩九人,率残兵退至涿鹿,黄帝军团四面围攻,蚩尤氏坚守城池,两军相持三年之久。蚩尤求北方世人夸父增援。天遣九天玄女助黄帝,传授兵法神符,用昆吾山红铜铸宝剑,又得风后、应龙力助,城遂破,蚩尤氏尽被擒获后被一一斩首。

此次战争,兖州地区受害最深,黄帝将九名蚩尤首级传示兖州,埋葬于东郡寿张县阚乡城中,今河南省濮阳市台前县城西南三里油坊村有蚩尤冢,原高七丈。传说古时候民众经常十月祭祀,有赤气出,直连云霄,像悬挂一面大旌旗,人称“蚩尤旗”。想是这些古代英雄并不甘心失败,还在怒气冲天。

根据后来历史文化学者考证,蚩尤所率魑魅魍魉与黄帝所率四方神鬼及熊、罴、貔、貅、虎等出兵应战,皆是不同部落队伍中领头人物的图腾装扮。而蚩尤所谓“兄弟八十一人”,代指南方八十一个部落头领。

---

① ① 司马迁:《史记·五帝本纪》,北京:中华书局,1980年,第1页。

② ②《山海经·大漠北经》,长沙:岳麓书社,2012年,第238页。

三、蚩尤逐鹿中原的目的

笔者考证，这块《见鸣》碑刻，隐藏着蚩尤与盐池的神话传说。

有关黄帝与蚩尤生平及战争的事，早期文献资料《孔子三朝记》《韩非子》《龙鱼河图》《山海经》《史记》《述异记》《通典》《太平御览》《路史》《绎史》等，许多书中都有不同程度不同角度的记载。有关蚩尤逐鹿中原，历史学家们给出最多的答案，是争夺食盐资源。

远古时代，自然界资源虽然众多，但是仍然有一些资源很少，那就是食盐资源。而恰恰在中原黄河中下游黄帝统治的地区，食盐资源成了其他部族觊觎的重点。

蚩尤之血化为盐池的传说，从其产生的时间上看，应该是很远古的传说之一。首先，传说中的人物黄帝和蚩尤是与中国历史有关联的早期人物；其次，这个神话传说在早期文献资料《孔子三朝记》、汉代纬书《龙鱼河图》、南朝齐祖冲之《述异记》、宋代李昉《太平御览》、罗泌《路史》、沈括《梦溪笔谈》、清代马骕《绎史》等书中，都有不同程度的文字记载，但文献记载都很零碎。《孔子三朝记》载："黄帝杀之（蚩尤）于中冀，蚩尤肢体身首异处，而且血化为卤。则解之盐池也。因其尸解，故名此地为解。"[①] 北宋沈括《梦溪笔谈》载："解州盐泽，方圆二十里。久雨，四山之水悉注其中，未尝溢，大旱未尝涸。卤色正赤，在版泉之下，俗俚谓之为'蚩尤血'。"[②]

当代历史学家范文澜、蔡美彪先生在《中国通史》里写道：

> 九黎氏族是九个部落的联盟，每个部落包含有九个兄弟氏族，共八十一个兄弟氏族。蚩尤是九黎族的首领。兄弟八十一人，即八十一个氏族酋长……这大概是以猛兽为图腾、勇悍善斗的强大部落。九黎族驱逐炎帝族，直到涿鹿，后来炎帝联合黄帝族与九黎族在涿鹿大械斗……结果蚩尤斗败被杀。九黎族经长期斗争后，一部分被迫退回南方，一部分留在北方，后来建立黎国；一部分被炎帝族俘获，到西周时还有"黎民"的名称。[③]

这里，两位先生与《史记 · 五帝本纪》《山海经 · 大漠北经》中记载一样，只说到了黄帝与蚩尤两个部落之间的战争，而没有述及黄帝与蚩尤之间战争的动因是为什么？

当代历史学家张其昀先生考证，黄帝与蚩尤涿鹿之战，即系因争夺山西解地食盐而起：

> 涿鹿与阪泉之野，经钱穆君之详慎审定，谓即在山西解池附近。惟解池附近何以成为战场，钱君于此未有申说，兹请为之进一解曰：伏羲画卦，有泽无海，滨海之利，启

① 班固:《汉书 · 艺文志 · 孔子三朝记》，北京：中华书局，1981 年，第 262 页。

② 诸雨辰译注:《梦溪笔谈 · 辨证一》，北京：中华书局，2016 年，第 50 页。

③ 范文澜、蔡美彪:《中国通史》，北京：人民出版社，1958 年，第 89 页。

自殷商，食盐既为生会所必需，在太古时代山西池盐之重要，决非海盐所可比。蚩尤为炎族之君长，居于豫南丘陵，其渡河北犯，当系争此利源。黄帝率黄族之人，力战而攘斥之，卒能保此利权，此真可谓民族自卫战争光荣之先例。吾说难创，然入地相应，固可作如是之推论。[①]

黄帝以有熊为基础，向着黄河中流发展，以附庸蔚为大国，在山西西南隅解县盐池附近，曾大败蚩尤，发生涿鹿之役。继而提出质问和阐释："涿鹿何地？蚩尤何人？为何而战？"张其昀先生支持当代历史学家钱穆先生的考证，认为涿鹿在今山西解池附近，其理由有四个方面：一、《山海经》称涿鹿在冀州之野，冀州即今山西（王国维谓《山海经》所方古事，亦有一部分确实性）；二、旧志称山西解池为涿水或涿泽（顾祖禹读史方与纪要卷四十一，山西解州）；三、解池东边安邑县的运城（古名司盐城）有蚩尤城；四、相传涿鹿之役，黄帝曾作渡漳之歌，漳河上游亦在山西境内。[②]

史称黄帝克炎于阪泉，擒蚩尤于涿鹿，两者实为一事（阪泉亦在盐池附近）。山西解池乃中条山北麓一个内陆盐池，位于安邑、解县二县境内。东西长约二十五公里，南北宽约三公里半。居民引池水于畦，借日光蒸晒，即可得盐。夏秋骄阳熏蒸，南风动汤，为产盐季节；冬春池冷，则暂行休止。平时解池每年产盐约六十万担，行销河南、陕西等处。名曰河东盐。此于民生国计，所关至大[③]。

紧接着，张其昀先生又说：

蚩尤则为九黎之君。乃炎帝之后裔，姜姓之诸侯。黄帝与蚩尤的关系，可比于神农与夙沙氏的关系，其不同之点，夙沙氏煮海为盐，海滩原为他们自己的土地，解池则位于黄土区域之内，乃黄族之土地，而非炎族所有。因此涿鹿之战，在炎族是侵略，在黄族则为自卫。盐，国之大宝，这一次炎黄血钱，盖为食盐而起。[④]

张其昀先生认为：

---

① 张其昀:《中华五千年史》第一册第一编《传说中的先民》，北京：中国文化大学出版社，1981 年，第 3 页。

② 张其昀:《中华五千年史》第一册第一编《传说中的先民》，北京：中国文化大学出版社，1981 年，第 3 页。

③ 张其昀:《中华五千年史》第一册第一编《传说中的先民》，北京：中国文化大学出版社，1981 年，第 5 页。

④ 张其昀:《中华五千年史》第一册第一编《传说中的先民》，北京：中国文化大学出版社，1981 年，第 5 页。

涿鹿之役，是民族保卫战的序幕，亦为中国远古史中极重要之枢纽。此役如不能赢得胜利，则中国历史必须重新写过。[①]

此后，就有了黄帝“都有熊（河南新郑）”，迁至冀州安邑（今山西运城解池附近）的历史传说。

这里，存在一个“杀死蚩尤兄弟四十五人，将尸埋葬于山东巨野”“东郡寿张县阚乡城中，今濮阳市台前县城西南三里油坊有蚩尤冢”的问题。

如果查询历史，这些不难理解。濮阳市位于河南省东北部黄河下游冀、鲁、豫三省交界处。而且，历史上曾经有部分地区属于山东管辖。

青邱，即今山东菏泽。换言之，根据历史记载，战争历时多年，其时间之久，规模之大，地域之广（波及冀、鲁、豫三省交界之地），十分难免。如今，山东仍然保存有位于菏泽市高新区马岭岗镇寺西范村东，总面积约 4 万平方米，距今约 4000 年历史的新石器时代青丘堌堆文化遗址。

总之，通过对碑文的考证，可发现《见鸣》碑具有很强的文献价值，碑文的作者是谁？值得深入研究。该碑文字应属于甲骨文前后时期文字，对其的识读还有待学者继续考证。

① 张其昀:《中华五千年史》第一册第一编《传说中的先民》，北京：中国文化大学出社，1981 年，第 6 页。